Fundamentos de Hegemonía Política Internacional 2025

M.C. Yesika Reyes Acosta
M.A. Eloy Díaz Unzueta
Dr. Guillermo E. Cervantes Delgado
M.A. Mauro Conde Martínez

M.C. Yesika Reyes Acosta
M.A. Eloy Díaz Unzueta
Dr. Guillermo E. Cervantes Delgado
M.A. Mauro Conde Martínez

Copyright © 2025 Borderlan Studies Publishing House
All rights reserved
ISBN: 978-1-948150-93-4

Borderlan Studies Publishing House
310 S Grama St 2
El Paso Texas 79905, USA

Índice

Resumen *1*
Palabras Clave *3*
Introducción *4*
La Hegemonía Política Norteamericana *6*
Orden Mundial y las buscadas reconfiguraciones de la Hegemonia Política *24*
China *34*
Rusia *49*
Unión Europea *147*
Israel *174*
Irán *190*
Siria *209*
Turquía *238*
Anexos *282*
Bibliografía *428*

Fundamentos de Hegemonía Política Internacional 2025

Resumen

La Hegemonía Política Internacional durante 2025 continuó su reconfiguración orientada a un orden mundial cada vez más multipolar y fragmentada, marcada por una competencia estratégica entre las principales potencias y la erosión de las instituciones multilaterales tradicionales.

En el transcurso del año fuimos testigos de esta dinámica internacional, marcada por las posturas y personalismos políticos, donde la hegemonía estadounidense, aunque persistente, enfrentó desafíos significativos en un entorno global cada vez más fraccionado y desafiante.

Estados Unidos heredó su nueva Estrategia de Seguridad Nacional que sugirió tener el potencial de trastocar el estado de la hegemonía internacional, principalmente debido a su enfoque en el "realismo geopolítico" y la priorización de intereses estadounidenses directos sobre consensos internacionales previos.

Continuó la escalada de conflictos a nivel internacional y con ellos una dotación de basta información durante el presente año para lograr integrar una modesta radiografía histórica, que nos permitió ubicar a los países lideres, en una posición de avance o retroceso en su aspiración hegemónica.

El presente estudio buscó responder las preguntas, ¿Se mantuvo con las condiciones necesarias Estados Unidos para conservar su posición como hegemón internacional?, ¿Existen las condiciones para que pueda otro país suceder en la posición a Estados Unidos?, ¿Con qué elementos deberá contar el aspirante hegemón para lograr su aspiración?. Se utilizó la metodología de análisis documental considerando los últimos cinco años. Además se realizó el estudio de elementos y sucesos a partir del enfoque multidisciplinario y multidimensional a la vista de la modernidad que promueve la necesidad de generar un marco teórico que permita tomar el pulso de estado que guarda la hegemonía política internacional.

Palabras clave

Hegemonía Política, Estados Unidos, Rusia, China, Turquía, Irán, Siria, Conflicto Ucraniano y Palestino.

Introducción

En 2025 la guerra comercial impulsada por Donald Trump se convirtió en el principal tema de la Política Internacional por su agresividad contra China pero también contra sus vecinos: Canadá y México. Para China que su economía no pasó por el mejor momento, dado que la guerra comercial logro restarle un 0.5% de crecimiento en 2025, dejándola en apenas el 4%. (UBS, 2025). En forma general 54 economías del mundo destinaron más del 10% de su presupuesto nacional a pagar intereses de deuda y esto se convirtió en un enorme problema para países con gobiernos autoritarios. (Andrade & Fieser, 2025). Se sumaron a estos fenómenos económicos del ambiente internacional la presión de Estados Unidos hacía la OTAN que demandó el aumento de su inversión en defensa a un buen número de países que integran la Unión Europea.

El cese de las dos principales guerras: la de Gaza y la de Ucrania, que no concluyeron a pesar de los esfuerzos realizados por los estadounidenses; un futuro muy incierto para Siria luego de la caída del régimen que perdió el apoyo de Irán severamente desgastado por su propia crisis, y de una Rusia volcada hacia su propia guerra que consumió gran parte de sus recursos; abrieron una importante brecha en la aplicación del poder hegemónico.

Un desgaste del presidente Trump por la pacificación de conflictos internacionales con resultados no esperados, como su Acuerdo de Doha con los talibanes o sus negociaciones con Corea del Norte que no llegaron a un acuerdo de desnuclearización. Bajo este escenario Estados Unidos se sumergió en convulsiones políticas internas y Europa perdió relevancia internacional, mientras China avanzó metódicamente como gran potencia.

Turquía se continuó consolidando como un actor geopolítico cada vez más influyente, dado que buscó un crecimiento en el reposicionamiento estratégico del emergente orden multipolar global. Aunque aún no se considera una superpotencia hegemónica al nivel de Estados Unidos o China, Turquía ya es considerada como una potencia media con una notable influencia regional que comienza a desafiar la dinámica hegemónica tradicional.

La Hegemonía Política Norteamericana

El regreso del presidente Donald Trump en 2025 a la Casa Blanca llego acompañado de la gran posibilidad de padecer un cataclismo económico tanto en lo local como lo global por sus políticas arancelarias, que proyectaron alcanzar a desestabilizar y modificar todas las cadenas productivas y comerciales, generando de paso un ambiente de incertidumbre que había estado acompañado por un congelamiento en buena parte de las inversiones productivas que se generaban en los países, hasta percibir más claridad en el entorno comercial. En noviembre la directora del FMI Kristalina Georgieva, afirmó que la incertidumbre global había llegado para quedarse (TENL, 2025):

> *"La economía mundial demostró ser más resistente de lo que muchos temían, la pesadilla de una guerra comercial total se evitó, al igual que una recesión global, las empresas se adaptaron a la interrupción del comercio y las reformas pasadas, especialmente en los mercados emergentes, que ayudaron a los países a gestionarse en un entorno que cambio rápidamente". (Página 1).*

Según su visión parte de esta incertidumbre debería diluirse impulsando nuevas perspectivas de crecimiento a largo plazo, para lo cual los países necesitaban fomentar la innovación y el emprendimiento, y mantener el comercio como motor de crecimiento. El FMI terminó afirmando que con base en su récord mensual de incertidumbre política las lecturas eran relativamente positivas con base en el Índice Mundial de Confianza, concluyendo que la economía mundial se mantenía resiliente y solo se estaba desacelerando levemente. Esta resiliencia podía atribuirse a la mejora de las políticas, junto con una mayor adaptabilidad empresarial, pero continuaba finalmente una elevada incertidumbre que proyectaba convertirse en la nueva normalidad (Ahir, Bloom, & Furceri, 2025).

Perspectiva económica estadounidense.

La perspectiva económica interna en 2025 se definió por varios elementos diferenciadores que se integraron de forma no proyectada, por ejemplo el inesperado crecimiento del PIB que durante su primer trimestre creció del -0.5% al 3.0%, en el segundo aumento a un 3.8% y en el tercero se proyectó[1] 3.6% (Investing, PIB de EE.UU. trimestral - Producto Interior Bruto, 2025). Este desarrollo según los analistas se debió a la fortaleza del Consumo y de la Inversión Privada en Activos Fijos (BEA, 2025). En resumen, el consumo se mantuvo relativamente resistente y la inversión privada en activos fijos contribuyó positivamente, especialmente en el segundo trimestre, 2025 estuvo influenciada por la volátil balanza comercial y las revisiones en las estimaciones a lo largo del año (Bankinter, 2025). Estos escenarios estuvieron acompañados por riesgos inflacionarios ocasionado en parte por los ajustes en aranceles y cambios en políticas comerciales, llevando a la Fed a moderar recortes de tasas, aunque se esperó una desaceleración gradual del mercado laboral y la atención se centró en cómo las políticas de la administración Trump afectarían las cadenas de suministro y la inversión, con visiones variadas

---

[1] Para el tercer trimestre de 2025 las proyecciones variaban, pero el Banco de la Reserva Federal de Atlanta (GDPNow) estimaba un crecimiento robusto del 3.5% (al 5 de diciembre), mientras que el DANE de Colombia reportó un crecimiento del 3.6% para el mismo periodo pero en su serie original (GDP, 2025).

que iban desde un crecimiento moderado hasta posibles recesiones, según los analistas de los diferentes organismos financieros (DW, La Fed rebaja previsión de crecimiento de economía de EE.UU., 2025), (Wilding, 2025), (White, 2025), (Jarrett, 2025). Según estos análisis los hogares de ingresos medios y bajos fueron más vulnerables a los costos de financiación, y la morosidad en el crédito renovable aumento, aunque los balances generales se sostuvieron (Santos & Wilson, 2025). 2025 año de transición y adaptación, donde el crecimiento fue resiste pero la inflación y las políticas comerciales generaron incertidumbre, llevando a una política monetaria más mesurada (Wolf, 2025).

La perspectiva económica externa en 2025 mostró fortaleza en su consumo e inversión, pero enfrentó los desafíos de una política comercial proteccionista y una inflación que obligó a una Fed cautelosa, generando un panorama incierto con riesgos de desaceleración al finalizar el año (Wilding, 2025). La implementación arancelaria mínima del 10% a casi todas las importaciones, con tasas del 25% o más para China y otros socios, elevo el arancel efectivo promedio al nivel más alto desde los años 30 (Riva, 2025), que a pesar de traer posibles ingresos fiscales tuvieron efectos inflacionarios y ocasionaron riesgos para el crecimiento económico del país (Chu, Wainwright, & Leake, 2025). La reconfiguración del comercio mundial por la política arancelaria tuvo efectos inmediatos y algunos países como China aumentaron sus aranceles a bienes estadounidenses hasta un 125%, y otros como India, Brasil, UE, Japón y Corea del Sur también impusieron sus propias tarifas (ITA, 2025). Estas respuestas arancelarias provocaron interrupciones significativas en las cadenas de suministro mundiales[2] aun cuando algunos acuerdos bilaterales ayudaron a aliviar tensiones en sectores específicos (Lupicinio., 2025). El aumento de aranceles también se tradujo en precios más altos para bienes importados, que afectaron el poder adquisitivo de los consumidores estadounidenses y de otros países; de tal manera que no fueron solo las

---

[2] La evolución de estas medidas fue muy incierta y el impacto de los aranceles en las estructuras de costos empresariales, la demanda de las empresas y de los consumidores, y las ventajas competitivas relativas de las empresas fueron considerables, obligando a los líderes a establecer centros neurálgicos geopolíticos para coordinar sus respuestas (Levy & singhal, 2025).

industrias como la automotriz, tecnológica, agrícola y farmacéutica las afectadas por mayores costos de insumos y aranceles a sus productos, estas políticas lograron mayor alcance del previsto (York, 2025). Los aranceles provocaron además de las contracciones comerciales, pérdidas de bienestar y disrupciones, una reestructuración menos eficiente del sistema comercial, aun cuando estos le generaron ingresos fiscales al país, los analistas afirmaron que los costos económicos y las pérdidas de crecimiento pudieron ser mayores que los beneficios recaudados (York & Durante, 2025).

Las inversiones en el extranjero fueron marcadas por una nueva normativa de control de inversiones salientes hacia China en tecnologías clave como las IA cuántica y los semiconductores, que requirió una diligencia exhaustiva previa reportando esas transacciones[3] para no acarrear sanciones (TradePractitioner, 2024). Paralelamente, la Ley de Reforma Fiscal trajo cambios

---

[3] Existen exenciones, incluyendo el "Interés Nacional", que permiten al Secretario del Tesoro autorizar transacciones si benefician la seguridad nacional o las cadenas de suministro críticas de Estados Unidos (Alfano III, Reaves, Grammas, & Griner, 2025).

corporativos significativos, incluyendo beneficios fiscales permanentes para empresas que invirtieran en él país, lo que pudó influir en la decisión de invertir fuera, mientras se mantenía la estructura federal. La ley buscó fortalecer la producción nacional con beneficios fiscales permanentes y acelerar la deducción de gastos, motivando a las empresas para que prefirieran invertir dentro del país y aunque la ley se centró en lo nacional, las reformas corporativas impactaron a las multinacionales, modificando la tributación y potencialmente afectando flujos de capital (PWC, 2025). De forma concreta 2025 presentó un doble panorama, por un lado endurecimiento regulatorio sobre inversiones sensibles en China e incentivos fiscales para fortalecer la base industrial estadounidense, y por otro obligando a los inversores a una mayor diligencia y planificación estratégica.

Perspectiva militar estadounidense.

La perspectiva militar de Estados Unidos publicada el 4 de diciembre del 2025 estuvo delineada por la nueva Estrategia de Seguridad Nacional de la administración del presidente Trump, se centró en una política de *"Estados*

Unidos Primero" priorizando la disuasión mediante la fuerza, la seguridad nacional y la redefinición de alianzas. El documento describió un cambio con respecto a los marcos intervencionistas y globalistas, abogando por un cambio en el reparto de responsabilidades entre los aliados, una estricta vigilancia fronteriza como imperativo de seguridad nacional y acuerdos comerciales bilaterales. La estrategia enfatizó un enfoque realista de las relaciones internacionales, centrando los recursos en los intereses nacionales fundamentales y reduciendo la participación en conflictos periféricos y estructuras de gobernanza transnacionales (BTH, 2025).

Estrategia de Seguridad Nacional 2025 (WH, 2025).		
Resumen Ejecutivo		
Métricas y objetivos clave	Objetivos de reparto de la caraga	• El "Compromiso de La Haya" establece una nueva base para las contribuciones de la alianza OTAN, trasladando significativamente la carga financiera de la defensa europea hacia los

		estados miembros. • Se espera que los países europeos lideren la defensa convencional de Europa, y que los aliados en el Indo-Pacífico contribuyan más a la disuasión de China.
	Trayectoria económica proyectada	La estrategia vincula directamente la seguridad nacional con el desempeño económico, proyectando un crecimiento del PIB impulsado por la reindustrialización y la desregulación energética.
	Seguridad fronteriza	Elevada a la principal prioridad de seguridad nacional.

Realineamiento Estratégico	Política industrial	Utilización de aranceles para incentivar la relocalización de manufacturas críticas.
	Independencia energética	Expansión de la producción de petróleo, gas y energía nuclear para apoyar objetivos económicos.

Estrategia de Seguridad Nacional 2025 (WH, 2025).
Resumen Ejecutivo

		• Movilización para la producción masiva de tecnologías de defensa asimétricas (drones/misiles).
		• El ejército de EE. UU. mantiene su estatus como el más poderoso del mundo y continúa invirtiendo fuertemente en modernización,

Realineamiento Estratégico	Base Industrial de Defensa	enfocándose en tecnologías emergentes como la inteligencia artificial (IA), el ciberespacio y el dominio espacial.
• La estrategia sitúa el nacionalismo económico y la reindustrialización en el centro de la seguridad nacional, buscando asegurar las cadenas de suministro críticas y reducir la dependencia de potencias externas para insumos clave de defensa.
Principios Estratégicos Básicos	Enfoque de Interés Nacional	Las decisiones políticas se limitan estríctamente a cuestiones que amenazan directamente los intereses fundamentales de Estados Unidos y rechazan los amplios mandatos

		globalistas.
	Estrategia de Disuasión	"Paz a través de la fuerza": Priorizar la letalidad militar y la influencia económica para prevenir el inicio de conflictos.
	Intervención Limitada	Establecer un umbral elevado para la intervención militar y respetar la soberanía interna de otras naciones.
	Compromiso Pragmático	• "Realismo flexible": buscar relaciones transaccionales basadas en el interés mutuo en lugar del alineamiento ideológico. • Aunque la competencia con China y Rusia sigue siendo un factor, la nueva NSS adopta un tono más suave en cuanto a la rivalidad ideológica, enfocándose más en las relaciones

		económicas y comerciales mutuamente ventajosas con Beijing.
		• La disuasión de un conflicto sobre Taiwán sigue siendo una prioridad, manteniendo una ventaja militar en la región.

Estrategia de Seguridad Nacional 2025 (WH, 2025).		
Resumen Ejecutivo		
Principios Estratégicos Básicos	Soberanía Nacional	Afirmar el Estado-nación como unidad política primaria y reducir la influencia de las organizaciones transnacionales.
	Estabilidad Regional	Mantener un equilibrio de poder para evitar que un solo adversario logre la hegemonía regional.

Marco de Política Regional	Estrategia del Indopacífico	Reequilibrar las relaciones comerciales y disuadir la agresión regional mediante una superioridad militar.
	Hemisferio Occidental	• Designación de cárteles como Organizaciones Terroristas Extranjeras. • Uso de la fuerza autorizado para operaciones de seguridad fronteriza. Una prioridad clave es reafirmar y aplicar la Doctrina Monroe, buscando la preeminencia de EE. UU. en el Hemisferio Occidental.
	Europa	• La estrategia exige una salida negociada de la guerra en Ucrania para restablecer la estabilidad. • Critica la asfixia regulatoria e insta a reactivar la competitividad industrial europea.

	Oriente Medio	Se centra en la contención de Irán, mientras orienta el compromiso hacia la inversión en inteligencia artificial y energía en lugar de la construcción de naciones.
	África	Propone una transición de la ayuda exterior a un modelo de comercio/inversión, orientado específicamente al acceso a recursos minerales y energéticos críticos.
Cambios de Política	Objetivos Básicos Establecidos	• Control fronterizo soberano • Acuerdos comerciales bilaterales • Dominio de la producción de energía • Gobernanza fuerte del Estado-nación • Diplomacia realista

Estrategia de Seguridad Nacional 2025 (WH, 2025). Resumen Ejecutivo		
Cambios de Política	Despriorizado Y Descontinuado	• Políticas de migración masiva • Globalismo transnacional • Mandatos centrados en el clima ("Net Zero") • Ingeniería social en el ámbito militar • Intervencionismo basado en valores

Estados Unidos en 2025, es orientado hacia una política exterior más realista y transaccional, con un enfoque geográfico claro en su propio hemisferio, una modernización militar impulsada por la tecnología y una demanda de mayor contribución por parte de sus aliados globales. Los principios del documento publicado para la nueva estrategia, enfatizaban la no intervención y la prioridad de "Estados Unidos", marcaban un cambio radical con respecto a la ESN de 2022, que describía el papel de Estados Unidos en el fortalecimiento de la democracia y la preservación de la paz en el orden mundial (Lissner, et al., 2025).

En esta nueva estrategia se afirmó que la resolución de la guerra entre Rusia y Ucrania era de interés central para Estados Unidos, pero se dirigía con mayor dureza a antiguos aliados estadounidenses en Europa que a Rusia, país que había sido señalado durante la primera administración Trump como un importante rival geopolítico. Como novedad deja claro que la economía nacional es "lo que está en juego en última instancia" y el nuevo objetivo primordial de la política de Washington hacia China correspondería a una "relación económica mutuamente ventajosa con Pekín". El caso de Rusia en este nuevo documento, ya no es señalado como una amenaza para los intereses de Estados Unidos, quedando aislada la visión europea de que los rusos eran una amenaza existencial (Lissner R. , 2025). De manera concreta desaparecieron China y Rusia como las grandes potencias de competición mundial, que durante el primer mandato de Trump eran prioridad y en su lugar es ubicado el hemisferio occidental como la máxima prioridad de Estados Unidos, con énfasis en frenar la migración, el combate a los llamados "narcoterroristas" y el aseguramiento del dominio estadounidense mediante un "Corolario Trump" orientado a la Doctrina Monroe.

Orden Mundial y las buscadas reconfiguraciones de la Hegemonía Política

La hegemonía política mundial vista como la búsqueda del dominio de un Estado sobre el sistema internacional que busca establecer las normas y el orden apalancándose en su poder económico, militar o cultural para lograr la influencia y el consenso, recurriendo en ocasiones a la fuerza o a la coerción (Raya, ¿Qué es la hegemonía?, 2022); pasa por diferentes etapas y momentos. 2025 no fue la excepción y los reacomodos regionales por la búsqueda del liderazgo no se hicieron esperar; China continuó amenazando con transformar la vigente realidad hegemónica en manos de Estados Unidos, que desde el siglo pasado estableció y conserva[4]. El ascenso de China es

---

[4] Estados Unidos conserva su hegemonía internacional desde 1945, al acabar la Segunda Guerra Mundial en que Washington diseñó el sistema financiero global y tejió una red de alianzas militares por el mundo que le garantizan la primacía del dólar y la superioridad militar; esto ha permitido a Estados Unidos imponer su modelo político-económico basado en el libre mercado y crear el orden liberal internacional actual, aunque el

incuestionable desde la caída de las Unión Soviética en 1991, la economía y el gasto militar chinos no paran de crecer, continúan creando instituciones alternativas a las occidentales[5] y se alían cada vez con más países que critican el orden liberal, como Rusia. Políticas proteccionista y medidas emergentes como los aranceles, retiradas de acuerdos e instituciones internacionales como el acuerdo de París, el TPP, la OMC o la UNESCO; no han hecho más que trastocar su realidad de Estados Unidos como líder internacional. El cuestionamiento de la hegemonía estadounidense es el resultado de algunas acciones inesperadas que han provocado que el orden global esté cambiando y pueda modificarse de unipolar a bipolar, con Washington y China a la cabeza, o incluso

---

reciente ascenso de China amenaza con transformarlo (Granados, 2020).

[5] China está creando instituciones internacionales sin Estados Unidos para tener espacios de poder afines, como el Banco Asiático de Inversión en Infraestructuras o la Organización de Cooperación de Shanghái, esto no significa que vaya a abandonar Naciones Unidas o la OMS, pero usará estas nuevas organizaciones para influir en otros Estados y aumentar su poder internacional (Castellanos, 2021).

multipolar[6], con el ascenso de potencias como India o Rusia.

La inteligencia artificial (IA) como fuente emergente de productividad y crecimiento económico comienza a tomar peso en ese apalancamiento hacia la hegemonía. Según el informe Perspectivas de la Economía Mundial del FMI de abril de 2025, la IA tiene el potencial de elevar el ritmo promedio de crecimiento económico mundial anual (IMF, 2025). Pero esta elevación pasa por circunstancias muy especiales, y es que para que los centros de datos que hacen posible el funcionamiento de la IA continuen creciendo, como es necesario para que la IA se desarrolle, requieren de un sobreconsumo de energía electrica, que esta siendo analizado como el reto inmediato (Bogmans, Gomez-Gonzalez, Melina, & Thube, 2025):

---

[6] La creación de un orden multipolar donde Rusia ve en los BRICS un medio para desafiar el liderazgo estadounidense y promover un orden internacional más policéntrico, donde las decisiones no recaigan únicamente en Occidente (Pérez Gil, 2025).

> *"La electricidad que consumen únicamente los centros de datos, que ya se sitúa al nivel del consumo eléctrico de Alemania o Francia, alcanzaría para 2030 niveles comparables a los de la India, el tercer país del mundo en consumo eléctrico". (Página 2).*

Bajo este primer análisis se proyecta que para 2030 prácticamente la IA demandará el triple de energía eléctrica[7], sin contar otras tecnologías que a la par también están creciendo, como la industria automotriz de vehículos eléctricos que también demandará un consumo bastante considerable. Por ejemplo, para que se generen los más de 50 gigavatios (GW) de capacidad adicional de centros de datos que se necesitan en Estados Unidos para finales de la década requeriría una inversión de más de 500 mil millones de dólares solo en infraestructura de centros de datos[8]. Esto

---

[7] Según la proyección de McKinsey & Co. correspondiente a un escenario de demanda media, es probable que la necesidad eléctrica para las granjas de servidores de Estados Unidos se multiplique por más de tres, superando los 600 teravatios-hora para 2030 (Green, 2024).

[8] El efecto neto sobre la demanda eléctrica es aún incierto, lo que podría retrasar las inversiones energéticas y provocar una subida de los precios, las autoridades y las empresas deberán colaborar para que la IA alcance todo su potencial y, al mismo tiempo, se minimicen los costos; sera

transformado al lenguaje de apalancamiento de la economía como principio base para establecer normas y principios en el Orden Mundial se reflejara en crecimiento de las brechas de desarrollo entre los países, que tendrá un impacto inmediato en sus liderazgos; quedando claro que las naciones con recursos bastos[9], continuarán avanzando a pasos agigantados, contra los que estarán cada vez más supeditados a estos protagonistas internacionales.

---

necesario aplicar políticas que incentiven el uso de múltiples fuentes de energía que puedan mejorar la oferta de electricidad, ayudando a mitigar las subidas de precios y contener las emisiones (Bogmans, Gomez-Gonzalez, Melina, & Thube, 2025).

[9] El crecimiento de los centros de datos ha puesto de manifiesto rápidamente las deficiencias tanto en la infraestructura energética como en la de los centros de datos, donde se requiere inversión para garantizar la fiabilidad y la asequibilidad en todo el sistema. Al mismo tiempo, se necesitará energía adicional para cumplir con los objetivos de energía limpia (Green, 2024).

El rearme internacional

Dadas las condiciones bélicas de Europa y Medio Oriente donde los conflictos no han cesado, está presente el tema de rearme como una justificación de la realidad contemporánea bajo el aparente desinterés de Estados Unidos como el gran hegemón. Prácticamente cada país desarrollado comenzó a realizar sus ajustes presupuestarios para proveerse de equipo militar o modernizar lo que poseía, como el caso de Reino Unido donde el Ministro de Defensa John Healey, anunció la retirada de varios buques de la Royal Navy y otros equipos militares como parte de una reestructuración para ahorrar fondos y modernizar las fuerzas armadas (Brooke-Holland, 2025). La medida no dejó esperar a los críticos internacionales que se señalaron de forma inmediata a Healy como el responsable de dejar al Reino Unido vulnerable a amenazas crecientes, de manera similar a cómo la política de Chamberlain fue vista como una señal de debilidad en 1930 (Sparrow, 2025). La referencia al "Plan A de Neville Chamberlain" fué una analogía política y crítica que comparó las decisiones del ministro de defensa con la política de apaciguamiento de Chamberlain hacia la Alemania nazi en aquella década, que fué considerada un fracaso por no haber evitado la

Segunda Guerra Mundial (National-Archives., 2025). Como se puede ver Europa encabezó éste interés por un rearme masivo, impulsado por la amenaza rusa y la posible reducción de la protección de Estados Unidos. La Unión Europea planeó movilizar alrededor de $800 mil millones de euros para 2030, buscando la autosuficiencia en defensa y reforzando su industria armamentística, con Alemania a la cabeza en este esfuerzo. A nivel global, el riesgo de guerra nuclear se consideró elevado, situando el Reloj del Apocalipsis[10] en un nivel récord, mientras que en América Latina, varios países enfrentaban una crisis.

Para este rearme se impulsó la industria bélica europea, con empresas alemanas que reconvirtieran sus plantas civiles para producir armamento, aunque el liderazgo lo proyectó Francia y el Reino Unido que aceleraron la

---

[10] El Reloj del Juicio Final, simboliza lo cerca que está la humanidad de la destrucción, se adelanto un segundo hasta situarse a 89 segundos de la medianoche, lo más cerca que ha estado nunca. El Boletín de Científicos Atómicos (BAS), que ajusta anualmente el reloj, afirma que los factores clave de este adelanto son las amenazas nucleares, los posibles usos indebidos de los avances en biología e inteligencia artificial y el cambio climático (BBC-News-Mundo, 2025).

creación de un sistema de defensa europeo propio (Arroyave Quintero, 2025):

> *"La carrera armamentista que emprendió Europa y su voluntad de crear un sistema de defensa autónomo va a reconfigurar el sistema internacional y a replantear el papel y existencia de la OTAN. Con esta carrera armamentista el mundo no se volverá necesariamente más seguro y se podría pronosticar que habrá más confrontaciones militares entre Europa y Rusia, lo cual es una mala noticia para la seguridad internacional y para la humanidad". (Página 1).*

Estados Unidos sacudió el sistema de seguridad internacional, en especial el sistema de defensa colectivo europeo, replanteando el papel de Estados unidos en la OTAN e insistiendo en que los países europeos debían invertir más dinero en su propia seguridad y dejando saber que Estados Unidos no estaría dispuesto a financiar en mayor proporción la seguridad en Europa. Ya se han realizado dos reuniones extraordinarias: La Cumbre Europea sobre Seguridad y Ucrania en Londres el primero de marzo de 2025, y la Cumbre Extraordinaria de la Unión Europea en Bruselas el 06 de marzo de 2025 en busca de soluciones rápidas a la posición de Estados Unidos y a la idea de que Trump pare toda la ayuda militar a Ucrania

(País, 2025). De estas dos cumbres quedó claro que Europa iniciará una carrera armamentista con inversiones astronómicas y la idea de los líderes europeos es armarse y crear un sistema de defensa independiente de Estados Unidos.

En 2025 China se ha centrado en su modernización belica con un aumento del 7.2% en su presupuesto de defensa, que según estimaciones podría superar los $247 mil millones de dólares y este crecimiento financia la inversión en armas avanzadas como el caza J-20, plataformas navales y programas de IA (Escenario Mundial, 2025), además de ejercicios militares a gran escala cerca de Taiwán y la consolidación de su poder en el ámbito aeroespacial (AFP, 2025). El presupuesto militar chino ha crecido en las últimas décadas, en línea con su desarrollo económico que promueve un nuevo modelo de desarrollo militar basado en el "pensamiento estratégico", como se señala en Observatorio de la Política China (OPC, 2025).

Medio Oriente no esta ajeno a esta dinámica de rearme en 2025, por ejemplo, Turquía ha realizado un aumento en su industria de defensa nacional, ha impulsado la modernización de su ejército con nuevos tanques y buques de guerra de diseño propio[11], este país continúa fortaleciendo su posición militar en la región, a través, del desarrollo de tecnología propia, como el tanque Altay y un portaaviones nacional, y manteniendo una postura activa en zonas de conflicto como Siria (Redacción, 2024). Igual en Medio Oriente destaca Israel que se ha caracterizado por un intenso ritmo operacional en múltiples frentes, con un enfoque principal en la guerra en Gaza y las crecientes tensiones con Irán, acompañado por un aumento significativo del presupuesto de defensa y la modernización tecnológica de sus fuerzas armadas (FDD, Israel aumentará su presupuesto de defensa en 12.500 millones de dólares en medio de una guerra en múltiples frentes, 2025). Dicho presupuesto de defensa es descrito como un "presupuesto de guerra" por funcionarios del gobierno y la oposición, reflejando la prioridad dada a las necesidades de seguridad nacional (Altstein, 2025).

---

[11] El proyecto nacional MUGEM, incluyó el primer portaaviones de diseño y construcción turca, fue inaugurado oficialmente en 2025, consolidando a Turquía como un actor importante en la construcción naval (Figaro, 2025).

China

La pregunta ya no fue si China desafiaría la hegemonía occidental, sino cómo estaba construyendo su ascenso y qué lecciones se podían extraer de esa estrategia. Finalmente los chinos aprendieron de Occidente durante décadas para modernizarse y lograr crecer para aspirar a un buen lugar en la política internacional (Ceballos, 2025):

> *"Durante décadas, China expandió sus lazos comerciales globalmente y evitando inmiscuirse en la política interna de otros países; esa estrategia mutó significativamente con Xi Jinping y China se volvió más ambiciosa tecnológicamente, más agresiva en su entorno inmediato con Taiwán y el mar del Sur de China, más presente en Europa y más activa diplomáticamente respaldando a aliados como Rusia". (Página1).*

El modelo chino ha proyectado capacidad para planificar a largo plazo: planes quinquenales, Made in China 2025 y el objetivo de convertirse en primera potencia para 2049. El sistema meritocrático de formación de líderes le ha permitido esta planificación; por ejemplo, para llegar al Gobierno central, un político debe haber sido alcalde de una ciudad pequeña, gobernador de provincias, o dirigir grandes metrópolis. El proceso dura fácilmente treinta años de evaluación constante y responsabilidades crecientes. Ningún líder chino alcanza el poder antes de los sesenta años. La perspectiva política de China en 2025 que se centró en la estabilidad interna impulsada por un estímulo fiscal y monetario para el crecimiento, el liderazgo tecnológico y la proyección de su poder global, busca transformar el orden internacional mediante un multilateralismo y aspira a la consolidación en Asia (Thomas, Tsering, Wang, & Qian, 2025). Veamos los siguientes concentrados, que nos permitirán una imagen diagnostica más clara de 2025 y su realidad:

Perspectiva política 2025
Los ejes principales de la política interna y económica de China se centraron en la estabilidad política bajo el Partido Comunista (PCCh) y un modelo económico híbrido que combinó el control estatal con mecanismos de mercado, con un enfoque actual en la innovación tecnológica y la autosuficiencia (Cho, 2012).

Ejes de la Política Interna y Económica	Descripción
Estímulo y Consumo	Se ejerció una política fiscal más activa, subsidios para el recambio de bienes (móviles, autos), bonos gubernamentales para infraestructura y aumento del gasto para alcanzar un crecimiento del 5%.
Innovación Tecnológica	Se dio continuidad a el plan "Made in China 2025" para buscar liderar en robótica e IA, buscando autosuficiencia y reduciendo dependencia de Estados Unidos
Lucha Anticorrupción	La "revolución interna" del Partido Comunista, liderada por

Agenda Legislativa	Xi Jinping, buscó una organización más limpia y disciplinada para asegurar la dirección del país (Thomas, Tsering, Wang, & Qian, 2025).
	Se priorizó en leyes para apoyar la economía, la inversión extranjera (aunque con medidas restrictivas en tecnología) y la gestión de riesgos, según el plan legislativo de 2025 (Huld, 2025).

Perspectiva política 2025	
Los ejes de la política exterior y geopolítica china giran en torno a su "Rejuvenecimiento Nacional", buscando ser una gran potencia, con pilares clave como la "Iniciativa de la Franja y la Ruta" para conectar Eurasia y África, el multilateralismo estratégico para influir globalmente, la promoción del "Principio de Una Sola China", y la seguridad de recursos y tecnología (tierras raras, 5G, IA) para asegurar su autosuficiencia y liderazgo, todo bajo la guía del Partido Comunista para un mundo multipolar y un orden internacional más favorable a sus intereses (Lascurain Fernández, 2025).	
Ejes de la Política Exterior y Geopolítica	Descripción
Hegemonía Regional	Se buscó la consolidación como potencia hegemónica en Asia Oriental.

Transformación Global	Se impulsó la promoción de un multilateralismo "con características chinas" y el Sur Global para desafiar el orden existente, buscando un sistema más inclusivo para sus intereses.
Competencia con Estados Unidos	Se intensificó la competencia estratégica, especialmente en tecnología, aunque Trump buscó un enfoque más transaccional, lo que podría elevar la tensión en Taiwán.
Taiwán – Tensiones Geopolíticas	Aumentó el riesgo de confrontación debido a la presión diplomática y militar de China frente al apoyo de Estados Unidos a la isla (Castrillo, 2025).
Equilibrio Económico	Se buscó gestionar la desaceleración de la demanda interna y evitar una trampa de deuda similar a Japón.
Presión Tecnológica	Se buscó superar las restricciones de Estados Unidos en semiconductores y alcanzar la autosuficiencia.

Rivalidad con Estados Unidos	La competencia con Estados Unidos siguió siendo un factor determinante. China buscó absorber los impactos de posibles aranceles y tensiones comerciales, mientras intentaba cortejar a Europa y diversificar sus relaciones comerciales con otras economías (Xinhua, 2025).
Multilateralismo y Sur Global	China continuó promoviendo el "verdadero multilateralismo" y fortaleció la coordinación en organizaciones como la ONU, BRICS y la Organización de Cooperación de Shanghái (OCS). El objetivo es promover un mundo multipolar y posicionarse como un socio confiable para los países en desarrollo (Eder, 2025).
Inversión Extranjera	Para contrarrestar la fuga de capitales y atraer inversión extranjera directa, se anunció un plan de acción con 20 medidas para abrir sectores clave, simplificar las regulaciones y mejorar el entorno empresarial para las empresas extranjeras (Interesse & Zhou, 2025).

Perspectiva económica 2025
Mostró un crecimiento robusto pero moderado, con el PIB superando el 5% en la primera mitad del año, impulsado por exportaciones fuertes y sectores tecnológicos, aunque enfrentó desafíos como la debilidad inmobiliaria, baja confianza empresarial y presiones deflacionarias, con previsiones del Banco Mundial y Goldman Sachs en torno al 4.8%-5.0%, buscando equilibrio entre crecimiento y sostenibilidad a largo plazo (ForbesStaff., 2025), (Reuters, El Banco Mundial eleva la previsión del PIB chino para 2025 al 4,8% ante una ralentización en 2026, 2025).

Crecimiento y Rendimiento	
Concepto	Comportamiento
Solidez inicial	El PIB creció alrededor del 5.3% en el primer semestre de 2025, con cifras que superaron el 5% interanual en los primeros trimestres, alineándose con el objetivo gubernamental de "alrededor del 5%" (FinancialPulse., 2025).
Impulso de exportación	Las exportaciones fuertes, en parte por un "efecto pre-arancelario" ante posibles subidas arancelarias de Estados

	Unidos, impulsaron el crecimiento inicial, aunque su sostenibilidad genera dudas (Goldman-Sachs., 2025).
Sectores clave	Fuerte avance en manufactura de alta tecnología, aeroespacial y servicios de información, mientras el sector inmobiliario sigue contrayéndose (Sebban, 2025).
Inmobiliario débil	La inversión inmobiliaria cayó drásticamente, y las ventas comerciales se redujeron, siendo un lastre significativo.
Confianza y consumo	Baja confianza de consumidores y empresas, y debilidad en nuevos pedidos de exportaciones, fueron preocupaciones persistentes (Ategi, 2025).
Deuda local	El gasto de gobiernos locales continuó contrayéndose mientras gestionaban deuda, impactando la inversión en infraestructura.

Presiones deflacionarias	Persisten presiones deflacionarias generalizadas, aunque el consumo público real se mantuvo ligeramente positivo (Rosen, Wright, Smith, Mingey, & Quinn, 2025).
Ralentización anticipada	Se esperó una desaceleración del impulso económico hacia finales de 2025 y principios de 2026, según el Banco Mundial y Goldman Sachs (ForbesStaff., 2025), (Goldman-Sachs., 2025).
Enfoque en sostenibilidad	Buscó equilibrar el impulso a corto plazo con la gestión de riesgos a largo plazo, evitando estímulos monetarios excesivos y enfocándose en reformas estructurales y sanear problemas inmobiliarios (SWI, China promete más esfuerzos en 2025 para estabilizar su sector inmobiliario, 2025).

Perspectiva arancelaria 2025
Estuvo marcada por una escalada de represalias contra los aranceles estadounidenses, especialmente bajo la administración Trump, con medidas que incluyeron aumentos significativos (hasta 84% o más) y controles de exportación sobre productos de doble uso y entidades no confiables, afectando el comercio bilateral y llevando a China a tomar medidas de estímulo monetario, aunque la situación fluctuó con posibles treguas de 90 días, impactando negativamente las previsiones de crecimiento de China y sus exportaciones (Jin, et al., 2025).

Eventos clave y escalada arancelaria.

Evento-fecha	Comportamiento
Febrero 2025	Estados Unidos impone aranceles del 10% a importaciones chinas; China responde con represalias del 10-15% a productos estadounidenses y controles de exportación (Redacción, China anuncia aranceles a productos de EE.UU. en respuesta a las medidas de Trump y agrava el enfrentamiento comercial entre las dos mayores economías del mundo, 2025).

Abril 2025	Trump aumenta aranceles al 84% a productos chinos; China responde elevando sus aranceles de represalia al 84% a productos de EE. UU., añadiendo entidades a su lista negra y controlando exportaciones de minerales críticos (Barnes & Euronews, 2025).
Mayo 2025	Se mencionan treguas de 90 días, sugiriendo una desescalada temporal, aunque las tarifas promedio sobre bienes chinos llegaron a superar el 50% (Blackwell, 2025).
Crecimiento Económico	Los aranceles impactaron negativamente el crecimiento, con revisiones a la baja en las previsiones (posibles crecimientos del 3.4% al 4.5% en 2025) (NHK., 2025).
Política Monetaria	El Banco Popular de China implementó recortes de tasas y de coeficiente de reservas (RRR) para contrarrestar la presión deflacionaria y estimular la economía (SWI, China recorta los intereses y las tasas de reserva de los bancos para estimular la economía, 2025).

Exportaciones	• Los aranceles en 2025 impactaron negativamente las exportaciones chinas a Estados Unidos, causando una desaceleración en el crecimiento y una reorientación hacia otros mercados, aunque una tregua a mediados de año suavizó las subidas, y la eliminación de la exención de minimis elevó costos para bienes de bajo valor, generando una "doble realidad" de caída en envíos y aumento de la competitividad en otros países como México y la UE, evidenciando una reconfiguración del comercio global. Impacto Directo en Estados Unidos (Conteduca, Mancini, & Borin, 2025). • La perspectiva arancelaria de China en 2025 fue de respuesta y escalada, defendiendo sus intereses comerciales mediante contramedidas agresivas ante el proteccionismo estadounidense, lo que resultó en un entorno comercial volátil y desafiante para su economía (ChinaBriefing, 2025).

Perspectiva militar 2025
La posición que ocupa China en la dinámica de poder mundial es el puesto 3 de las potencias militares del mundo, según el índice Global Fire Power de 2025, de una medición de 145 países. (Vea en anexo 5 de cuadros comparativos del indice global 2025).
Su perspectiva del año se centró en una modernización acelerada y proyección de poder, con un aumento del 7.2% en el presupuesto de defensa para consolidar una fuerza de nivel mundial, enfocándose en la supremacía en dominios aeroespacial y cibernético, con capacidades hipersónicas y nucleares avanzadas para disuadir a Occidente, y una postura más agresiva en el Mar de China Meridional, especialmente hacia Taiwán, como parte de su objetivo de ser potencia dominante para 2049, mostrando disuasión más que agresión directa (Salinas Urquieta, 2025), (Sharp, 2025).

Puntos clave	
Concepto	Descripción
Inversión y Presupuesto (Delhi & Mukherjee, 2025).	• Incremento del gasto en defensa en un 7.2% para 2025, el segundo presupuesto militar más grande del mundo.

	• Busca modernización integral para 2035 y supremacía para 2049, alineando desarrollo económico y tecnológico con poder militar.
Focos de Modernización (Tang, 2025), (Fojo & BBC., 2025).	• Fuerzas Aeroespaciales: Desarrollo intensivo para dominio espacial, buscando ser potencia aeroespacial. • Guerra de Información: Creación de la Fuerza de Apoyo de Información para mejorar capacidades cibernéticas y electrónicas. • Capacidades Ofensivas: Exhibición de misiles hipersónicos y nucleares (Dong Feng) y sistemas anti-portaaviones, como disuasión a Estados Unidos. • Tecnología: Incorporación de drones y submarinos avanzados, aprendiendo de conflictos como Ucrania.

Estrategia y Disuasión (Reuters, China califica de "injerencia" la nueva estrategia de seguridad de EU respecto a Taiwan, 2025), (Laborie Iglesias, 2025), (Kristensen, Korda, Johns, & Knight-Boyle, 2025).	• Demostración de capacidades defensivas para disuadir ataques, no para conquistar, buscando paz para su desarrollo. • Intención seria sobre Taiwán, con operaciones aéreas más agresivas cerca del espacio aéreo de la isla para intensificar la presión.
Reorganización Estructural (Rios, 2025).	• Se desarrollaron reformas para crear el Departamento de Estado Mayor Conjunto y mejorar la coordinación. • Se buscó proyectar una imagen de poder global responsable pero formidable, usando su modernización militar para disuadir interferencias y asegurar sus intereses estratégicos, con Taiwán como punto focal de tensión.

Rusia

Un dato interesante para tener claro la posición que ocupa Rusia en la dinámica de poder mundial, es el puesto 2 que ocupa de las potencias militares del mundo, según el índice Global Fire Power de 2025, de una medición de 145 países. (Vea en anexo 5 de cuadros comparativos del indice global 2025). El Estado Ruso refuerza la financiación de la seguridad interna y preserva el aparato bélico como eje central de su modelo económico, mostrando que no se prepara para el fin de la guerra con Ucrania, sino para sostenerla indefinidamente. Su economía asume un escenario de bajo crecimiento[12] y elevada inflación, su política fiscal se endurece, más impuestos y presión sobre la sociedad. La ruta del presidente bajo este escenario es contener la inflación, modular el esfuerzo militar y ofrecer incentivos económicos a los combatientes para evitar el descontento social. El conflicto con Ucrania continua y las

---

[12] El crecimiento económico se frena drásticamente y la inversión se desploma. Las previsiones oficiales reducen el crecimiento del PIB a la mitad (del 2,5% al 1%) en 2025, con un 1,3% para 2026. La inflación sigue alta, los ingresos reales caen y la inversión pasa de crecer a contraerse (Milosevich-Juaristi, 2025).

condiciones solo han variado un poco, no se alcanza a visualizar el final de la guerra, Estados Unidos a través de su presidente ya intentó un acuerdo entre ambas partes para lograr la paz, pero no se logró y continuará la crítica por la entrega de armas a Ucrania y se espera que se recorte la ayuda militar de los norteamericanos que intentará nuevamente presionar a Kiev a negociar con Moscú. Ya se percibía la presentación de una propuesta inicial que incluiría aplazar la entrada de Ucrania en la OTAN, crear una zona desmilitarizada fortificada en torno a la línea de frente y permitir que Rusia conservará los territorios ocupados (Shamim, 2024). La zona desmilitarizada estaría custodiada por fuerzas europeas, obligando de paso a Europa a hacerse cargo del problema.

Continuidad y antecedentes de la guerra de Rusia con Ucrania

Desde 2014 con la anexión de Crimea y el inicio de la guerra en la región de Donbás entre Ucrania y los rebeldes prorrusos el conflicto no ha cesado, Ucrania ha continuado siendo un espacio de aspiración rusa como medio de conservación de su radio de influencia que no permite reconfigurar el orden europeo de seguridad creado después del final de la Guerra Fría. Veamos la siguiente cronología de la relación que ha guardado el actual conflicto con el pasado (Milosevich-Juaristi, La guerra en Ucrania: Cronología de hitos y análisis de los acontecimientos más importantes en Ucrania y las consecuencias de la guerra., 2025):

La guerra de Rusia y Ucrania		
Fecha	Suceso	Descripción
21-feb-2014	La Revolución Naranja se tiñe de rojo (Priego, 2014).	Se remonta a noviembre de 2004 tras la salida del gobierno de Leonid Kuchma, acosado por el escándalo Kuchmagate, el Primer Ministro y delfín político se presentaba a las elecciones presidenciales: - Tras acusaciones de fraude electoral una marea naranja, liderada por el duo Yushenko/Tymoshenko, tomaba la Plaza de la Independencia en Kiev.

La guerra de Rusia y Ucrania		
Fecha	Suceso	Descripción
21-feb-2014	La Revolución Naranja se tiñe de rojo (Priego, 2014).	- Nació la Revolución Naranja. - Tras meses de resistencia y tres elecciones, Víktor Yushenko se convertía en Presidente y Yulia Tymoshenko en Primer Ministro respectivamente. - Ucrania cambiaba su política exterior para acercarse a Occidente con el objetivo de integrarse en la Unión Europea y en la OTAN. - Sin embargo, los problemas económicos y la dependencia energética de Rusia dificultaron dicha tarea.

El 22 de febrero de 2014	Elecciones generales en Ucrania de 2014 (Polityuk, Robinson, & Reuters., 2014).	El Parlamento de Ucrania destituyó al presidente prorruso Víktor Yanukóvich por con una amplia mayoría de 328 votos a favor, y ordenó la celebración de elecciones presidenciales anticipadas para el 25 de mayo de 2014: - En dichas elecciones, el empresario y magnate del chocolate Petró Poroshenko resultó ganador en la primera vuelta. - Poroshenko obtuvo más del 50% de los votos (aproximadamente el 54,7% según el recuento final oficial), evitando así una segunda vuelta. - La ex primera ministra Yulia Timoshenko, su principal rival, reconoció su victoria.

		- Las autoridades ucranianas y la comunidad internacional reconocieron el resultado de las elecciones, que buscaron estabilizar institucionalmente al país tras las protestas del Euromaidán y la anexión de Crimea por parte de Rusia (RTVE, 2014). - En un claro guiño a Moscú, el titular de la Alianza Atlántica ha aprovechado la ocasión para reiterar que los aliados "no reconocerán la anexión ilegal de Crimea por parte de Rusia" y que apoyan la "integridad territorial de Ucrania y el derecho de los ucranianos a determinar su propio futuro, sin interferencia desde el exterior" (RTVE, Putin firma la ley que completa la anexión de Crimea por Rusia, 2014).

La guerra de Rusia y Ucrania		
Fecha	Suceso	Descripción
24-febrero-2014	Gas ruso para Ucrania: ¿natural o lacrimógeno? (Escribano, 2014).	Ucrania muestra los límites de esta estrategia: - Entre las presiones rusas de todo tipo para que Ucrania optase por la Unión Euroasiática patrocinada por el Kremlin a expensas del Acuerdo de Asociación con la UE, el gas ha jugado un papel crítico. - La UE había abierto un corredor de gas desde Polonia y Hungría hacia Ucrania para reducir el dominio de Gazprom: aunque de nuevo se trataba de gas ruso, el precio era sustancialmente más bajo al ofrecido por Rusia a Ucrania. - A principios de 2014 Rusia redujo el precio del gas exportado a Ucrania a la tercera parte, y ésta ha vuelto a importar todo su gas de

		Rusia bajo precios que deben ser revisados cada tres meses, lo que permite a Rusia mantener la supervisión política del país.
3-marzo-2014	Ucrania en crisis: errores de cálculo y errores calculados (Arteaga, 2014).	Los errores comenzaron a acumularse en todos los frentes: - El Gobierno de Yanukovich sobreestimó su legitimidad democrática y subestimó el alcance de las revueltas, utilizando el diálogo para ganar tiempo sin realizar concesiones y esperando que la violencia y el cansancio se volvieran en contra de los manifestantes. - Los activistas pacíficos se equivocaron al creer que se podían prolongar las movilizaciones sin atraer a ellas a radicales violentos que no tardaron en reemplazar las reivindicaciones

		políticas por otras antigubernamentales o nacionalistas. - Como resultado del conflicto interno pronto aparecieron en el exterior apoyos y complicidades a los bandos enfrentados. - A diferencia de EEUU y la Federación Rusa, que rápidamente tomaron partido por un bando, la UE mantuvo el diálogo con el Gobierno y con la oposición para buscar una solución negociada al conflicto. -El famoso "que le den a la UE" de la subsecretaria estadounidense de Estado, Virginia Nuland, tiene su origen en esa equidistancia mediadora europea, más preocupada por prevenir un conflicto civil en Ucrania que por ganar una competición entre potencias a costa de él.

La guerra de Rusia y Ucrania		
Fecha	Suceso	Descripción
16-marzo-2014	Referéndum en Crimea (DW, Crimea: el 95,5% de sufragantes votó a favor de anexión a Rusia, 2014).	La mayoría de los votantes de dicha provincia ucraniana respaldó unirse a Rusia, el primer ministro de Crimea, Serguei Aksionov, anunció una rápida anexión a Rusia; Unión Europea y EE.UU. analizaron los pasos a seguir: - Alrededor de un 95,5 por ciento de los crimeos votaron por sumarse a Rusia, dijo la agencia rusa estatal de noticias RIA citando sondeos a boca de urna tras el cierre de la votación a las 1800 GMT. - El referéndum de secesión en la región ucraniana de Crimea fue ilegal e ilegítimo y su resultado no será

		reconocido, dijeron el presidente de la Comisión Europea, José Manuel Barroso, y el presidente del Consejo Europeo, Herman Van Rompuy, quienes también llamaron a Rusia a retirar sus tropas hasta reducir su número a la cantidad de soldados rusos desplegados en la zona antes de la crisis, y a las áreas usuales donde estaban destinados. - El secretario de Estado de Estados Unidos, John Kerry, dijo a Moscú que Washington no aceptará el resultado del referéndum.
		En 2014, Rusia aprobó una ley que establecía la anexión de Crimea y Sebastopol como nuevos territorios federales, formalizando así su incorporación a la Federación Rusa:

18-marzo-2014	Anexión de Crimea por Rusia (CA, 2014).	- Esta legislación se basó en el tratado de adhesión de Crimea a Rusia, que fue ratificado por el parlamento ruso y firmada por el presidente Vladímir Putin, convirtiendo a Crimea en la República de Crimea y a Sebastopol en una ciudad de importancia federal. - Como resultado, la República de Crimea y la ciudad de Sebastopol se unieron a la Federación Rusa como dos nuevos sujetos federales. - Esta anexión fue condenada por Ucrania y por muchos otros países, considerándola una violación del derecho internacional, y fue rechazada por la Asamblea General de las Naciones Unidas.

La guerra de Rusia y Ucrania		
Fecha	Suceso	Descripción
17-marzo-2014	La UE adopta una primera serie de medidas restrictivas contra 21 funcionarios rusos y ucranianos (CE, 2014).	Desde marzo de 2014, la UE inicio a imponer de manera progresiva medidas restrictivas a Rusia como respuesta a: - La anexión ilegal de Crimea en 2014. - La invasión a gran escala de Ucrania en 2022 - La anexión ilegal de las regiones ucranianas de Donetsk, Luhansk, Zaporiyia y Jersón en 2022. - Se han adoptado 19 paquetes de sanciones, Las medidas están diseñadas para alcanzar el objetivo político de la UE de poner fin a la guerra de agresión de Rusia contra Ucrania maximizando la presión sobre Rusia y utilizando todas las

		herramientas de que dispone para reducir la capacidad de Rusia para librar su guerra de agresión ilegal. - Las sanciones de la UE están cuidadosamente orientadas, se han concebido para ser proporcionadas y tienen carácter temporal. Esto significa que se revisan periódicamente y que la UE puede calibrarlas, facilitarlas o ponerles fin si se alcanzan los objetivos de la UE o se dan pasos notables hacia ellos. - La UE también ha adoptado sanciones contra Bielorrusia, Irán y Corea del Norte en respuesta a su apoyo a Rusia en la agresión militar contra Ucrania.

		- Más de 2 700 personas y entidades son objeto de medidas restrictivas de la UE respecto de acciones que menoscaban o amenazan la integridad territorial, la soberanía y la independencia de Ucrania. - La Unión Europea (UE) adoptó una primera serie de medidas restrictivas contra 21 funcionarios rusos y ucranianos en 2014 como respuesta a la anexión ilegal de Crimea. - Estas sanciones incluyen la inmovilización de activos y la prohibición de entrada a territorio de la UE.

	La guerra de Rusia y Ucrania	
Fecha	Suceso	Descripción
15-abril-2014	La UE y la tormenta perfecta ucraniana (Sorroza, 2014)	Rusia osciló entre ser un socio indispensable para la seguridad energética del motor económico de la UE y en temas de la agenda global a ser un adversario: - Las dificultades para lograr una respuesta rápida y contundente por parte de la UE a las acciones unilaterales rusas y a la inestabilidad en Ucrania fueron muchas, el resultado no pudo menos que considerarse en términos positivo aunque claramente insuficiente. - El año 2014 marcó un punto de inflexión crítico en las relaciones entre la Unión Europea (UE) y Rusia (León & Alexandra, 2020): - El conflicto entre Rusia y Ucrania en el año 2014

		que incluyó la participación de Estados Unidos, la OTAN, la UE y la anexión de Crimea a Rusia marco un punto de inflexión en las relaciones entre Rusia y Occidente. - En este conflicto existió una clara importancia de los recursos energéticos que Rusia poseía y el uso de estos recursos como herramienta de política exterior. - Los vastos recursos energéticos de Rusia generaron generado temores en Occidente – Estados Unidos, la OTAN y la UE– porque presumía, Rusia empleara dichos recursos como un instrumento para alcanzar objetivos geopolíticos. - Los esfuerzos para contener a Rusia se trasladaron del ámbito diplomático al militar puesto que ambas partes se han disputado la

		influencia del espacio ex soviético. - Los factores que explican el conflicto entre Rusia y Ucrania en el año 2014 que incluyó la participación de Occidente y la anexión de Crimea a Rusia estubieron conformados por la ampliación de la OTAN a Europa del Este, la ampliación de la UE a Europa del Este, la promulgación de valores democráticos y la desestabilización que han provocado los aliados occidentales en los países ex soviéticos y los vínculos históricos-culturales que Ucrania y Crimea representaban para Rusia.

La guerra de Rusia y Ucrania		
Fecha	Suceso	Descripción
1-abril-2014	La Guerra en Donetsk y Lugansk (Kurkov, 2014)	Esta guerra comenzó el 20 de febrero de 2014, tras el asesinato de los manifestantes de Maidán, con la anexión de Crimea y la aparición de dos entidades separatistas en territorio ucraniano: las «repúblicas» de Lugansk y Donetsk: - Fue un conflicto armado en el este de Ucrania entre el ejército ucraniano y separatistas prorrusos. - Se desencadenó tras la anexión de Crimea por Rusia y las protestas proeuropeas de 2013-2014, resultando en la declaración de las autoproclamadas "Repúblicas Populares de Donetsk y Lugansk".

| | | - A pesar de los intentos de acuerdos de alto el fuego como el Primer Acuerdo de Minsk, el conflicto continuó con numerosas violaciones, daños económicos significativos y un gran número de víctimas.

- Desde 2015, el conflicto se transformó de una guerra abierta a una guerra de posiciones.

- La guerra en el Donbás se intensificó con la invasión a gran escala de Ucrania por parte de Rusia en febrero de 2022, que fue el inicio de una nueva fase del conflicto (DW, Ucranianos recuerdan a caídos en el estallido del Euromaidán, 2021). |

12-mayo-2014	Lugansk y Donetsk se declaran "repúblicas independientes de Ucrania" (DF, 2025).	- Las autoproclamadas "repúblicas populares" de Lugansk y Donetsk declararon su independencia de Ucrania en mayo de 2014, sin embargo, a día de hoy estas entidades no cuentan con un reconocimiento internacional generalizado y la mayoría de la comunidad internacional las considera territorio ucraniano ocupado por Rusia. - En septiembre de 2022, Rusia anunció la anexión de las regiones de Donetsk, Lugansk, Zaporiyia y Jersón tras la celebración de referéndums considerados ilegales por Ucrania y la comunidad internacional. - Rusia controla casi la totalidad de la región de Lugansk y aproximadamente el 70% de la región de Donetsk.

La guerra de Rusia y Ucrania		
Fecha	Suceso	Descripción
5-septiembre-2014	Firma del Protocolo de Minsk I (Neplii, 2024).	El Protocolo de Minsk fue firmado el 5 de septiembre de 2014 por representantes del Grupo de Contacto Trilateral en Minsk, Bielorrusia y fue un acuerdo de alto el fuego para poner fin a la guerra en el Donbás, entre representantes de Ucrania, Rusia y la Organización para la Seguridad y la Cooperación en Europa (OSCE); también fue firmado por líderes de la autoproclamada República Popular de Donetsk (RPD) y República Popular de Luhansk (RPL). Protocolo de Minsk o más conocido como "Acuerdos de Minsk", es un acuerdo para poner fin a la guerra en el este de Ucrania ,

			firmado por representantes del "Cuarteto de Normandía" (Ucrania, Federación de Rusia, Francia, Alemania), para alcanzar el alto el fuego en la región de Donbás y por insistencia de Rusia, en Minsk I se introdujeron tres cláusulas: Primera; la adopción de una "ley sobre el estatuto especial" que descentralizaría temporalmente el poder a Donbás Segunda; sobre esta base, la celebración de elecciones locales Tecera; "un diálogo nacional inclusivo". Estas disposiciones no alcanzaron el cambio constitucional, pero reformularon el debate.
			Fueron negociados y firmados dentro del marco del "Cuarteto de Normandía" (compuestos por los representantes de Ucrania, Federación de

12-febrero-2015	Firma de acuerdos de Minsk II (Gómez, ¿Qué son los acuerdos de Minsk?, 2022).	Rusia, Francia, Alemania): - Nueve de los 13 puntos del acuerdo cubren la gestión del conflicto: un alto el fuego y la retirada de armas pesadas de la línea de contacto (artículos 1 a 3); una amnistía para los involucrados en los combates (artículo 5); un intercambio de rehenes y personas detenidas ilegalmente (artículo 6); asistencia humanitaria (artículo 7); la reanudación de los vínculos socioeconómicos entre Ucrania y el Donbás ocupados (artículo 8); la retirada de Ucrania de «todas las formaciones armadas extranjeras, equipo militar y también mercenarios», y el desarme de «todos los grupos ilegales» (artículo 10); y las actividades del TCG (artículo 13).

La guerra de Rusia y Ucrania		
Fecha	Suceso	Descripción
15-abril-2016	Ucrania, Rusia y las sanciones (Pérez Bocanegra, 2016).	Este julio del 2016 la Unión Europea decidía si renovaba sus sanciones económicas contra Rusia, estas sanciones estabán ligadas al cumplimiento del tratado de Minsk II, que contemplaba un cese de hostilidades y la implementación, por parte de Ucrania, de un paquete de reformas constitucionales para garantizar la autonomía y protección de los Oblasts de Donetsk y Lugansk. Minsk II fijaba como fecha límite para tales reformas el 31 de diciembre de 2015, pero ante el escaso progreso, la UE decidió extender las sanciones hasta julio de 2016 e indirectamente responsabilizando a Rusia del incumplimiento de los plazos estipulados:

		-Rusia había pasado de ser un enemigo resucitado de la Guerra Fría a ser un socio clave en la resolución del conflicto en Siria.
- Su poder económico en el sector energético y como importador estabá pesando demasiado en sus socios comerciales europeos más importantes, como Hungría e Italia, que ya se habian manifestado en contra de las sanciones económicas.
- Cualquier oposición en el Consejo Europeo impediría la continuación de dicha política al requerir la aprobación por unanimidad de los Veintiocho.
- Rusia, consciente de este hecho, había fomentado las reticencias de los países más afectados y las dudas de los socios

			indecisos, exigio que Ucrania cumpliera con el orden del acuerdo y avanzara en la solución política del conflicto como condición para retirar su apoyo militar a Donbass. Ucrania, más allá de las dificultades que suponía el incumplimiento de las condiciones del cese de hostilidades, había sido un Estado asolado por la corrupción, con un sistema institucional frágil e incapaz de aprobar las medidas que Minsk II le exigía, debido a la oposición del parlamento a facilitar la autonomía y las elecciones en Donetsk y Lugansk.

	La guerra de Rusia y Ucrania	
Fecha	Suceso	Descripción
23-marzo-2017	Ucrania, piedra de toque para Occidente (Milosevich-Juaristi, Ucrania, piedra de toque para Occidente, 2017).	El conflicto de Ucrania siguía siendo prueba de la creciente ambición revisionista de Rusia, de la fragilidad del Estado ucraniano y una de las ordalías impuestas a Occidente para devolver legitimidad al orden mundial surgido entre la Segunda Guerra Mundial y el final de la Guerra Fría: - Ucrania geográficamente esta ubicada en la periferia de la UE y no sea miembro de la OTAN no significa que la guerra en su territorio represente un interés meramente periférico para la seguridad y defensa de la UE y la Alianza Atlántica.

		- Ucrania es la piedra de toque de la voluntad de las democracias occidentales para reconstruir y devolver la legitimidad al orden internacional, que se ha desintegrado por la doble política revisionista rusa, aunque ésta no sea la única causa del ocaso del orden liberal mundial. - Vínculos de varios consejeros del presidente Donald Trump con la inteligencia rusa habían provocado inquietud entre los socios europeos y los ucranianos.

2-febrero-2018	Ley sobre determinados aspectos de la política estatal para garantizar la soberanía de Ucrania sobre los territorios temporalmente ocupados en las regiones de Donetsk y Lugansk.	Esta ley, impulsada por el presidente Petro Poroshenko y aprobada por el Parlamento ucraniano el 18 de enero de 2018, se consideró el marco legal de Ucrania para reintegrar estas regiones bajo su soberanía: - La ley buscaba establecer el marco legal para la reintegración de las regiones de Donetsk y Lugansk bajo la soberanía ucraniana, definiéndolas como "territorios temporalmente ocupados" por fuerzas rusas. - Fue una respuesta a la continuación del conflicto en el este de Ucrania y la ocupación de parte de su territorio.

		- Aunque Rusia anexionó posteriormente estas regiones en 2022, la ley de 2018 siguía siendo el marco legal ucraniano para reivindicar su soberanía sobre estos territorios.

La guerra de Rusia y Ucrania		
Fecha	Suceso	Descripción
27-noviembre-2018	Bloqueo naval ruso de Ucrania (Delanoë, 2019).	- El incidente del estrecho de Kerch fue un incidente internacional que ocurrió el 25 de noviembre de 2018 en el estrecho de Kerch, durante el cual la guardia costera del Servicio Federal de Seguridad de Rusia (FSB) disparó y capturó tres buques de la Armada de Ucrania después de

		que intentaron transitar desde el mar.
		- Desde la anexión de Crimea en 2014, Rusia reforzó su dominio militar en el mar Negro y Turquía se adapto a ello. Con el control de los estrechos del Bósforo y de los Dardanelos, habían desempeñado durante mucho tiempo el papel de obstáculo contra la expansión rusa hacia los mares cálidos.
		- La rivalidad por el acceso a un mar cerrado se añadío a la larga lista de tensiones que mantenían rusos y ucranianos.

10-diciembre-2019	Primer encuentro entre Vladimir Putin y Volodímir Zelenski (Menéndez, 2019).	- Vladimir Putin y el presidente ucranio Volodímir Zelenski (elegido en abril de 2019) acuerdan en París retomar el proceso de paz en Ucrania. - El acuerdo incluía el compromiso de Putin y Zelenski de trabajar para que un alto el fuego "total" efectivo en el Dombás antes de finales de este año. La misma fecha límite que se han puesto para llevar a cabo un intercambio completo de sus respectivos prisioneros. - Un objetivo era que en marzo del 2020 se retirarean las fuerzas armadas de otras tres zonas de repliegue, algo así como zonas tampón entre las dos líneas de frente.

		- El acuerdo fue imposible en lo referente al control de la frontera ruso-ucraniana, lo que demostro que si bien se había insuflado aire al proceso de paz, el conflicto estabá aún lejos de encontrar una solución definitiva. - Putin concluyó que el proceso para lograr un alto el fuego debía sincronizarse con la aplicación de las reformas políticas en Ucrania previstas en los acuerdos de Minsk; eso significó, en primer lugar, introducir cambios en la Constitución ucraniana, para dar al Donbas un estatus especial permanente.

La guerra de Rusia y Ucrania		
Fecha	Suceso	Descripción
9-abril-2021	Tropas rusas en la frontera con Ucrania (Lima, 2021).	Rusia ha comenzó a mover un número considerable de tropas y equipamiento militar hacia la frontera con Ucrania, al punto que varios gobiernos, incluidos los de EE.UU. y la Unión Europea (UE), alertaron sobre la posibilidad de un ataque: - Kiev y Moscú estnán técnicamente en guerra desde hacía más de siete años (cuando Putin invadió y se anexó Crimea) y los enfrentamientos fronterizos y los movimientos militares rusos fueron frecuentes en el área. - El Ministerio de Defensa de Ucrania calculó que más de 114.000 soldados rusos habían sido desplegados en el área fronteriza en el noreste, este y sur de Ucrania, incluidos unos 92.000 soldados de

		infantería y fuerzas aéreas y marítimas.
		- El Kremlin no negó los movimientos militares, pero tildo las sugerencias de una potencial agresión como "incendiarias" y culpo a la OTAN de realizar ejercicios militares en el Mar Negro, frente a las costas de Crimea.
		- Las relaciones entre Moscú y la OTAN sensaron luego de que el Kremlin suspendiera su misión en la sede del organismo en Bruselas el 18 de octubre del 2021, después de que la alianza expulsara a ocho representantes rusos acusados de espionaje.
		- Al objetivos de la seguridad y de los intereses nacionales de Rusia y teniendo en cuenta los anteriores comportamientos de Moscú, se afirmo que el Kremlin no planeaba una

		invasión, y que se trataba de una intimidación táctica, una mera demostración de fuerza y provocación en conjunto a Ucrania, a la UE, a EEUU y a la OTAN, así como un gesto doméstico con la vista puesta en las elecciones generales (Milosevich-Juaristi, Tropas rusas en la frontera ucraniana: ¿intimidación táctica o inminente ofensiva militar?, 2021). - Se afirmó en ese momento que se trata más de una escalada retórica que de una escalada militar, algo muy habitual en las relaciones entre Rusia y Ucrania desde 2014.

La guerra de Rusia y Ucrania		
Fecha	Suceso	Descripción
14-abril-2021	Busqueda por la renovación de los "Cinco Principios Rectores de la política de la UE hacia Rusia, adoptados en 2016" (EP, 2018).	Los cinco principios rectores de la política de la Unión Europea (UE) hacia Rusia fueron adoptados por el Consejo de Asuntos Exteriores de la UE el 14 de marzo de 2016. Estos principios, propuestos por la entonces Alta Representante Federica Mogherini, buscaban establecer un marco coherente para las relaciones con Rusia tras la anexión ilegal de Crimea y la desestabilización del este de Ucrania: - Plena aplicación de los Acuerdos de Minsk: La aplicación de los Acuerdos de Minsk se consideró la condición clave para cualquier cambio sustancial en la postura de la UE hacia Rusia.

		- Fortalecimiento de las relaciones con los socios orientales de la UE y otros vecinos: Esto incluye lazos más estrechos con países de la Asociación Oriental (como Ucrania) y Asia Central.
		- Fortalecimiento de la resiliencia de la UE: Medidas para mejorar la seguridad energética, combatir las amenazas híbridas y mejorar la comunicación estratégica.
		- Compromiso selectivo con Rusia en cuestiones de interés para la UE: Cooperación en temas específicos de política exterior, como la lucha contra el terrorismo, el cambio climático o asuntos relacionados con Oriente Medio.
		- Apoyo a la sociedad civil rusa y promoción de contactos interpersonales: El objetivo era mantener el apoyo a la sociedad civil

		y fomentar los contactos entre ciudadanos, entendiendo que las sanciones se dirigían al régimen, no al pueblo ruso.
		Estos principios sirvieron de base para la política de la UE durante años, aunque su relevancia y aplicación han evolucionado significativamente tras la invasión a gran escala de Ucrania por parte de Rusia en 2022 (Barigazzi, 2022).
		- Josep Borrell, alto representante de la UE para Asuntos Exteriores y Política de Seguridad y vicepresidente de la Comisión Europea, resumio lo que debería ser la estrategia de la UE hacia Rusia en tres palabras: push back, contain and engage (Milosevich-Juaristi, La nueva estrategia de la UE para Rusia, 2021).

	La guerra de Rusia y Ucrania	
Fecha	Suceso	Descripción
23-agosto-2021	Firma para la creación de la Plataforma de Crimea que reclama a Moscú el fin de la ocupación de Sebastopol y la devolución de Crimea a Ucrania (UA, 2021).	Los 46 Estados y organizaciones como la OTAN firman la creación de la Plataforma de Crimea que reclama a Moscú el fin de la ocupación de Sebastopol y la devolución de Crimea a Ucrania (CU, 2022): - Fué diseñada como un mecanismo de coordinación internacional para restablecer las relaciones entre Rusia y Ucrania mediante la reversión de la adhesión de Crimea en 2014 por parte de la Federación de Rusia, realizada tras el referéndum sobre el estatus político de Crimea de 2014. - La cumbre inaugural de la plataforma tuvo lugar el 23 de agosto de 2021 y algunas de sus funciones serían las de garantizar la protección

		de los derechos humanos de los tártaros de Crimea, aliviar la degradación del medio ambiente y el comercio en la región del mar Negro y el mar de Azov también son temas que se debaten en la cumbre.
		- La Plataforma de Crimea fué una iniciativa diplomática de Ucrania para restaurar la integridad territorial de Ucrania y poner fin a la ocupación rusa de Crimea.
		Objetivos Clave de la Plataforma de Crimea (MFAU, 2021): - Reafirmación de la soberanía: Consolidar la política internacional de no reconocimiento de la anexión ilegal de Crimea por parte de Rusia.
		- Devolución de Crimea: Lograr la desocupación y reintegración de la península a Ucrania por medios pacíficos.

		- Seguimiento de la situación: Mantener el tema de Crimea en la agenda internacional y monitorear la situación de los derechos humanos y la seguridad en la península ocupada. - Rendición de cuentas: Asegurar que los responsables de crímenes bajo la ocupación rusa sean llevados ante la justicia.

La guerra de Rusia y Ucrania		
Fecha	Suceso	Descripción
5-diciembre-2021	Aumento de la presencia de las tropas rusas en la frontera con Ucrania (Reuters, La OTAN advierte a Rusia sobre su aumento de tropas en la frontera con Ucrania, 2021).	El secretario general de la Organización del Tratado del Atlántico Norte (OTAN), Jens Stoltenberg, advirtió a Rusia que los aliados occidentales darían su apoyo a Ucrania ante la inusual gran concentración de tropas rusas en sus fronteras: - El despliegue ruso consistio en equipo de grandes dimensiones como tanques, artillería autopropulsada y vehículos de combate de infantería están siendo desplazados durante la noche para evitar ser delatados por fotografías en redes sociales, igual que se hizo durante el aumento de tropas rusas en primavera. - El 5 de diciembre de 2021, los servicios de

| | | | Inteligencia de EEUU alertaron de que Rusia planea elevar su presencia militar hasta los 175.000 soldados en la frontera con Ucrania con el potencial objetivo de invadir este país a principios de 2022. Los eventos clave que siguieron a esa advertencia fueron (AI, Agresión de Rusia en Ucrania, 2024):

- Acumulación militar: Tal como se informó, Rusia continuó acumulando un número masivo de tropas y equipo militar cerca de las fronteras de Ucrania, incluso en Bielorrusia.
- Negociaciones y advertencias: Hubo intensos esfuerzos diplomáticos y advertencias conjuntas de líderes occidentales, como Emmanuel Macron y Olaf Scholz, instando a Rusia a no llevar a cabo una |

~		agresión militar. - Reconocimiento de separatistas: El 21 de febrero de 2022, Rusia reconoció oficialmente la independencia de las autoproclamadas "Repúblicas Populares de Donetsk y Lugansk" en el este de Ucrania, y anunció el envío de tropas a esas regiones. -Invasión a gran escala: El 24 de febrero de 2022, el presidente ruso, Vladímir Putin, anunció una "operación militar especial", que marcó el comienzo de la invasión rusa a gran escala de Ucrania. Las fuerzas rusas cruzaron la frontera e intentaron un avance rápido hacia la capital, Kiev, lo que desencadenó el conflicto bélico actual.

| \multicolumn{3}{c}{La guerra de Rusia y Ucrania} |||
Fecha	Suceso	Descripción
17-febrero-2022	Tratado entre los Estados Unidos y la Federación de Rusia sobre garantías de seguridad (MAEFR, 2022).	Características generales: - Configuración de fuerzas: Partio de que el despliegue de las Fuerzas Armadas de la Federación de Rusia en su propio territorio no afectaba, ni podía afectar los intereses fundamentales de EEUU. Recordando que no había fuerzas militares en el territorio de Ucrania. Al mismo tiempo, EEUU y sus aliados trasladaron hacia el este su infraestructura militar, desplegando contingentes en los territorios de los nuevos miembros. Eludieron las restricciones del tratado FACE e interpretaron de manera bastante libre las disposiciones del Acta Fundacional OTAN-Rusia sobre el rechazo al "despliegue

		permanente adicional de fuerzas de combate sustanciales".
		- El principio de indivisibilidad de la seguridad: se ecordo que este principio estabá consagrado en el preámbulo del Tratado de 2011 entre la Federación de Rusia y los Estados Unidos de América sobre medidas de reducción y limitación de las armas estratégicas ofensivas, que las partes acordaron prorrogar íntegramente por 5 años y también en una serie de documentos básicos de la OSCE y Rusia-OTAN, adoptados al más alto nivel: en el preámbulo del Acta Final de Helsinki de 1975, en la Carta de París para una Nueva Europa de 1990, en el Acta Fundacional OTAN-Rusia de 1997, en la Carta de Estambul de Seguridad

			Europea de la OSCE de 1999, en la Declaración de Roma OTAN-Rusia de 2002 y en la Declaración de Astaná de la Cumbre de la OSCE de 2010. - Ejercicios y maniobras militares: Estados Unidos no respondió a las propuestas contenidas en la parte 2 del Artículo 4 del proyecto de acuerdo ruso. La parte estadounidense, aparentemente, se basaba en que es posible reducir la tensión en el ámbito militar aumentando la transparencia y medidas adicionales de reducción de riesgos en el marco de las propuestas de Occidente sobre la modernización del Documento de Viena. Rusia considero que ese enfoque era poco realista y unilateral, destinado a conocer las actividades de las Fuerzas Armadas de la Federación Rusa.

La guerra de Rusia y Ucrania		
Fecha	Suceso	Descripción
18-febrero-2022	Acuerdo sobre medidas para garantizar la seguridad de la Federación de Rusia y los Estados miembros de la Organización del Tratado del Atlántico Norte (Pifer, 2021).	El "Acuerdo sobre medidas para garantizar la seguridad de la Federación de Rusia y los Estados miembros de la Organización del Tratado del Atlántico Norte" fue un proyecto de tratado presentado por Rusia en diciembre de 2021, que buscaba establecer garantías de seguridad y, por lo tanto, imponer ciertas restricciones a la OTAN, como la prohibición del despliegue de misiles de mediano alcance en Europa y la limitación de actividades militares en Europa del Este. Este documento, junto con el Tratado sobre Garantías de Seguridad entre Estados Unidos y

		Rusia, representaba una propuesta rusa para redefinir el orden de seguridad posterior a la Guerra Fría y tiene antecedentes en proyectos similares presentados en 2009: - Restricción de armamento: La propuesta incluye la prohibición del despliegue de misiles de alcance intermedio en zonas donde puedan alcanzar el territorio de la otra parte. Esto podría estar relacionado con la anterior retirada del Tratado INF por parte de Estados Unidos, en parte debido al despliegue del misil 9M729 de Rusia, según la NATO. - Limitación de actividades militares: Se propone limitar los ejercicios y actividades militares de la OTAN en Europa del Este, el Cáucaso y Asia Central.

		Situación actual Sin aprobación: Los proyectos de tratado de 2021 no han sido acordados por la OTAN. Objeciones de la OTAN: La OTAN considera que la prohibición de cualquier actividad militar en Ucrania, Europa Oriental, el Cáucaso o Asia Central es una extralimitación. Diálogo: A pesar de los desacuerdos, se ha abierto la puerta a negociaciones. Rusia expresó su deseo de que se llevaran a cabo conversaciones serias sobre el tema en diciembre de 2021, según el Ministerio de Asuntos Exteriores de Rusia.

Fecha	Suceso	Descripción
	La guerra de Rusia y Ucrania	
18-febrero-2022	China ante Ucrania (Ortega, 2022).	China tiene una posición compleja ante la crisis entre Rusia y Ucrania, con dos objetivos principales: calibrar la posición de EEUU ante una posible crisis entre Pekín y Taiwán; y evitar que la OTAN como tal se entrometa en el Indo-Pacífico.
19-febrero-2022	América Latina en la crisis de Ucrania (Malamud, Milosevich-Juaristi, & Núñez Castellano, 2022).	La crisis de Ucrania ha tenido un alcance global y sus efectos comienzan a afectar a América Latina, que para Rusia es sólo un peón más dentro de una estrategia mayor destinada a debilitar la influencia internacional de EEUU.
		Comunicado de prensa sobre la presentación de una respuesta escrita a la respuesta de EE.UU. relativa a las garantías de seguridad: - Estados Unidos ignoró el carácter global de las propuestas rusas,

20-febrero-2022	Garantías de seguridad (EMAEFR, 2022).	seleccionando intencionalmente solo los temas "convenientes", que, a su vez, fueron "tergiversados" para generar ventajas para Estados Unidos y sus aliados. - Rusia se preocupó por la creciente actividad militar de Estados Unidos y la OTAN en las inmediaciones de sus fronteras, mientras que sus "líneas rojas", sus intereses de seguridad fundamentales y su derecho soberano a defenderlos continuaron siendo ignorados. - Se afirmó que no estaba ocurriendo ni se estaba planeando ninguna "invasión rusa" en Ucrania, algo que los funcionarios de Estados Unidos y sus países aliados habían estado prediciendo; por lo tanto, las afirmaciones de que

		Rusia era responsable de una escalada no puedía verse como otra cosa que un intento de ejercer presión y devaluar las propuestas rusas de garantías de seguridad.
		- Si Ucrania era aceptada en la OTAN, surgiría una amenaza tangible de que el régimen de Kiev intentaría recuperar Crimea usando la fuerza y arrastrando a Estados Unidos y sus aliados (en virtud del Artículo 5 del Tratado de Washington) a un conflicto armado directo con Rusia, con todas las consecuencias que ello conllevía.
		- El despliegue de las Fuerzas Armadas de Rusia en territorio ruso no vulnera los intereses fundamentales de Estados Unidos.

La guerra de Rusia y Ucrania		
Fecha	Suceso	Descripción
21-febrero-2022	Vladímir Putin firmó los decretos que reconocían la independencia y soberanía de las autoproclamadas Repúblicas Populares de Donetsk y Luhansk (López-Dóriga, 2022).	El jefe del Kremlin aseguró que Rusia tomaría medidas para garantizar su seguridad ante la negativa de Estados Unidos y la OTAN a atender sus preocupaciones de seguridad y de renunciar a que Ucrania formara parte de la Alianza Atlántica en un futuro. El Senado ruso ratifico la decisión y autorizo al presidente a enviar tropas militares al extranjero. - La acción de la Duma Estatal (Cámara Baja del Parlamento ruso) ocurrió días antes, cuando aprobó el proyecto de ley para solicitar formalmente este reconocimiento a Putin el 15 de febrero de 2022 (DW, La Duma rusa pide a

			Putin que reconozca a Donetsk y Lugansk, 2022).
			- Posteriormente, en septiembre de 2022, Rusia proclamó la anexión ilegal de estos territorios (junto con las regiones de Jersón y Zaporiyia) a la Federación Rusa, tras la celebración de referéndums no reconocidos internacionalmente; desde entonces, para Rusia, la RPD y la RPL son repúblicas dentro de su propia federación (Cuesta, 2022).
24-febrero-2022		Rusia inicia la guerra contra Ucrania (Parlamento-Europeo, 2022).	- En la madrugada del 24 de febrero, las tropas rusas inician su ofensiva sobre Ucrania en un ataque masivo por tierra, mar y aire sobre diversos puntos de todo el país. - El ataque se produce tras un anuncio del presidente Vladimir Putin en el que

		justificaba la agresión como única alternativa para desmilitarizar y "desnazificar" Ucrania, a quien acusó de genocidio. EEUU y la Unión Europea han anunciado sendos paquetes de sanciones económicas con el objetivo de hundir la economía rusa. - En menos de 24 horas, las tropas rusas comienzan a avanzar sobre Kyiv, al tiempo que se recrudecen los combates. La OTAN anuncia el envío de refuerzos a los países aliados del flanco oriental europeo. -El Parlamento Uropeo Consideró que la Federación de Rusia lanzó una invasión no provocada e injustificada sobre Ucrania el 24 de febrero de 2022.

La guerra de Rusia y Ucrania Durante enero del 2025		
Fecha	Suceso	Descripción
8-enero-2025	Rusia recuperó el 63 % del territorio que Ucrania había capturado en la incursión de 2024 en la región rusa de Kursk (RusiaMatters, 2025).	Las fuerzas rusas se encuentraron a menos de 5 kilómetros de Pokrovsk, se dio un cambio territorial neto, Rusia recupero 270 kilómetros cuadrados, el equivalente a 6 islas y media de Manhattan. Ucrania controlo 274 de los 1200 kilómetros cuadrados que ocupaba en esa región a mediados de septiembre de 2024, el equivalente a 8 islas de Manhattan.
15-enero-2025	Ciudadanos desplazados (RussiaMatters, 2025).	- De Rusia: 800.000 emigraron por razones económicas o políticas, el 0,6 % de la población rusa. - De Ucrania: 10,2 millones de ucranianos desplazados, el 23% de la población ucraniana anterior a la invasión, que era de

		44 millones. - Desplazados internos: 3,7 millones. - Refugiados internacionales: 6,5 millones.
22-enero-2025	Vehículos y equipos militares (Janovsky, Black, & Black, 2025).	De Rusia: 20.027 perdidos: - Tanques y vehículos blindados: 11.599. - Aeronaves: 286. - Buques de guerra: 22. De Ucrania: 7.609 perdidos: - Tanques y vehículos blindados: 3.778. - Aeronaves: 173. - Buques de guerra: 35.
29-enero-2025	Impacto económico (Investing, 2025).	- Crecimiento económico de Rusia: 5.6 % del PIB desde 2022 (hasta 2024). - Previsión de crecimiento del PIB del 1.4% para 2025.

			- Déficit presupuestario: 2.1 % del PIB.
Rublo ruso: 0,01027 dólares estadounidenses. -13% desde la invasión.

- Crecimiento económico negativo de Ucrania: menos 22.6 % del PIB desde 2022 (hasta 2024).
- Previsión de crecimiento del PIB del 2.5% para 2025.
- Déficit presupuestario: 20.4 % del PIB, excluidas las subvenciones.
- Grivna ucraniana: 0,02385 dólares estadounidenses. -27% desde la invasión. |

	La guerra de Rusia y Ucrania Durante febrero del 2025	
Fecha	Suceso	Descripción
5-febrero-2025	Cambio en el control de Rusia sobre el territorio ucraniano (London, 2025).	Rusia ganó 130 millas cuadradas del territorio ucraniano (casi 6 islas de Manhattan) encontrándose dentro de los limites urbanos del vital centro logístico de Pokrovsk, no hubo ganancias ni pérdidas significativas en el óblast de Kursk, donde Ucrania aún conservo 171 millas cuadradas mientras, según se informó, las tropas de la RPDC se retiraron del frente en esa región del oeste de Rusia.
		- De Rusia se estimó desde marzo de 2024 que los ataques ucranianos habían dejado fuera de servicio instalaciones

12-febrero-2025	Infraestructura (RussiaMatters, Informe de la guerra entre Rusia y Ucrania, 12 de febrero de 2025, 2025).	que representaban una sexta parte de la producción de gasolina y diésel en Rusia. - De Ucrania el 64%, o 36 de los 56 GW de capacidad de generación de electricidad destruidos u ocupados, Ucrania depende para dos tercios de su generación de electricidad de tres centrales nucleares en funcionamiento de la era soviética, que aún controla.
19-febrero-2025	Bajas militares y muertes civiles (RussiaMatters., 2025)	Bajas militares: - En Rusia más de 700.000 muertos o heridos, según una estimación de enero de 2025. 48.000 desaparecidos. - En Ucrania: 400.000 muertos o heridos, según una estimación de enero

		de 2025; 35.000 desaparecidos. Muertes civiles: - Rusia: 388 muertos. -Ucrania: 12500 muertos
26-febrero-2025	Control territorial (RussiaMatters., Informe de la guerra entre Rusia y Ucrania, 26 de febrero de 2025, 2025).	- Rusia ganó 191 millas cuadradas de territorio ucraniano. - En el óblast ruso de Kursk, Ucrania perdió 10 millas cuadradas, la pérdida de territorio ruso más rápida para Ucrania desde principios de diciembre de 2024.

	La guerra de Rusia y Ucrania Durante marzo del 2025	
Fecha	Suceso	Descripción
5-marzo-2025	Cambio en el control de Rusia sobre el territorio ucraniano (RussiaMatters, Informe de la guerra entre Rusia y Ucrania, 5 de marzo de 2025, 2025).	Las ganancias rusas se desaceleraron a 140 millas cuadradas del territorio de Ucrania. En el óblast ruso de Kursk, Ucrania perdió 4 millas cuadradas. La ayuda militar estadounidense a Ucrania fue suspendida y el intercambio de inteligencia estadounidense con Ucrania fue cortado como resultado de la pelea del 28 de febrero de Zelenskyy con Trump y Vance en la Casa Blanca. Si se prolongaba, la suspensión de suministros del siguiente equipo militar estadounidense tendría el mayor impacto negativo (Economist, 2025).

12-marzo-2025	Apoyo popular (RussiaMatters, Informe de la guerra entre Rusia y Ucrania, 12 de marzo de 2025, 2025).	- En Rusia el 59 % apoya las negociaciones de paz. - En Ucrania el 51% apoya las negociaciones de paz.
19-marz-2025	Vehículos y equipos militares (Hackett, 2025).	En Rusia 20.577 perdidos: - Tanques y vehículos blindados: 11.951. - Aeronaves: 305. - Buques de guerra: 22. En Ucrania: 7.965 perdidos: - Tanques y vehículos blindados: 4.003 Aeronaves: 183. Buques de guerra: 35.
		Bajas militares: - En Rusia más de 750.000 muertos o heridos y 348.000 desaparecidos.

Fecha	Suceso	Descripción
26-marzo-2025	Bajas militares y muertes civiles (RussiaMatters, Informe de la guerra entre Rusia y Ucrania, 26 de marzo de 2025, 2025).	- En Ucrania 400.000 muertos o heridos y 435.000 desaparecidos. Muertes civiles: - En Rusia: 387 muertos. - En Ucrania: 12.654 muertos.

La guerra de Rusia y Ucrania
Durante abril del 2025

Fecha	Suceso	Descripción
2-abril-2025	Control territorial (RussiaMatters, Informe de la guerra entre Rusia y Ucrania, 2 de abril de 2025, 2025).	Rusia ganó 99 millas cuadradas del territorio ucraniano, en general, aceleró su avance. La ganancia de 47 millas cuadradas de la semana anterior se triplicó. Durante esta etapa se reveló cómo la asistencia estadounidense ayudó a Ucrania a cambiar rápidamente la situación contra la invasión rusa, lo que llevó a los altos mandos rusos a discutir el uso de armas nucleares.

9-abril-2025	Infraestructura (RussiaMatters, Informe de la guerra entre Rusia y Ucrania, 9 de abril de 2025, 2025).	Rusia: - Se estimó que los ataques ucranianos habían dejado fuera de funcionamiento instalaciones que representaban un sexto de la producción de gasolina y diésel de Rusia. - Igual se estimó que los ataques ucranianos al sector energético de Rusia habrían causado daños por al menos 60.000 millones de rublos (714 millones de dólares). Ucrania: - La extensa infraestructura de transmisión de Ucrania sufrió graves daños durante la guerra: su capacidad se redució de 56 GW a unos 9 GW. - Alrededor del 64%, o 36 de los 25 GW de capacidad de generación de electricidad de

		Ucrania, fueron destruidos u ocupados. - Ucrania dependía, para dos tercios de su generación eléctrica, de tres centrales nucleares de la era soviética en funcionamiento, que aún controla en 2024.
23-abril-2025	Vehículos y equipos militares (RussiaMatters, Informe de la guerra entre Rusia y Ucrania, 23 de abril de 2025, 2025).	Rusia ha estado perdiendo más vehículos blindados en combate este año que Ucrania, pero lo ha estado haciendo a un ritmo más lento, según Oryx. El número de tanques y otros vehículos blindados perdidos por Ucrania en combate pasó de 3,685 el 7 de enero de 2025 a 4,397 el 22 de abril de 2025 (un aumento del 19%), mientras que el número de tanques y otros vehículos blindados perdidos por Rusia durante el mismo tiempo pasó de 11,462 a 12,530 (un aumento del 9%).

La guerra de Rusia y Ucrania Durante mayo del 2025		
Fecha	Suceso	Descripción
7-mayo-2025	Conrol territorial (ATP, 2025).	Kiev esperaba poder utilizar tierras en la región de Kursk como moneda de cambio en futuras conversaciones de paz con Rusia, que se habían apoderado de partes del este y el sur de Ucrania desde que lanzó su ofensiva en febrero de 2022.
14-mayo-2025	Control territorial (RussiaMatters, Informe de la guerra entre Rusia y Ucrania, 14 de mayo de 2025, 2025)	Las fuerzas armadas ucranianas duplicaron su pequeño control sobre territorio ruso, ganando 12 kilómetros cuadrados en la última semana, para un total de 26 kilómetros cuadrados, ya que se esperan conversaciones de paz entre Rusia y Ucrania en Turquía el 15 de mayo.

21-mayo-2025	Bajas militares y muertes civiles (Melkozerova, 2025).	Bajas militares: - En Rusia más de 790.000 muertos o heridos, según una estimación de Cavoli de abril de 2025. - En Ucrania: 400.000 muertos o heridos, según una estimación de Zelenskyy de enero de 2025. Muertes civiles: - En Rusia 652 muertos. - En Ucrania 12.910 muertos.
28-mayo-2025	Vehículos y equipos militares	En Rusia: 21.883 perdidos: - Tanques y vehículos blindados: 12.835. - Aeronaves: 305. - Buques de guerra: 22. En Ucrania: 8.978 perdidos: - Tanques y vehículos blindados: 4.597. - Aeronaves: 183. 10

		- Buques de guerra: 35. Las fuerzas armadas ucranianas perdieron 10 kilómetros cuadrados de su control en las regiones rusas de Kursk y Bélgorod. Las fuerzas rusas llevaron a cabo el mayor ataque aéreo combinado de la guerra en la noche del 24 al 25 de mayo.

La guerra de Rusia y Ucrania Durante junio del 2025		
Fecha	Suceso	Descripción
4-junio-2025	Análisis del Instituto para el Estudio de la Guerra (London, 2025).	Las fuerzas rusas ganaron 54 millas cuadradas de territorio ucraniano. Mientras tanto, las fuerzas armadas de Ucrania obtuvieron 1 milla cuadrada de control en las regiones rusas de Kursk y Belgorod, para un total esta semana de 6 millas cuadradas. El 1 de junio, drones ucranianos ocultos dentro de camiones en Rusia atacaron y destruyeron un récord estimado de 11 a 12 bombarderos estratégicos rusos. Fue poco probable que el ataque alterara materialmente el curso del conflicto, pero se plantearon preguntas sobre la vulnerabilidad de los sistemas de lanzamiento de armas nucleares aéreas y

		navales a los drones en países que poseían tales armas.
11-junio-2025	Apoyo popular (RussiaMatters, Informe de la guerra entre Rusia y Ucrania, 11 de junio de 2025, 2025).	Rusia: el 64% apoya las negociaciones de paz (nivel récord en mayo de 2025) Ucrania: el 51% apoya las negociaciones de paz (el 48% de los ucranianos apoyaría el reconocimiento de facto del control ruso de los territorios ocupados sin el reconocimiento de iure de dicho control).
		Rusia: - Crecimiento económico de 5.6% del PIB desde 2022 (hasta 2024). - Previsión de crecimiento del PIB del 1,5% para 2025. Déficit presupuestario en 2024: 1.7% del PIB.

18-junio-2025	Impacto económico (RussiaMatters, Informe de la guerra entre Rusia y Ucrania, 18 de junio de 2025, 2025).	Ucrania: - Crecimiento económico (negativo): -22,6% del PIB desde 2022 (hasta 2024). - Previsión de crecimiento del PIB del 2% para 2025. - Déficit presupuestario en 2024: 20,4% del PIB, excluidas las subvenciones.
25-junio-2025	Control territorial (London, 2025).	Rusia ganó 36 millas cuadradas, una disminución significativa en comparación con el aumento de 64 millas cuadradas de la semana anterior. En Rusia, Ucrania mantuvo una presencia de 5 millas cuadradas en las regiones rusas de Kursk y Belgorod, al igual que la semana anterior.

La guerra de Rusia y Ucrania Durante julio del 2025		
Fecha	Suceso	Descripción
2-julio-2025	Vehículos y equipos militares (RussiaMatters, Informe de la guerra entre Rusia y Ucrania, 2 de julio de 2025 , 2025)	En Rusia 22.250 perdidos: - Tanques y vehículos blindados: 13.019. - Aeronaves: 332. Buques de guerra: 22. En Ucrania 9.274 perdidos: - Tanques y vehículos blindados: 4.747. - Aeronaves: 188. Buques de guerra: 35
9-julio-2025	Control territorial (RussiaMatters, Informe de la guerra entre Rusia y Ucrania, 9 de julio de 2025 , 2025).	El avance territorial ruso en Ucrania durante la última semana se redujo a 46 kilómetros cuadrados, el ritmo semanal más bajo de Rusia desde la semana del 22 al 29 de abril de 2025, cuando ganó 36 kilómetros cuadrados. La semana anterior, Rusia estableció al

		menos dos récords en el número de drones y misiles lanzados en una sola descarga (550 el 4 de julio y 741 el 9 de julio), a pesar de que Trump expresó su consternación con Putin por "matar a demasiada gente" y amenazó al líder ruso (de nuevo) con más sanciones.
20-julio-2025	Ciudadanos desplazados	Rusia: - 800.000 personas abandonaron Rusia por razones económicas o políticas, el 0,6% de la población rusa. - 112.000 personas fueron desplazadas en la región rusa de Kursk durante la incursión de Ucrania, que comenzó en agosto de 2024. Según se informa, muchas de ellas seguían sin poder regresar a sus hogares en junio de 2025.

		Ucrania:
		- 9.4 millones de ucranianos desplazados, el 21% de la población de Ucrania antes de la invasión, de 44 millones, incluidos:
		- Desplazados internos: 3,8 millones en abril de 2025.
		- Refugiados internacionales: 5,6 millones, incluidos 5 millones en Europa, en mayo de 2025.

La guerra de Rusia y Ucrania Durante agosto del 2025		
Fecha	Suceso	Descripción
		- En el período del 8 de julio al 5 de agosto de 2025: las fuerzas rusas ganaron 226 millas cuadradas de territorio ucraniano, lo que es más que las 190 millas

6-agosto-2025	Control territorial (RussiaMatters, Informe de la guerra entre Rusia y Ucrania, 6 de agosto de 2025, 2025).	cuadradas ganadas por Rusia en el período del 10 de junio al 8 de julio de 2025. - En la última semana (del 29 de julio al 5 de agosto de 2025): Rusia ganó 31 millas cuadradas de territorio ucraniano (aproximadamente 1½ Martha's Vineyards), poco menos de un tercio de la tasa de ganancia de 105 millas cuadradas de la semana anterior (del 22 al 29 de julio de 2025).
13-agosto-2025	Bajas militares y muertes civiles (RussiaMatters, Informe de la guerra entre Rusia y Ucrania, 13 de agosto de 2025, 2025).	Bajas Militares Rusia: - Más de 790.000 muertos o heridos, según una estimación de abril de 2025 del entonces SACEUR Cavoli. 4 48.000 desaparecidos. Ucrania: - 400.000 muertos o heridos, según una estimación de Zelenskyy de enero de

		2025. 35.000 desaparecidos. Muertes civiles Rusia: 652 muertos. Ucrania: 13.580 muertos.
20-agosto-2025	Impacto económico (WorldBank, 2025).	Rusia: - Crecimiento económico: 5.6% del PIB desde 2022 (hasta 2024). - Previsión de crecimiento del PIB del 0,9% para 2025. - Déficit presupuestario en 2024: 1,7% del PIB. - Rublo ruso: 0,01238 dólares estadounidenses. 5% desde la invasión. Ucrania: - Crecimiento económico (negativo): -22,6% del PIB desde 2022 (hasta 2024) - Previsión de crecimiento del PIB del 2% para 2025. - Déficit presupuestario en

		2024: 20,4% del PIB, excluidas las subvenciones. - Grivna ucraniana: 0,02416 dólares estadounidenses . - 28% desde la invasión.

La guerra de Rusia y Ucrania Durante septiembre del 2025		
Fecha	Suceso	Descripción
10-septiembre-2025	Busqueda de acuerdos para la paz	La guerra de Ucrania continuó y Rusia y el ejército ucranio continuaron intercambiando ataques en una guerra en la que no se vislumbró el final. Trump y Putin se reunieron en Alaska en una cumbre que calificaron de "productiva", pero en la que no llegaron a ningún acuerdo sustancial (Escobar & Bellón, 2025). La Unión Europea presento el plan de Europa para Ucrania, donde uno de los cambios más

		relevantes era la eliminación del reconocimiento de Crimea, Donetsk y Luhansk como territorios rusos, así como de la "congelación permanente" de las líneas actuales de frente en Zaporiyia y Jersón; dcicho plan termino al margen sin logar resolver (Amo, 2025).
		Rusia: - La estimación es que los ataques ucranianos al sector energético ruso causaron al menos 60 mil millones de rublos (714 millones de dólares) en daños popr la inhabilitación de al menos cuatro importantes refinerías de petróleo rusas, obligando al cierre de 44,3 millones de

24-septiebre-2025	Infraestructura (RussiaMatters, Informe de la guerra entre Rusia y Ucrania, 24 de septiembre de 2025 , 2025).	toneladas de capacidad anual, aproximadamente el 13% del total de Rusia (328 millones de toneladas/año). - Los ataques con drones ucranianos paralizaron temporalmente hasta aproximadamente el 16,7% de la capacidad de refinación de Rusia. Ucrania: - La extensa infraestructura de transmisión de Ucrania sufrió graves daños durante la guerra: su capacidad se reducirá de 56 GW a unos 9 GW para fines de 2024. - Alrededor del 64%, o 36 de los 25 GW de capacidad de generación de electricidad de Ucrania, destruidos u ocupados a partir de 2024.

		Ucrania perdió el 80% de su capacidad térmica debido a los ataques rusos desde septiembre de 2024. Ucrania dependía, para dos tercios de su generación eléctrica, de tres centrales nucleares de la era soviética en funcionamiento.

La guerra de Rusia y Ucrania Durante octubre del 2025		
Fecha	Suceso	Descripción
		- El conflicto entre Rusia y Ucrania impactó negativamente en los mercados bursátiles mundiales; las sanciones impuestas contra Rusia generaron reveses económicos que afectaron al mercado bursátil local; también se generó un impacto

3-octubre-2025	Impacto internacional del conflicto	en la economía global en forma directa que aumentó el riesgo-país, frenando la inversión extranjera, alterandó precios de productos básicos y modificandó rutas logísticas; en esencia, perturbó la previsibilidad y seguridad que exigía el comercio internacional para fluir eficientemente. (Ullah, Sohag, Khan, & Sohail, 2025). - El principal efecto geoestratégico de la guerra entre Rusia y Ucrania fué debilitar las relaciones entre Europa y Rusia y, en menor medida, entre Europa y China, al tiempo que brindó una oportunidad para fortalecer las relaciones entre Estados Unidos y sus aliados europeos

			(Frederick, y otros, 2025). - La crisis y las severas sanciones occidentales contra Rusia dispararon los ya elevados precios de la energía, lo que provocó interrupciones en las cadenas de suministro globales y exacerbó la persistente inflación en Estados Unidos y Europa (Mengqi, Jing, Haiyu, & Wanying, 2025).
22-octube-2025		Control territorial (RussiaMatters, Informe de la guerra entre Rusia y Ucrania, 22 de octubre de 2025, 2025).	- En el período del 23 de septiembre al 21 de octubre de 2025: las fuerzas rusas ganaron 128 millas cuadradas de territorio ucraniano, una disminución de las 206 millas cuadradas que ganaron en el período anterior de cuatro semanas del 26 de agosto al 23 de septiembre de

			2025. Desde el 1 de enero de 2025, la tasa mensual promedio de ganancias rusas ha sido de 168 millas cuadradas.
	•		- La semana pasada (del 14 al 21 de octubre de 2025): Rusia ganó 33 millas cuadradas de territorio ucraniano, una disminución respecto de la ganancia de 48 millas cuadradas de la semana anterior (del 7 al 14 de octubre de 2025). En Rusia, la presencia de Ucrania en las regiones de Kursk y Belgorod se mantuvo igual esta semana que la pasada (del 14 al 21 de octubre de 2025): 4 millas cuadradas.

	La guerra de Rusia y Ucrania Durante noviembe del 2025	
Fecha	Suceso	Descripción
28-noviembre-2025	Tecnología belica	Los sistemas de defensa antiaérea rusos derriban durante la noche 136 drones de ala fija ucranianos sobre ocho regiones del país, dos de ellos en las cercanías de Moscú, así como sobre la anexionada península de Crimea, dando muestras de su poder belico (Swissinfo, 2025).
		- Pérdida de vidas y sufrimiento humano, la guerra ha provocado un gran número de muertos y heridos, tanto civiles como militares, causando un sufrimiento físico y mental generalizado en la población.

30-noviembre-2025	Consecuencias generales de la guerra	- Destrucción de infraestructura esencial como hospitales, escuelas, viviendas, carreteras y otras edificaciones públicas y privadas. - Millones de personas se vieron forzadas a huir de sus hogares, convirtiéndose en refugiados o desplazados internos, estos desplazamientos generaron una crisis humanitarias y de seguridad. - Los traumas de guerra, como el trastorno de estrés postraumático, afectaron a los individuos a largo plazo; la desconfianza y el miedo fueron comunes en las poblaciones afectadas, dificultando la

		reconstrucción de sus vidas. - Las economías quedaron gravemente debilitadas por la destrucción de la infraestructura productiva, el comercio y las finanzas; ocurrieron cambios significativos en la dinámica social, el poder político y el estatus de grupos como las mujeres. - Politicamene la reacción rusa buscaba deslegitimar al gobierno ucraniano y frenar su aproximación a Europa; el Ministerio de Asuntos Exteriores ruso exigió que se prohibiera a Ucrania unirse a la OTAN y el secretario general de la OTAN, Jens Stoltenberg,

		respondió que la decisión dependía de Ucrania y de los miembros de la OTAN, y añadió: «Rusia no tiene derecho a establecer una esfera de influencia para intentar controlar a sus vecinos.

El estatus de la guerra entre Rusia y Ucrania como se pudo observar en los anteriores concentrados representa aún incertidumbre de un ganador, se continúan publicando posibles escenarios que podrían inclinar a favor de alguno de ellos la victoria y final de esta guerra. Escenarios como la prospectiva de Stéphane Audrand que plantea un ataque de Putin por el Atlántico con la posibilidad de dar fin a la guerra y adherirse la victoria (Audrand, 2025). El planteamiento prospectivo proyecta la construcción de un "frente atlántico" donde Rusia podría hasta amenazar a Europa a través del mar Atlántico, más allá del frente terrestre en Ucrania. Lógicamente esta amenaza se reflejaría en la interrupción del comercio marítimo y el uso de activos submarinos para amenazar la seguridad y la economía europeas.

Escenario prospectivo que alertaría sobre la necesidad de que Europa enfoque su defensa en el oeste.

El Centro de Estudios Estratégicos e Internacionales (CSIS) en 2025 presentó un escenario donde Rusia realizó maniobras bien planificadas para impactar en Europa y Occidente y las decribió de la siguiente manera (Jones, 2025):

> *"Rusia llevó a cabo una creciente y violenta campaña de sabotaje y subversión contra objetivos europeos y estadounidenses en Europa, liderada por la inteligencia militar rusa (GRU); el número de ataques rusos casi se triplicó entre 2023 y 2024; los principales objetivos de Rusia incluyó fueron el transporte, el gobierno, las infraestructuras críticas y la industria, y sus principales armas y tácticas incluyeron explosivos, instrumentos contundentes o afilados y ataques electrónicos. A pesar del aumento de los ataques rusos, los países occidentales no desarrollaron una estrategia eficaz para contrarrestarlos". (Página 1).*

El informe de CSIS describió la estrategia rusa de forma muy concreta enmarcando a su política exterior[13] como el instrumento de operación que trataba de influir en la opinión pública mediante operaciones psicológicas en Europa, Estados Unidos y otros países; su base es que cuenta con una red internacional de agentes de influencia y estos agentes usan las redes sociales y los medios digitales para moldear la opinión pública, amplificar la desinformación empleando bots y cuentas automatizadas para promover agendas alineadas con los intereses rusos en sus países (Borrás Rius, 2025). Este informe también destacaba que trato de coaccionar a gobiernos, empresas o individuos para que dejaran de tomar medidas específicas, en particular limitar la asistencia militar y de otro tipo a Ucrania. Su punto cumbre llego en el momento que trataban de disuadir a los soldados, funcionarios gubernamentales y ciudadanos a desertar del apoyo a Occidente. Como se esperaría este tipo

---

[13] Del acercamiento de Ucrania a la OTAN desde 2008 y hasta la invasión rusa en 2022, el Kremlin a moldeado su política exterior con base en las posturas e ideologías defendidas por personalidades influyentes de la élite rusa; un ejemplo esAleksandr Dugin, uno de los fundadores del neo-eurasianismo, que introdujo su teoría en el entorno de Putin (Kunz Saponaro, IEEE. Neo-eurasianismo en el Kremlin: influencia de la teoría de Dugin en la política exterior de Rusia (2014-febrero 2022), 2025).

de acciones solían ser negables, y los gobiernos afectados solían ser cautelosos a la hora de atribuirlas por temor a una escalada. Dado que pueden no ser perpetradas directamente por un agente gubernamental, los países podían negar su responsabilidad y bajo este supuesto las acciones no alcanzaban el umbral de la guerra convencional y terminaban teniendo limitaciones[14].

El ingreso de algunos estados de la antigua Unión Soviética tanto a la Unión Europea como a la OTAN, que han buscado prosperidad económica y garantías de seguridad, le han generado al Kremlin una creciente frustración y percepción de cerco estratégico[15] (Fidalgo,

---

[14] Se ha llegado a la afirmación de que Rusia ya está en conflicto con Europa, se han señalado sabotajes, incursiones de drones o desinformaciones de origen ruso en Europa que no son considerados como casos aislados y que se percibe, forman parte de una estrategia para dividir y debilitar a los Estados y sociedades europeas; estos ataques rusos en suelo europeo ya se habían triplicado de doce en 2023 a 34 en 2024, y la tendencia ha seguido al alza y más agresiva en 2025 (Rivas, 2025).

[15] Mark Galeotti, publicó en Foreign Policy el 22 de febrero de 2022 que una invasión rusa de gran

2022), alimentando la idea de que Occidente avanza sobre lo que considera su esfera de influencia natural. Finalmente su objetivo también ronda en socavar las relaciones entre Estados Unidos y Europa, dado que la presencia estadounidense en el continente ha servido como medio de disuasión a Rusia, frente a una Europa que carece de las capacidades militares[16] y de coordinación para disuadir a Moscú (Leiva A. , Europa ya no puede contar con Estados Unidos: Esto es lo que deberá hacer ahora, 2025). Aun con los esfuerzos que la Unión realice para reforzar sus capacidades militares, las debilidades estructurales de la defensa europea no podrán resolverse a corto plazo (Tamames, 2025). De

---

escala era poco probable, basándose en el análisis de que Rusia ya había usado métodos encubiertos en el pasado que no le funcionaron de forma óptima y que los riesgos de un ataque directo contra Ucrania eran demasiado altos; este artículo fue publicado poco antes de que la invasión a gran escala de Ucrania comenzara (Riehle, 2024).
[16] Desarrollar un sistema de disuasión nuclear propio se esta convirtiendo poco a poco en la narrativa de miembros de la Unio que consideran es una prioridad para Europa, por losmomentos en que se precibe que Estados Unidos se retire del continente, aunque no es fácil por los costes económicos que se suma el debate político (Rivas, Europa necesita sus propias armas nucleares, 2025).

lo que no existe duda es que Rusia continuara buscando aprovechar cualquier vacío de poder para limitar la influencia estadounidense y dificultar una respuesta europea ante sus acciones e igual continuará concentrado sus esfuerzos en la creación zonas de seguridad o Estados tapón[17]; su postura continua firme en que su seguridad depende de rodearse de países afines que actúen como barrera frente a la influencia occidental, como Bielorrusia o su objetivo con Ucrania, Moldavia y Georgia; esto implicara mantener la presion política para influir en procesos de adhesión a la UE y fomentar Gobiernos o movimientos favorables a sus intereses.

Los costos de la guerra con Ucrania han sido devastadores para Rusia, pero el Ejército ruso se ha fortalecido por sus lecciones de la guerra (Massicot, 2025); todo indica que su industria de defensa está sentando las bases para reducir

---

[17] Un estado tapón es un país situado geográficamente entre dos grandes potencias rivales o potencialmente hostiles, este país normalmente pequeño e independiente y en teoría, la presencia del Estado tapón evita que las dos potencias se enfrenten o, al menos se presume que reduce ese riesgo (Laguna, 2020).

su dependencia de la tecnología occidental de cara a producir en masa misiles, drones, municiones y otra clase de armamento (Cranny-Evans, 2025). Su desgaste de recurso humano á sido muy grande y tuvo que recurrir a el aumento de incentivos económicos en el reclutamiento de nuevos soldados para compensar las numerosas bajas sufridas[18]. La economía nacional rusa ha terminado envuelta, en una economía de guerra que le prepara para sostener una guerra de alta intensidad a medio o largo plazo con algún país europeo. La inteligencia alemana ya ha contemplado que a más tardar en 2029 se podrían generar conflictos en forma directa con Europa, si estos países no establecen unas capacidades de disuasión creíbles y coordinadas, e imponen un coste difícilmente asumible para Rusia, las actuales operaciones en la zona gris podrían convertirse en el preludio de una escalada mayor (Europapress, 2025). La prospectiva de Mark Rutte, secretario general de la OTAN, es

---

[18] Rusia perdió 281,550 soldados en Ucrania en los primeros ocho meses del 2025, según un documento que, según la inteligencia ucraniana, contenía datos rusos filtrados; esa enorme cantidad de soldados muertos y heridos se debió a que Rusia siguía avanzando en múltiples puntos de la línea del frente, reduciendo la fuerza de las fuerzas ucranianas. (Melkozerova & Politico., 2025).

que "Rusia seguirá siendo una amenaza para Europa aunque haya acuerdo de paz en Ucrania" ; aun cuando Rusia resultará derrotada, la pérdida de legitimidad de Putin, basada en la imagen del líder fuerte y victorioso, podría desencadenar una lucha por el poder y resentimiento colectivo y en ese contexto, la narrativa del enemigo externo volvería a ser clave para mantener la cohesión social y justificar nuevas acciones de expansión o revancha (Sahuquillo, 2025).

Unión Europea

Durante 2025 la Unión Europea realizó algunos ajustes a su política exterior, resultado de dos aspectos trascendentales; la nueva política arancelaria propuesta por la administración Trump, que amenazaba con trastocar la realidad de la Unión al reconfigurar el sistema comercial internacional y, como segundo aspecto, el viejo continente tendría que asumir su propia seguridad, visualizándose como potencia a largo plazo (Leiva A. , Europa ya no puede contar con Estados Unidos: Esto es lo que deberá hacer ahora, 2025). Veamos mediante los siguientes recuadros las perspectivas acontecidas durante el año y las medidas tomadas.

Perspectiva económica de la Unión Europea durante 2025

La perspectiva económica de la Unión Europea para 2025 fue de un crecimiento moderado y continuo, el PIB de la UE proyectaba un 1,4%, impulsado por la demanda interna y un mercado laboral resiliente, aunque existieron desafíos como la incertidumbre geopolítica y la necesidad de mayor integración fiscal para su futuro. Se esperó una desaceleración en el crecimiento de los salarios nominales y la inflación, mientras que el empleo se mantuvo estable, con la inversión pública (fondos UE) y privada actuando como motores clave (EmpresaExterior, 2025). La UE se dirigió hacia una recuperación económica moderada en 2025, apoyada por su mercado interno, aunque enfrentaba la necesidad de abordar desafíos estructurales para una estabilidad a largo plazo (CE, El pronóstico económico de otoño de 2025 muestra un crecimiento continuo a pesar del entorno desafiante, 2025).

Perspectiva económica 2025	
Puntos Clave (PWC, Los expertos y empresarios piden a la UE más integración económica y política, y no prevén que la guerra arancelaria impacte de lleno en el crecimiento, 2025):	
Concepto	Susceso o prospectiva
Crecimiento del PIB en la UE	Se previó un crecimiento del 1,4%.
Crecimiento del PIB en la Eurozona	Se esperó un crecimiento del 1,3%.

Incertidumbre Global	Tensiones comerciales y geopolíticas continuaron siendo un factor.
Integración	Expertos abogaron por una mayor integración fiscal y política para fortalecer el bloque.
Divergencias	Continuaron los riesgo de diferencias económicas entre Estados miembros.

Perspectiva arancelaria 2025
Estuvo marcada por la incertidumbre de las disputas comerciales con Estados Unidos y la implementación de contramedidas arancelarias propias, pero también por un giro hacia la negociación con acuerdos clave como el arancel único del 15% para automoción y semiconductores con los norteamericanos en otoño, buscando estabilidad y liberalización selectiva, aunque los pronósticos económicos iniciales sufrieron revisiones a la baja por estos choques (DW, UE recorta previsión de crecimiento en 2025 por aranceles, 2025).

Principales Temas y Desarrollos	
Concepto	Susceso o prospectiva

Escalada y Contramedidas	La UE reaccionó a las nuevas políticas arancelarias de Estados Unidos (como las amenazas de un 30% a México/UE) imponiendo aranceles recíprocos del 25% a bienes estadounidenses (acero, aluminio, textiles) en abril de 2025, afectando exportaciones por miles de millones de euros (GT, De Bie, & Mantel, 2025).
Búsqueda de Acuerdos y Desescalada	A pesar de la tensión, la UE buscó activamente acuerdos, logrando en otoño un pacto clave con Estados Unidos que fijó un arancel máximo del 15% para automoción, semiconductores y farmacéuticos, eliminando barreras en sectores estratégicos (aeronaves, químicos, etc.) (CE, El pronóstico económico de otoño de 2025 muestra un crecimiento continuo a pesar del entorno desafiante , 2025).
	• Las guerras arancelarias y la incertidumbre llevaron a la Comisión Europea a recortar sus

Impacto Económico	previsiones de crecimiento para la Eurozona en la primavera de 2025, afectando las proyecciones para ese año y el siguiente (EuropaPress, 2025). • Sin embargo, en otoño, Bruselas mejoró las previsiones de crecimiento (alrededor del 1.3-1.4% para 2025/2026), citando un buen primer trimestre (adelanto de exportaciones), un mercado laboral resistente y el impacto del fondo de recuperación, pese a la tensión comercial (Gómez M. V., 2025).

El 2025 fue un año de ambivalencia: por un lado, la imposición de aranceles y las amenazas generaron incertidumbre orientando a la baja el crecimiento, pero por otro, la UE demostró capacidad de respuesta y de negociación, logrando acuerdos para estabilizar y liberalizar partes de su comercio, especialmente con Estados Unidos (Letzing, 2025). La perspectiva arancelaria de la UE en 2025 fue de adaptación y respuesta activa a un entorno global volátil, combinando represalias con una estrategia de acuerdos para mitigar daños y asegurar flujos comerciales estratégicos (Economía, 2025).

Perspectiva militar de la Unión Europea durante 2025.

La perspectiva militar de la Unión Europea se caracterizó por un impulso significativo hacia una mayor autonomía estratégica y la mejora urgente de sus capacidades de defensa, impulsada por el cambiante panorama geopolítico. Las iniciativas clave incluyeron un aumento masivo del gasto en defensa, la armonización industrial y la mejora de la movilidad militar (PE P. E., 2025).

Perspectiva militar 2025
Plan "Rearmar Europa" / Preparación 2030
Fué una iniciativa de la Comisión Europea para impulsar la industria y capacidades de defensa de la UE de cara a 2030, movilizando financiación pública y privada, creando un mercado único de defensa, mejorando la producción conjunta (drones, antimisiles, ciberseguridad) y fortaleciendo la base tecnológica, todo con el objetivo de lograr una Europa más segura, capaz de defenderse por sí misma y apoyar a Ucrania, a través de nuevos instrumentos financieros como SAFE y la activación de cláusulas fiscales (CE, Actuar en el ámbito de la defensa para proteger a los europeos, 2025).

Objetivos y pilares principales (PE, Plan "Rearmar Europa" / Preparación 2030, 2025):	
Iniciativa	Acciones principales
Mercado Único de Defensa	Armonizar normas para que la industria europea produzca a la escala y velocidad necesarias, fomentando la compra de material europeo.
Aumento de Inversiones	Movilizar hasta 800.000 millones de euros hasta 2030 mediante flexibilidad fiscal nacional, préstamos (SAFE) y capital privado.
Capacidades Clave	Priorizar áreas críticas como defensa aérea y antimisiles, drones y sistemas espaciales.
Movilidad Militar	Crear una zona de movilidad militar de la UE para 2027 para desplazar tropas y equipos rápidamente.
Apoyo a Ucrania	Reforzar la capacidad europea mientras se sigue apoyando a Ucrania a corto plazo.
Acción por la Seguridad de Europa	Busca corregir carencias críticas, fortalecer las

	capacidades militares comunes y facilitar adquisiciones conjuntas en el sector de la defensa.
Flexibilidad Financiera Nacional	Uso de la cláusula de salvaguardia del Pacto de Estabilidad para aumentar el gasto en defensa.
Instrumentos de la UE	Redirección de fondos de cohesión y ampliación de préstamos del Banco Europeo de Inversiones
Movilización de Capital Privado	Fomentar la inversión privada en el sector de defensa.
Iniciativas Emblemáticas	Proyectos como el Escudo Aéreo Europeo, la Iniciativa Antidrones y la Vigilancia del Flanco Oriental.

Perspectiva militar 2025
El Libro Blanco «Preparación en materia de defensa europea 2030»
Fué una iniciativa de la Comisión Europea que buscaba fortalecer la defensa de la UE ante la creciente inestabilidad geopolítica, proponiendo cerrar brechas de capacidades, apoyar la industria de defensa europea, aumentar la adquisición conjunta y la movilidad militar, integrar a Ucrania y lograr una mayor preparación general de la UE para la defensa para 2030, con el objetivo de disuadir amenazas y garantizar la paz (CE, La Comisión presenta el Libro Blanco sobre la defensa europea y el plan ReArmar Europa / Preparación 2030, 2025).

Puntos clave del Libro Blanco (LISA, 2025):

Iniciativa	Acciones principales
Cerrar Brechas de Capacidades	Identificar y subsanar carencias críticas en recursos y equipamiento militar, enfocándose en áreas clave definidas por los Estados miembros.
Apoyo a la Industria de Defensa	Fomentar la producción rápida y eficiente, la agregación de la demanda y la adquisición conjunta para fortalecer el sector de defensa europeo.
Movilidad Militar	Mejorar la capacidad de desplegar rápidamente tropas y

	equipos militares dentro de la UE.
Asistencia a Ucrania	Integrar a la industria de defensa ucraniana y aumentar la asistencia militar.
Inversión y Adquisición Conjunta	Impulsar la inversión masiva en defensa y coordinar compras, incluso mediante un nuevo instrumento de préstamo (SAFE).
Transformación y Tecnología	Acelerar la innovación en defensa, incluyendo IA y tecnología cuántica, para modernizar las fuerzas armadas.
Fortalecimiento de Fronteras	Mejorar la preparación y seguridad de las fronteras exteriores, especialmente con Rusia y Bielorrusia.
Asociaciones	Fortalecer la cooperación con socios internacionales afines a los valores europeos.

En esencia, este Libro Blanco fué una hoja de ruta para una "Unión Europea de Defensa" más autónoma, que permitiría a los países de la UE mantener el control de sus defensas mientras se beneficiaban de la acción conjunta para ser más resilientes y capaces de disuadir conflictos (CE, Actuar en el ámbito de la defensa para proteger a los europeos, 2025).

Perspectiva militar 2025
La Hoja de Ruta para la Preparación en Materia de Defensa (Defence Readiness Roadmap 2030)
Fué un plan estratégico para fortalecer la capacidad defensiva europea para 2030, centrado en cerrar brechas de capacidad, aumentar la inversión conjunta, impulsar la industria europea (EDTIB) y coordinar acciones a través de "Coaliciones de Capacidades" y cuatro proyectos emblemáticos: defensa antidrones, vigilancia del flanco oriental, escudo aéreo y escudo espacial, buscando mayor autonomía y disuasión sinérgicas con la OTAN, incluyendo movilidad militar y un Mercado Interior de Defensa (Cózar Murillo, 2025).
Puntos Clave de la Hoja de Ruta (CE, Preservar la paz: hoja de ruta para la preparación en materia de defensa 2030, 2025):
1.- La Iniciativa Europea de Defensa Antidrones, apodada el "Muro Europeo de Drones".
Fué un plan emblemático de la UE para crear una red integrada de vigilancia y defensa contra drones no

tripulados, especialmente en su flanco oriental ante la amenaza rusa, combinando radares, sensores, intercepción y mando/control para detectar, rastrear y neutralizar amenazas, buscando una plena operatividad para 2027. Se centraría en reforzar la seguridad fronteriza, coordinar capacidades nacionales, colaborar con Ucrania y desarrollar una industria de defensa europea más robusta, siendo parte de una hoja de ruta más amplia para la defensa y preparación europea ante amenazas híbridas, según propuso la Comisión Europea (De Santos, 2025).

Objetivos, componentes y estado (CE, Preservar la paz: hoja de ruta para la preparación en materia de defensa 2030, 2025):

Iniciativa	Acciones principales
Detección y Neutralización	Establecer un sistema para detectar, rastrear e interceptar drones que violen el espacio aéreo europeo.
Protección del Flanco Oriental	Priorizar la vigilancia y defensa de las fronteras con Rusia y Ucrania.
Cooperación	Integrar capacidades nacionales existentes, colaborar con Ucrania (por su experiencia) y coordinar esfuerzos con la OTAN.

Refuerzo Industrial	Impulsar la innovación y producción de tecnología de defensa dentro de Europa.
Tecnología	Uso de radares, sensores, sistemas de guerra electrónica y antimisiles, conectados a centros de mando.
Colaboración con Ucrania	Crear una "Alianza de drones" con Kiev para compartir tecnología y experiencia.
Escudos Adicionales	Complementar con un Escudo de Defensa Aérea y un Escudo Espacial para una cobertura integral.

Estuvo pendiente el proceso para definir detalles técnicos, financiación y una calendarización; de la misma manera se espera una hoja de ruta conjunta con la OTAN con vista a implementarse en 2026 y operatividad plena hacia 2027/2028 (EFE, Bruselas quiere el «muro antidrones» para fin de 2027 y vigilancia oriental un año después, 2025).

2.- La Vigilancia del flanco oriental
Fué una iniciativa emblemática de la OTAN para el flanco oriental conocida oficialmente como la Presencia Avanzada Reforzada u operación "Eastern Sentry" (Centinela Oriental). Su propósito principal fué la disuasión y defensa colectiva contra posibles agresiones, principalmente de Rusia (Clapp, 2025).

Puntos clave de la iniciativa (CE, Preservar la paz: hoja de ruta para la preparación en materia de defensa 2030, 2025):

Iniciativa	Acciones principales
Objetivo principal	Demostrar la solidaridad, determinación y capacidad de la Alianza para responder de inmediato a cualquier agresión, salvaguardando la libertad y seguridad de sus miembros en el flanco oriental.
Contexto	Se lanzó inicialmente en la Cumbre de Varsovia de 2016 en respuesta a la anexión rusa de Crimea y la desestabilización del este de Ucrania las acciones se intensificaron tras la invasión a gran escala de Ucrania en 2022 y, tras presuntas violaciones del espacio aéreo de países de la OTAN, como Polonia, por drones rusos.

Despliegue de fuerzas	Implico el despliegue de grupos de batalla multinacionales, robustos y listos para el combate, en rotación continua, en varios países: • Países bálticos y Polonia: Estonia, Letonia, Lituania y Polonia, con grupos de batalla liderados por el Reino Unido, Canadá, Alemania y Estados Unidos, respectivamente. • Flanco sureste: Rumanía, Bulgaria, Hungría y Eslovaquia.
Actividades	Las fuerzas realizaron entrenamientos y ejercicios constantes para mejorar la interoperabilidad y la preparación, y la operación "Eastern Sentry" incluyo vuelos de vigilancia aérea para monitorear e interceptar posibles amenazas.
Concepto de defensa	La iniciativa ha evolucionado del concepto de "presencia avanzada" a uno de "defensa avanzada", lo que subraya un cambio estratégico hacia una postura más robusta y preparada para el combate inmediato.

Defensa Colectiva	Su propósito principal fué fortalecer las capacidades de la OTAN en todos los dominios (aire, mar y tierra) para contrarrestar las amenazas militares de Rusia, asegurando la protección de "cada centímetro" del territorio de la Alianza.
Enfoque en Vigilancia Aérea	Se enfocaría en forma particular en la intercepción de drones rusos que violan el espacio aéreo, estableciendo una política y conducta colectiva para la defensa aérea a lo largo del flanco oriental.
Naturaleza Dinámica	A diferencia de los despliegues estáticos, "Eastern Sentry" sería una actividad de vigilancia mejorada (eVA) dinámica que podría reconfigurarse según la amenaza y permitir el movimiento fluido de fuerzas a través del flanco oriental, desde los Estados bálticos hasta la región del Mar Negro.

3.- El Escudo Aéreo Europeo
Fué una iniciativa emblemática lanzada por Alemania en 2022 para crear un sistema integrado y multicapa de defensa aérea y antimisiles para Europa, mediante la adquisición conjunta de sistemas como el israelí Arrow 3, con el objetivo de proteger a los países europeos contra amenazas como drones y misiles, reforzando la seguridad colectiva y la interoperabilidad entre aliados, y complementando esfuerzos existentes como los de la OTAN (Desmarais & Euronews, 2024).

Puntos clave de la iniciativa (CE, Preservar la paz: hoja de ruta para la preparación en materia de defensa 2030, 2025):

Iniciativa	Acciones principales
Integración multicapa	Buscaría unir diferentes sistemas de defensa terrestre (radares, interceptores) para cubrir un amplio espectro de amenazas, desde drones de corto alcance hasta misiles balísticos de largo alcance.
Adquisición conjunta	Los países participantes comprarían juntos los sistemas de armamento (como el Arrow 3 para defensa de largo alcance y otros para corto alcance) para reducir costos y mejorar la interoperabilidad.

Objetivo principal	Proteger el espacio aéreo europeo de ataques aéreos y de misiles, fortaleciendo la defensa de la OTAN y la UE, especialmente tras la invasión rusa de Ucrania.
Liderazgo	Iniciada por Alemania, cuenta con la participación de numerosos países europeos, incluyendo Reino Unido, Países Bajos, Polonia, Grecia y Finlandia.
Integración con la OTAN	Los sistemas adquiridos se integrarán en la misión de defensa aérea de la Alianza Atlántica.
Respuesta a amenazas	Surgió ante la necesidad de reforzar la defensa europea frente a las crecientes amenazas de misiles y drones, especialmente tras la guerra en Ucrania.
Refuerzo industrial	Buscaba impulsar la industria de defensa europea, creando un mercado más amplio y armonizado para estos sistemas.

Complemento espacial	Se complementa con el futuro Escudo Espacial Europeo, que se centraría: • En proteger Activos Espaciales, asegurando la resiliencia y defensa de satélites y servicios de navegación, observación terrestre y comunicación segura, cruciales para la defensa. • Respondiendo a amenazas, contrarrestando el creciente entorno hostil, incluyendo interferencias, suplantación de identidad y ataques a la infraestructura espacial. • Fomentar la Autonomía, reduciendo la dependencia de aliados tradicionales y fortaleciendo la capacidad de la UE para actuar militarmente de forma independiente.

4.- El Escudo Espacial Europeo.

Fue una iniciativa clave de la UE, lanzada en 2025, para proteger satélites y servicios espaciales (navegación, observación, comunicaciones) de amenazas como interferencias, mediante el desarrollo de capacidades defensivas en el espacio, complementando el Escudo del Cielo Europeo (ESSI) para defensa aérea terrestre, que se centraría en sistemas antimisiles (GM, 2025).

Puntos clave de la iniciativa (PE, Escudo Espacial Europeo: plan de acción , 2025):

Iniciativa	Acciones principales
Proteger Activos Espaciales	Asegurar satélites cruciales para la seguridad y economía europea (GPS, Copernicus, Galileo).
Conocimiento y Lucha Anti-interferencia	Desarrollar capacidades para detectar y contrarrestar ataques electrónicos y de suplantación (spoofing) en el espacio.
Autonomía Estratégica	Reducir la dependencia de terceros países en servicios espaciales críticos.

Integración con ESSI	Complementar el Escudo del Cielo Europeo (ESSI) que se enfocaría en la defensa aérea en tierra (misiles y drones).
Capacidades de Defensa Espacial	Incluiría sistemas para vigilancia, alerta temprana y operaciones en órbita, con un fuerte componente de duplicidad de uso (civil/militar).
Conocimiento del Dominio Espacial (Space Domain Awareness)	Bucaría mejorar la capacidad para monitorear el espacio y detectar amenazas.
Infraestructura de Comunicaciones	Apoyaría al desarrollo de constelaciones como IRIS para comunicaciones seguras.
Garantizar la continuidad del servicio	Aseguría la redundancia y la continuidad de servicios vitales como la navegación (Galileo), la observación de la Tierra (Copernicus) y las comunicaciones seguras (IRIS) durante crisis.

Fortalecer la soberanía tecnológica	Consolidaría la autonomía de Europa sobre las tecnologías espaciales críticas, integrando los sistemas de la UE existentes y futuros en un ecosistema interdependiente de capacidades de defensa.
Mejorar la conciencia del dominio espacia	Apoyaría a los Estados miembros en el desarrollo de capacidades nacionales interoperables centradas en la vigilancia y conocimiento de la situación en el espacio (Space Domain Awareness).

Está iniciativa fue identificada como un proyecto prioritario en la Hoja de Ruta de Preparación para la Defensa Europea 2030 de la Comisión Europea y se esperaría que el Consejo Europeo la respaldaría formalmente como una prioridad a finales del 2025, y su lanzamiento estaría previsto para el segundo trimestre del 2026. El Escudo Espacial Europeo complementaría a otra iniciativa defensiva clave, la Iniciativa del Escudo del Cielo Europeo (European Sky Shield Initiative, ESSI), liderada por Alemania y centrada en la defensa aérea y antimisiles dentro de la atmósfera terrestre (Rojo, 2025).

Perspectiva militar 2025

El Paquete de Movilidad Militar de la UE 2025

Fué una iniciativa clave presentada por la Comisión Europea en noviembre de 2025 para crear un "Schengen militar", agilizando el movimiento de tropas y equipos por toda la UE para fortalecer la defensa ante la amenaza rusa, mediante la simplificación de normativas, digitalización, infraestructura adaptada (prioridad a vías militares) y una inversión de 17.000 millones de euros para hacer que el despliegue sea rápido y coordinado, con el objetivo de eliminar barreras y mejorar la preparación operativa en toda Europa (Moreno Mena, 2025).

Objetivos Clave del Paquete (CU-CUE, 2025):

Iniciativa	Acciones principales
Eliminar Barreras Burocráticas	Reduciría los obstáculos para el tránsito militar, estableciendo plazos (ej. 3 días en paz, 6 horas en emergencia).
Crear Corredores Militares	Priorizaría carreteras, puentes y ferrocarriles para el transporte de fuerzas.
Digitalización y Armonización	Implementaría normas comunes y sistemas digitales para facilitar permisos y aduanas.

Modernización de Infraestructuras	Adaptaría la infraestructura de doble uso (civil/militar) para uso rápido.
Resiliencia y Ciberseguridad	Mejoraría la seguridad de las infraestructuras y la coordinación.
Propuesta Formal (Nov. 2025)	Presentada por la Comisión y la Alta Representante.
Inversión	Se planeó unos 17.000 millones de euros para la movilidad militar.
Participación de Estados Miembros	Involucraría a países fronterizos y continentales para conectar mejor el flanco oriental.
Fase de Pruebas	Se estarían realizando consultas públicas y pruebas para la implementación, con algunos prototipos operativos y corredores prioritarios en marcha desde 2025 (CE, Da tu opinión sobre el Paquete de Movilidad Militar, 2025).

Con el "Paquete de Movilidad Militar" se esperaría lograr un aumento en la capacidad de respuesta ante crisis, especialmente en el flanco oriental de la UE; estimular el fortalecimiento de la defensa europea y la interoperabilidad con la OTAN, además de impulsar a la industria de defensa europea para la innovación tecnológica (Aesmide, 2025).

Perspectiva militar 2025
Fondo Europeo de Defensa (FED) y Programa de Trabajo 2025
Fué un programa de la Comisión Europea que destinaría más de 1.000 millones de euros para financiar investigación y desarrollo (I+D) colaborativo en tecnologías y capacidades de defensa, apoyando la innovación, la competitividad industrial y la autonomía estratégica de la UE, con convocatorias abiertas en áreas como ciberseguridad, espacial, aérea y terrestre, e incluyendo apoyo específico a PYMES y empresas emergentes a través del Plan de Innovación de Defensa (EUDIS) (Infodefensa, 2025).
Objetivos Clave del Fondo (CE, Fondo Europeo de Defensa: Más de 1.000 millones de euros para impulsar tecnologías de defensa de última generación e innovación, 2025):

Iniciativa	Acciones principales
Fortalecer Capacidades	Desarrollaría tecnologías y capacidades militares críticas en todos los dominios (terrestre, aéreo, naval, espacial, cibernético).
Impulsar la Innovación	Fomentaría la I+D disruptiva y la colaboración entre empresas, pymes y centros de investigación europeos.
Reducir Fragmentación	Unificaría inversiones para una base industrial y tecnológica de defensa más fuerte y competitiva.
Autonomía Estratégica	Contribuir a la independencia y resiliencia de Europa en defensa.
Presupuesto	Más de 1.000 millones de euros asignados para 2025.
Convocatorias	Serían abiertas para proyectos en áreas tecnológicas específicas y en múltiples dominios militares, con fuerte enfoque en sinergias civiles-militares (por ejemplo, en el espacio).

EUDIS (Plan de Innovación en Defensa)	Incluiría 336 millones para apoyar a PYMES y startups con financiación en cascada para prototipos y pruebas de concepto.
Tecnologías Clave	Inteligencia Artificial, gemelos digitales para ciberseguridad, sistemas de información y sensores.
Participación	Se buscaría activamente la participación de la industria española, incentivando el liderazgo y la exportación tecnológica.

El FED 2025 fué proyectado como un fondo fundamental para la modernización de la defensa europea, respondiendo a desafíos de seguridad contemporaneos y futuros, que posicionarían a Europa como líder en tecnología de defensa (CE, Programa de trabajo del FED para 2025, 2025).

Israel

El Estado de Israel poco a poco se fortaleció en 2025 hasta convertirse prácticamente en el policía de Oriente Próximo, primero por sus ataques a Palestina y segundo por los ataques lanzados a instalaciones nucleares y militares iraníes que terminaron matando a líderes de Hamás y Hezbolá, demostrando lo lejos que llegan sus capacidades de inteligencia. (Leiva, 2025). Pero más allá del tema de su pocisionamiento regional se arrastra una robusta historia como pueblo judio milenario, que una tras otra ocasión en el pasado, presentó una división de su sociedad que ciertamente se unió en conflictos para defenderse, pero terminados estos, inicio sus propias guerras internas.

Los conflictos y el antisemitismo judío.

La robusta historia de los judíos a permitido realizar el registro de una gran cantidad de sucesos donde se atentó contra sus derechos humanos como pueblo y por su religión judía; el Dr. Heinrich Graetz documenta una parte importante de los siglos pasados en su "Historia del Pueblo de Israel" y hace notar de forma amplia la presentación de un antisemitismo que propició en el siglo XIX el auge del sionismo que defendió la creación de un Estado propio para los judíos en su tierra prometida, promoviendo desde entonces la migración hacia territorio palestino, donde una y otra vez se continúan suscitando conflictos en gran parte por la continua ampliación de sus fronteras[19], como el que se mantiene en 2025 en Gaza.

Israel ha intentado fusionar los términos de antisemitismo y sionismo desde que se le considero un Estado judío en 1948. Por ejemplo, Israel acusó de antisemitismo a individuos y organizaciones que habían condenado sus ataques en 2024 por sus acciones en Gaza. Cuando la Corte Penal Internacional ordenó en 2024 el arresto de Benjamín Netanyahu y del ministro de defensa Yoav Gallant, el primer ministro acusó a la institución de tomar una decisión basada en el

---

[19] "Tras el final de la Segunda Guerra Mundial, la Organización de Naciones Unidas recién fundada propuso el plan de partición de Palestina en 1947; la propuesta dividía el Mandato británico en dos Estados: uno judío y otro árabe. ante la oposición a la partición del territorio, Palestina y los países vecinos atacaron a Israel, que frenó los avances y amplió sus fronteras un 20% más que los límites establecidos por la ONU". (Seijas, ¿Por qué criticar a Israel no es antisemita?, 2025).

odio antisemita. Asimismo, al aceptar la demanda por genocidio en enero de 2024, la Corte Internacional de Justicia fue acusada por varios ministros israelíes de ser antisemita. Veamos bajo que características se ordenó dichos arrestos (Moreno, 2024):

> *"La Corte Penal Internacional (CPI) emitió una orden de arresto contra el primer ministro de Israel, Benjamín Netanyahu, y el exministro de Defensa, Yoav Gallant, por su implicación en la guerra en Gaza, también contra Mohamed al Masri, el comandante del brazo militar de Hamás. La fiscalía de la Corte había solicitado la orden de arresto contra Netanyahu y Gallant, acusándolos de crímenes de guerra y contra la humanidad, incluyendo el exterminio, la "inanición de civiles como método de guerra" y ataques contra la población civil". (Pág. 2).*

Las condiciones en que se dio esta orden se sustentaron con base en las solicitudes de órdenes de arresto en la situación en el Estado de Palestina, generadas en la Declaración del Fiscal de la CPI, Karim A.A. Khan KC que incluía lo siguiente (CPI, 2024):

Con base en las pruebas recopiladas y examinadas por mi Oficina, tengo motivos razonables para creer que Benjamín Netanyahu, Primer Ministro de Israel, y Yoav Gallant, Ministro de Defensa de Israel, son penalmente responsables de los siguientes crímenes de guerra y crímenes de la humanidad cometidos en el territorio del Estado de Palestina (en la Franja de Gaza) desde al menos el 8 de octubre de 2023:

• Hacer padecer hambre a civiles como método de guerra es un crimen de guerra contrario al artículo 8(2)(b)(xxv) del Estatuto;

• Causar deliberadamente grandes sufrimientos o atentados graves contra la integridad física o la salud, en contravención del artículo 8(2)(a)(iii), o tratos crueles como crimen de guerra, en contravención del artículo 8(2)(c)(i);

• Homicidio intencional contrario al artículo 8(2)(a)(i), o Asesinato como crimen de guerra contrario al artículo 8(2)(c)(i);

• Dirigir intencionalmente ataques contra una población civil como crimen de guerra contrario a los artículos 8(2)(b)(i) o 8(2)(e)(i);

• Exterminio y/o asesinato contrario a los artículos 7(1)(b) y 7(1)(a), incluso en el contexto de muertes causadas por inanición, como crimen de la humanidad;

• La persecución como crimen de lesa humanidad contrario al artículo 7(1)(h);

• Otros actos inhumanos considerados crímenes contra la humanidad contrarios al artículo 7(1)(k).

Mi Oficina sostiene que los crímenes de guerra alegados en estas solicitudes se cometieron en el contexto de un conflicto armado internacional entre Israel y Palestina, y de un conflicto armado no internacional entre Israel y Hamás (junto con otros grupos armados palestinos) que se desarrolla en paralelo. Sostenemos que los crímenes

> de la humanidad imputados se cometieron como parte de un ataque generalizado y sistemático contra la población civil palestina, en cumplimiento de una política de Estado.

Israel no reconoció la jurisdicción de la Corte Penal Internacional y nunca ha ratificado su tratado fundacional, el Estatuto de Roma. (Martín, 2023). Además, ante el temor de una inminente orden de arresto contra él, Netanyahu rechazó toda cooperación. Esta orden tiene otras implicaciones graves para el Gobierno de Israel. La primera es la mancha a su imagen pública: Netanyahu y Gallant quedan al nivel de los dictadores y criminales de guerra juzgados por la CPI. La segunda es que una orden de arresto aísla a Israel de la comunidad internacional por otra razón: los acusados tendrán problemas para viajar al extranjero.

Historia Contemporánea de las relaciones entre el Estado de Israel y Siria.

La historia contemporanea de Israel y Siria esta envuelta por un velo de la ideología[20] política denominada panarabismo que aboga por la unidad de todos los pueblos y países árabes en una única nación o estado. Su auge se produjo a mediados del siglo XX, especialmente bajo el liderazgo de Gamal Abdel Nasser con la creación de la República Árabe Unida[21] (Egipto

---

[20] Sus bases ideológicas giran entorno a tres ideas: La primera es que los países árabes tienen que desvincularse de sus metrópolis coloniales y empezar a entablar lazos de unión entre ellos para volverse más resilientes, el segundo aspecto importante sería que, durante el contexto de la Guerra Fría tendrían que mantenerse dentro de la idea del Tercer mundo conjuntamente con otros estados en vías de desarrolllo y pertenecer al Non-aligned movement, y finalmente también se dió la adopción de ciertas ideas propias del marxismo, configurando un socialismo árabe mediante el que diversos recursos pasarían al control del estado (Hitman & Naor, 2024).

[21] En 1958, Nasser encabezó la creación de la República Árabe Unida (RAU), una unión política entre Egipto y Siria, como un experimento de panarabismo. Aunque la UAR se disolvió en 1961, marcó el punto culminante de los esfuerzos por unificar a las naciones árabes bajo una identidad compartida (Albás, 2024).

y Siria), aunque el movimiento se debilitó después de su muerte (Albás, 2024). Su partida de ninguna manera cosumó la visión por buscar esta unidad propuesta pese a los resultados de la "Guerra de los Seis Días" (Vea en el anexo 3 la Cronología de esta guerra) que marco al panarabismo.

Con la caída del regimen sirio, Israel percibió el inicio de una nueva etapa aislada del permanente conflicto con el "Eje de la Resistencia"[22] que confirmó su acierto de haberse mantenido en una posición neutral, basada en la no intervención (Boms, 2018). Aunque historicamente al inicio de la guerra civil de Siria participó en forma paralela en el plano militar con la "Campaña entre Guerras[23]". Esta doctrina consistió en la

---

[22] El *"eje de la resistencia"*, es una alianza impulsada y liderada por Irán en la región, de la que también son parte Siria y las milicias chiitas en Irak, Afganistán y Pakistán, entre otros; marcadamente antiestadounidense y antiisraelí, estos aliados políticos y militares han sido durante décadas una amenaza importante para Israel (BBCNM, 2024).

[23] Fue una estrategia militar a largo plazo que implica baataques aéreos y operaciones encubiertas sistemáticas para impedir que Irán y

ejecución de acciones ofensivas que, de manera proactiva y sin cruzar el umbral de la guerra abierta, buscó debilitar sistemáticamente los activos militares enemigos (Eisenkot & Siboni, 2019). En el plano humanitario durante estos tiempos aprovechó el repliegue del gobierno sirio sobre el control de la frontera con Israel y su sustitución por grupos rebeldes moderados y comunidades drusas para establecer vínculos de cooperación; oficialmente provista por el gobierno hebreo bajo la llamada "Política del Buen Vecino[24]" (Domínguez Aumirall & Ott, 2025). Desde 2018 no se registraron ataques dirigidos contra Israel desde territorio sirio (Kaduri, 2023). Esto cambió tras los ataques del 7 de octubre de 2023 y el estallido de la guerra en Gaza en 2024. Este último conflicto reactivó tensiones en múltiples frentes vinculados al Eje de la Resistencia, entre ellos Siria, donde Israel realizó un ataque aéreo contra el consulado iraní en Damasco que

---

sus aliados, como Hezbolá, establecieran una presencia militar permanente cerca de las fronteras de Israel y transfirieran armas avanzadas a estos grupos (Schnessel, 2021).

[24] Esta iniciativa no se limitó exclusivamente a la provisión de asistencia médica y ayuda humanitaria a numerosos civiles sirios afectados por la guerra, sino que también incluyó la entrega de equipamiento, alimentos e, incluso, armas ligeras a las milicias dialoguistas (Gross, 2019).

provocó una respuesta directa por Irán en 2024 y que sería el preambulo de los ataques entre Irán e Israel en 2025 descarrilando los avances por la hegemonía regional.

La primer estrategia consolidada por Israel en 2025 tras el reajuste de gobierno sirio fue anunciar el colapso del Acuerdo de Separación de Fuerzas Sirias e Israelíes, firmado en 1974 tras la guerra del Yom Kippur (TNAS, 2024). Dicho acuerdo establecía lo siguiente (OTH, 1974):

Puntos principales firmados el 31 de mayo de 1974
• Las partes acordaron observar escrupulosamente el alto el fuego en tierra, mar y aire.
• Se establecieron zonas de separación y zonas de limitación de fuerzas a ambos lados de la línea de separación en los Altos del Golán.
• Se creó la Fuerza de las Naciones Unidas de Observación de la Separación (FNUOS o UNDOF, por sus siglas en inglés) para supervisar la aplicación del acuerdo, patrullar la zona de separación e inspeccionar las áreas de limitación.
• Se estipuló que los civiles sirios desplazados en la zona de amortiguamiento podrían regresar a sus hogares.
• Siria se comprometió a combatir las actividades terroristas en la zona.
• El acuerdo no fue un tratado de paz, sino un paso hacia una paz justa y duradera basada en la Resolución 338 del Consejo de Seguridad de la ONU.

El colapso del acuerdo permitió a Israel estacionar en la zona de amortiguamiento tropas, lo cual terminó prácticamente con la acordada área desmilitarizada que administraba Siria por lo establecido en 1974 y que era patrullada por fuerzas de paz de las Naciones Unidas (Krever, 2024). A la par de la estrategia israelí se llevaron a cabo cerca de 350 ataques de precisión contra objetivos estratégicos en Damasco, Homs, Tartus, Latakia y Palmira, entre otras ciudades (Fabian & Toi, 2024). Los blancos incluyeron depósitos de armamento, aeródromos, baterías antiaéreas, sistemas de radar, lanzadores de misiles Scud, aeronaves, helicópteros y embarcaciones. Esta ofensiva, catalogada bajo el nombre de "Operación Flecha de Basán"[25], habría permitido a Israel eliminar entre el 70 % y el 80 % de las capacidades estratégicas del antiguo régimen de un solo golpe, tensionando tambien las relaciones con el nuevo gobierno sirio. El debilitamiento de Irán después de la Operación León Ascendente le otorgó a Siria la posibilidad de iniciar nuevas relaciones

---

[25] Analistas internacionales señalaron que Israel aprovechó la situación para debilitar a un adversario clave y que las acciones violaron la soberanía y la integridad territorial de Siria, desestabilizando aún más la región en un momento críticon (NU N. U., 2025).

diplomaticas para el posible levantamiento de las sanciones.

Historia Contemporánea de las relaciones entre el Estado de Israel e Irán.

Irán e Israel han estado en punto de quiebre desde 1979, y sus relaciones actuales son acompañadas de permanentes acciones hostiles. Antes de la revolución gozaron de una corta paz, sobretodo en la mayor parte de la Guerra Fría pero su punto de mayor tensión durante el siglo pasado se suscito a partir de la Guerra del Golfo en 1991. Ambos países lejos de vivir sus principios religiosos, se han distinguido por su actuar bélico. La declaración de Israel como Estado independiente en 1948 fue su primera victoria y unos años después tuvo oportunidad de demostrar su capacidad militar en el conflicto de Suez, venciendo al ejército egipcio sin mayores obstáculos. Luego, la Guerra de los Seis Días, en 1967, derrotando a una alianza entre Egipto, Siria, Jordania e Irak. Por décadas, Israel enfrentó un sinnúmero de conflictos bélicos con las organizaciones islámicas que se alinearon con Irán, después de la Revolución Islámica de 1979, que tuvo entre sus principios la defensa de la causa palestina.

En este siglo, Israel enfrentó un ataque coordinado en 2006 desde el Líbano, con más de 400 misiles, lo que impulsó la búsqueda de un mecanismo de defensa ante el creciente arsenal y la sofisticación de sus adversarios, naciendo la famosa Cúpula de Hierro. Un sistema de defensa antiaérea, que entró en operaciones el 2011, que consistió en un radar que localiza el misil enemigo y sigue su trayectoria, una unidad que calcula el punto de impacto y un sistema de disparo que recibe los datos y lanza un misil que intercepta el ataque, cocretando una defensa con más del 90% de efectividad. Pero el poder de Israel e Irán no se limita a su arsenal bélico, también se mide por su capacidad de alianzas. Por ejemplo, Israel se ha logrado afianzar en el área bélica en parte por el respaldo de Occidente, –Estados Unidos– aliado que no solo lo ha apoyado económicamente, también a nivel diplomático en las decisiones que se toman, por ejemplo, en el Consejo de Seguridad de la ONU.

Mientras que la expansión de la República Islámica ha alcanzado alianzas con Yemen, Siria, Irak, Líbano y la Franja de Gaza con las milicias que financia y entrena, así como, el apoyo de Rusia y China en temas económicos. Esta carrera armamentista entre ambas naciones ha transformado el equilibrio de poder en Medio Oriente.

Israel ocupa el puesto 15 e Irán el número 16 de las potencias militares del mundo, según el índice Global Fire Power de 2025, de una medición de 145 países. (Vea en anexo 5 de cuadros comparativos del indice global 2025). El siguiente recuadro comparativo muestra una radiografía belica entre ambos países (WPI, Comparación entre Israel e Irán, 2025):

Comparación entre Israel e Irán Potencia de fuego | Poder bélico | Tierra-Aire-Mar | Industria | Economía | Tiempo de guerra | Comparativa directa.
Un análisis general del enfrentamiento directo que pone de manifiesto las principales fortalezas de Israel e Irán. Los resultados indican que Irán cuenta con superioridad numérica en personal y armamento, mientras que Israel ostenta una ventaja tecnológica y recibe el apoyo explícito de Estados Unidos y su amplia gama de recursos.

Israel	Area Militar	Irán
3.798.223	Mano de obra disponible	49.050.889
670.000	Personal militar	1.180.000
170.000	Personal activo	610.000
465.000	Personal de reserva	350.000
35.000	Personal paramilitar	220.000
612	Flotas de aeronaves	551
1.370	Flotas de tanques	1.996
300	Culatas de artillería	2.050
67	Barcos	101
5	Submarinos	19
393.861.000.000	Poder adquisitivo	9.954.451.000
24.400.000.000	Presupuesto de Defensa	9.954.451.000
45	Marina Mercante	942
4.186.000	Fuerza laboral	27.682.000

Aunque aproximadamente iguales en número de tropas, ambos ejércitos presentan tácticas y potencias de fuego notablemente diferentes, Irán tiene una numerosa fuerza activa, pero también depende de proxies y operaciones encubiertas que han sido gravemente debilitadas por acciones estadounidenses e israelíes. Israel, por su parte, combina el subterfugio con fuerzas terrestres y aéreas regulares robustas que aparentemente no tienen rival en la región. Aunque aproximadamente iguales en número de tropas, ambos ejércitos presentan tácticas y potencias de fuego notablemente diferentes. Las fuerzas terrestres, navales y aéreas de Israel se derivan de la tecnología estadounidense y europea más reciente, así como, de una robusta industria de defensa nacional capaz de diseñar, construir y mantener una gama completa de armamentos, lo que le permite enfrentarse a múltiples frentes al mismo tiempo. En cuanto al tema de las armas nucleares se cree ampliamente que Israel es el único estado con armas en Oriente Medio, aunque nunca ha reconocido oficialmente poseer tales armas e Israel, pero cuenta con un sólido aliado: Estados Unidos, que ha sido clave en conflictos previos y lo será probablemente en cualquier enfrentamiento futuro (Bodeen, 2025).

En un esquema estrictamente númerico Israel gasta más en su presupuesto de defensa que Irán, lo que le proporciona una fuerza significativa en cualquier potencial conflicto; el gasto de defensa de Israel en comparación con su Producto Interno Bruto también es el doble del de Irán. Paralelo a estos números existe una ventaja tecnológica, Israel tiene aviones militares modernos y listos para el combate, lo que le da una ventaja en ataques aéreos de precisión. Mientras que en otros campos, por ejemplo, el programa de misiles y drones de Irán se considera de los más grandes y diversos de Medio Oriente; la armada de Irán con alrededor de 220 barcos posee una antigüedad amplia comparada con la de Israel; la sistuación en ciberataques donde el sistema de defensa de Irán está menos avanzado tecnológicamente que el de Israel, por lo que un ataque electrónico contra el ejército israelí podría lograr mucho más; por último Irán tiene mayor fortaleza en geografía y demografía, lo cual también es importante.

Irán

Entre los sucesos más destacados del 2025 en que Irán estuvo inmiscuido tenemos su abierto enfrentamiento con Israel, que lejos de ser una consecuencia por los ataques a Palestina, sus razones guardan profundas raíces. Desde sus orígenes el Islam como religión rompió con el Judaísmo y podemos decir que vienen entretejidos siglos de conflicto y diferencias entre judíos y musulmanes, de tal manera que los enfrentamientos entre Irán y el Estado de Israel son solo otros momentos históricos. Para los herederos del antiguo Imperio Persa, los judíos son solamente un colonizador de una tierra que consideran musulmana y más aún desde 1979 en que se consumó la Revolución iraní la República Islámica se declaró antisionista y el Estado hebreo fue considero como una amenaza existencial para el Estado.

Tener un país en Oriente Próximo como Israel ha representado para Irán no unicamente un enemigo religioso sino tambien político dada su cercania con Estados Unidos, que han mantenido una posición encontrada al régimen chiíta. Aunque en el pasado las relaciones entre

Irán e Israel fueron relativamente buenas, sobre todo durante el régimen del Sah Mohamed Reza Pahlaví en que ambos eran aliados de Estados Unidos por recibir respaldo político y económico, la consolidación del sistema clerical[26] trajo un distanciamiento que retornaría a conflicto regional. Para Alejandro Salamanca este cambio trastocó una realidad quizás irreversible (Salamanca, 2019):

> *"Oriente Próximo experimentó una serie de cambios que alterarían dramáticamente el equilibrio político de la región; 1979 fue un punto de inflexión en un mundo dominado por la narrativa de la Guerra Fría y el enfrentamiento entre la URSS y EE. UU., y sin duda, fue ese año el que puso en el mapa a muchos países de la región; para los analistas y académicos occidentales que estudiaban Oriente Próximo por aquel entonces, fueron tan inesperados como las revueltas árabes de 2011 para los expertos de la época". (Pág. 1).*

---

[26] El Ayatolá Ruhollah Jomeini en 1979 proclamó la República Islámica, que sería ratificada por el 99% de la población, el nuevo régimen se basaría en el gobierno del alfaquí, un sistema en el que los juristas islámicos son la máxima autoridad. (Raya, 2022).

La mala relación se consolidó a principios del año 2000 cuando en definitiva Teherán con su financiado "Hezbolá" combatió la ocupación israelí de Líbano. Con el paso del tiempo Irán fue consolidando toda una red de milicias afines para debilitar a Israel y expandir su influencia regional, haciendo imposible un retorno a la buena vencida. En la actualidad, Irán sigue siendo el principal opositor a la existencia de Israel, mientras que los países árabes han ido normalizando sus relaciones con el Estado hebreo. Durante 2025 el riesgo de una guerra abierta entre Irán e Israel fue muy alta por el bombardeo israelí que le obligó a responder lanzando drones y misiles sobre territorio israelí. Para Irán estas acciones fueron persividas como maniobras del primer ministro Benjamín Netanyahu para distraer la atención de Gaza y mantener apoyos para seguir en el poder, mientras que para Israel es un intento de demostrar fuerza ante el debilitamiento del Eje de la Resistencia[27].

---

[27] Eje de la Resistencia es la coalición informal que Irán lidera y que recurre a milicias como Hezbollah en Líbano, Hamás y la Yihad Islámica en Gaza, los huties en Yemen y diversas facciones chiíes en Siria e Irak; esta constelación de actores permite a Teherán proyectar poder más allá de sus fronteras

La composición del poder en Irán

Dentro de un esquema donde los equilibrios del poder global se tejen en función de alianzas, resultados de la afinidad hacia los interés políticos y ahora muy de moda económicos, países como Irán son foco de atención por parte de sus adversarios que no dudan en señalar cualquier aspecto que los debilite ante la opinión pública global. Y es que a pesar de celebrar elecciones de forma regular a Irán se le señala como un país no democrático, por sus actos de Estado en contra de los derechos humanos y la permanente persecución de sus opositores y críticos, pero también por la propia estructura y funcionamiento como República. Se plantea de forma insistente que todo su sistema político está articulado para mantener en el poder al régimen y neutralizar cualquier otra alternativa política. Lo cierto es que desde su llegada al poder, el líder supremo amasó y centralizó el poder, otorgando solamente cuotas controladas de poder a los grupo a fines. Vea el siguiente gráfico elaborado por Álvaro Marino

---

y desafiar tanto a Israel como a Estados Unidos sin arriesgarse a una guerra convencional total. (Racovsky, 2025).

que nos muestra la estructura y su funcionamiento en forma muy resumida:

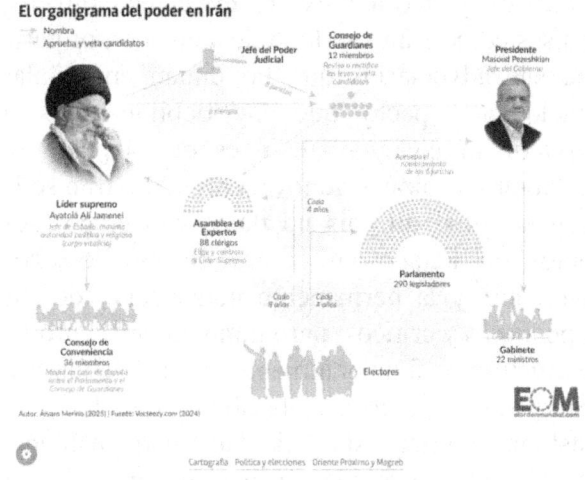

Infografía elaborada para el OEM por parte de Álvaro Merino (Merino, 2025).

En este sistema el líder supremo como máxima autoridad política y religiosa es el representante oficial del Estado y jefe supremo de las Fuerzas Armadas[28] con base en la Constitución,

---

[28] Irán tiene dos ejércitos desde que Irak invadió Irán, el ejército regular que defendió el país y la

dicho puesto es ocupado por un especialista en la jurisprudencia chií, más conocido como ayatolá. Este líder supremo lo elije la Asamblea de Expertos, aun cuando el puesto es vitalicio, dicha asamblea está integrada por un cuerpo de 88 clérigos que son renovados cada ocho años por los iraníes. Igual es electo cada cuatro años mediante un proceso pero de consulta abierta, el jefe del Ejecutivo que hace las veces de un presidente, pero diferente al habitual, dado que no posee los poderes que se acostumbran en otros países con gobierno de república. La parte legislativa la integran mediante un Parlamento conformado por 290 diputados, cinco reservados para las minorías religiosas y todos ellos son teóricamente –dado que se señala al ayatolá quien finalmente es el miembro decisor– los encargados de seleccionar a los 22 miembros del gabinete de Gobierno del Ejecutivo, es decir, los ministros. (Leiva A. , 2025). El órgano encargado de preseleccionar a los candidatos es el Consejo de Guardianes, una de las instituciones más poderosas del país. También ejerce de Tribunal Constitucional, con la capacidad de vetar leyes, políticas o medidas si no las consideran en línea con la

---

Guardia Revolucionaria que también recibió legitimidad militar, con la misión de servir a la ideología de la República Islámica. (Kharief, 2019).

Constitución. Lo conforman doce expertos juristas: seis los elige de forma directa el líder supremo y otros seis el líder del Poder Judicial —designado también por el líder supremo— previa aprobación por parte del Parlamento. (Hurtado, 2021). Por último, tenemos al Consejo de Conveniencia, cuyos 36 miembros son designados también por el líder supremo y se encarga de mediar en las disputas que se generan en torno al control del Consejo de Guardianes.

En 2025 aparentemente se trastoca el poder político en Irán, resultado de la escalada con Israel que ha agravado los problemas de la economía iraní y que se suman al creciente descontento social. La economía no logra superar las sanciones a diez años del acuerdo nuclear impulsadas por Estados Unidos y sin duda, éstas van obligando a girar el poder del Estado en otros sentidos. El régimen va reconfigurando su forma y fondo para garantizar la estabilidad de su sistema político y tanto la élite clerical como la Guardia Revolucionaria y el Ejército desplazan gradualmente la religión como centro gravitacional, dando pie al nacionalismo persa que se refleja en un fortalecimiento de los grupos militares en las instituciones y sectores claves del país. (Bashandeh, 2025). El líder supremo lleva décadas impulsando especialmente a la Guardia Revolucionaria[29] mediante redes clientelares, control institucional y alianzas políticas. Como resultado, el organismo y sus jefes han logrado controlar directa o indirectamente gran parte de sectores estratégicos como el petróleo, gas, finanzas o telecomunicaciones. Una públicación en Volant Media lo describió de esta manera (Khatinoglu, 2025):

> *"Durante el último año iraní una parte de las exportaciones petroleras del país se asignó a las fuerzas armadas, en particular al CGRI, con el pretexto de "fortalecer la defensa nacional". Este año, no solo ha aumentado significativamente la participación del ejército en los ingresos por exportaciones petroleras, sino que también han aumentado significativamente las asignaciones presupuestarias directas del gobierno a las fuerzas armadas. Además, la ley amplía la*

---

[29] El Cuerpo de La Guardia Revolucionaria Islámica es una institución militar de Irán encargada de proteger la Revolución contra cualquier amenaza externa e interna y asegurar la continuidad del régimen, fue creada por el ayatolá Ruhollah Jomeini en 1979, después del triunfo de la Revolución islámica, y no responde ante el Gobierno iraní sino al líder supremo. (Ochoa, 2024).

autorización para las transferencias de petróleo crudo a otras entidades, incluidas las que participan en programas nucleares". (Pág. 1).
Esto igual les dotó de capacidad para intervenir como arbitros de la política iraní y lograr la creación del Consejo Supremo de Defensa Nacional para mejorar las capacidades de las fuerzas armadas, organismo coordinado por el presidente y centrado en la seguridad interna. En este mismo periodo y bajo las mismas circunstancias se nombraron un miembro del Ejército como jefe del Estado Mayor, cargo hasta ahora reservado para la Guardia Revolucionaria, y un nuevo comandante de la propia Guardia; con esos relevos, el régimen buscaría un nuevo equilibrio militar y político entre ambas fuerzas. (Tabriz, 2025).

El obligado ajuste de su sistema también se percibe como el resultado de la llegada de las nuevas generaciones que demandan convertirse en el relevo generacional de los cuadros que gobiernan. Las generaciones vigentes en Irán ya cuentan con un desface ideologico de lo que fue la revolución de 1979, de tal forma que la comunión con las ideas del sistema estan pasando a formar parte de la historia. Esta nuevas generaciones que también son el resultado de una política de gobierno por estimular la natalidad y fortalecer el crecimiento poblacional, demandan más apertura política, crecimiento de sus libertades, mejoras económicas y atacan al corazón fundacional del sistema: el islam político. (Abbasi-Shavazi, 2001). La guerra de los doce días con israel también marcó un punto de inflexión en el discurso político, que movió la tradicional dinámica de la República Islámica que había logrado subordinar el nacionalismo persa y la herencia preislámica a los ideales revolucionarios. (Khalaji, 2023). La nueva retórica del régimen buscara estimular y articular el nacionalismo persa con el chiismo, planteando los actuales conflictos bélicos como un ataque a la nación que logre cohesionar a una sociedad cada vez más secular y alejada de los valores revolucionarios, posibilitando el garantizar la continuidad del sistema. (Khamenei, 2025).

Israel y Estados Unidos hacen retroceder a la República Islámica en Oriente Próximo y la tregua dentro del último conflicto del año bien puede facilitar una desescalada, pero también una preparación para próximos ataques. Esta estrategia, lejos de fortalecer la posición del país, redujo su margen de maniobra y limitó sus herramientas de negociación frente a

Occidente. (Ghafouri, 2025). Bajo estas circunstancias es incuestionable que Irán tiene condiciones muy atipicas que le haran reajustar su sistema frente al escenario internacional, pero tambien mantiene una realidad interna infrenable al cambio que igual tendrá que contar con el respaldo militar iraní, relegando a un segundo plano cualquier autoridad exclusivamente religiosa.

El programa nuclear de Irán

En junio del 2025 el Organismo Internacional de la Energía Atómica (OIEA), a través de su Junta de Gobernadores del organismo de control nuclear de la ONU, compuesta por 35 países afirmabá que Irán había incumplido por primera vez en casi 20 años el Tratado de No Proliferación de Armas Nucleares (TNP). El problema central era que Irán no había proporciondo explicaciones creíbles sobre cómo llegaron allí los rastros de uranio detectados en lugares no declarados, a pesar de que el organismo había investigado el asunto durante años. Parte del informe, afirmaba que encontró tres de los cuatro lugares y que "eran parte de un programa nuclear estructurado no declarado llevado a cabo por Irán hasta principios de la década de 2000 y que algunas actividades utilizaban material nuclear no declarado". (Murphy, 2025). La afirmación concluia que algunos expertos consideraban que, si quisiera, Irán podría desarrollar armas nucleares en un plazo de unos meses a un año como lo describe Francois Murphy en Reuters (Murphy, Israel-Iran war: how close is Tehran to having nuclear weapons?, 2025):

> *"Cuando se lanzaron los ataques, las Fuerzas de Defensa de Israel dijeron que estaban revelando por primera vez el plan secreto y acelerado de Irán para el desarrollo de un arma nuclear que podría amenazar a Israel".(Pág. 1).*

Veamos ahora le breve pero concisa cronología que Murphy igual plateó en 2025:

País afirmante	Año	Descripción
Israel	2012	El organismo de control nuclear de la ONU, que realiza inspecciones en Irán, ha declarado que, si bien no puede garantizar que el programa nuclear iraní sea completamente pacífico, tampoco tiene indicios creíbles de un programa de armas activo y coordinado.

Estados Unidos	2015	A medida que su acuerdo nuclear de 2015 con las principales potencias se ha erosionado con el paso de los años, Irán expandió y aceleró su programa nuclear, acortando el tiempo que necesitaría para construir una bomba nuclear si decidiera hacerlo, aunque niega querer hacerlo. Este acuerdo introdujo límites estrictos a las actividades atómicas de Irán a cambio del levantamiento de las sanciones. Recortó drásticamente las reservas de uranio enriquecido de Irán, dejándolo solo con una pequeña cantidad enriquecida hasta un 3,67 % de pureza, lejos de la pureza aproximada del 90 % que se considera apta para armas. Estados Unidos declaró entonces que uno de los principales objetivos era aumentar a al menos un año el tiempo que Irán necesitaría para producir suficiente material fisible para una bomba nuclear.

2018		En 2018, durante su primer mandato, el presidente Donald Trump retiró a Estados Unidos del acuerdo, reimponiendo sanciones a Teherán que redujeron drásticamente sus ventas de petróleo y perjudicaron su economía. En 2019, Irán comenzó a incumplir las restricciones a sus actividades nucleares y luego las excedió con creces. Posteriormente, incumplió todas las restricciones clave del acuerdo, incluyendo dónde, con qué máquinas y a qué nivel puede enriquecer uranio, y cuánto material puede acumular.
	2019	En 2019, Irán comenzó a incumplir las restricciones a sus actividades nucleares y luego las excedió con creces. Posteriormente, incumplió todas las restricciones clave del acuerdo, incluyendo dónde, con qué máquinas y a qué nivel puede enriquecer uranio, y cuánto material puede acumular.

Las agencias de inteligencia estadounidenses y el OIEA creen que Irán tenía un programa coordinado de armas nucleares que detuvo en 2003. Trabajó en aspectos de armamentización y algunos trabajos continuaron hasta 2009, según concluyó el OIEA en un informe de 2015. Curiosamente, el programa nuclear iraní comenzó gracias al apoyo de Estados Unidos en los años cincuenta y comenzó a desarrollar su programa con ayuda de la Administración de Dwight Eisenhower, aunque este apoyo terminó con la Revolución iraní de 1979. Como lo describe Ángel Bermúdez en una públicación los últimos presidentes americanos le han dado diferente tratamiento al tema (Bermúdez, 2021):

> *"El programa nuclear iraní fue un tema central durante los mandatos de George W. Bush, Barack Obama y Donald Trump, quienes con enfoques muy distintos intentaron detenerlo por temor a que Irán desarrollara armas nucleares, una posibilidad que alteraría el equilibrio de poder en Medio Oriente y que, según muchos expertos, podría incentivar la proliferación en la región". (Pág. 2).*

Finalmente debemos tener claro que la clave del programa nuclear es el uranio enriquecido y el uranio natural está compuesto, principalmente, por uranio-238 en un 99% y por uranio-235 en un 0,72%. Este último se necesita para generar energía, por lo que el enriquecimiento consiste en concentrar la mayor cantidad posible con centrifugadoras que separan ambos elementos. El uranio utilizado para generar energía en las plantas eléctricas está enriquecido en un 3,67%; para fabricar una bomba atómica debe alcanzar el 90%. Irán cuenta con más de cuatrocientos kilos de uranio enriquecido al 60%, un nivel mucho más elevado del necesario para el uso civil. Además, en 2023 el OIEA encontró partículas de uranio enriquecido al 83,7%. (Bell & Gritten, 2023). Si lo enriquece hasta el 90% y si consigue reducir la carga nuclear a un tamaño suficiente como para introducirla en un misil, Irán podría producir hasta diez cabezas nucleares. Según Teherán, su programa nuclear es solo civil, pero Israel cree que Irán está desarrollando una bomba nuclear y el alto nivel de enriquecimiento de uranio ha terminado preocupando a expertos y a la comunidad internacional. (Illmer, 2025). En 2025 se reanudaron las conversaciones para un nuevo acuerdo nuclear con Irán pero el ataque israelí de junio frenó las negociaciones y la escalada dificultó cualquier tipo de acuerdo a corto plazo. (Seijas, 2025). En ese mismo mes historicamente Estados Unidos se sumó a los ataques contra Irán y el general Dan Caine, presidente del Estado Mayor Conjunto del Ejército estadounidense, y el secretario de Defensa de los Estados Unidos, Pete Hegseth, describieron el domingo por la tarde todos los detalles de la Operación Martillo de Medianoche (Euronews, 2025) que resumió el bombardeo de las plantas nucleares de Isfahán, Natanz y Fordow. Durante este episodio se terminó concluyendo que Irán se había preparado para un ataque como ese y que era posible que contara con instalaciones escondidas para poder mantener el conocimiento técnico para retomar su programa nuclear, Seijas realizó tres interesantes planteamientos al respecto (Seijas, Por qué el ataque de Estados Unidos no acabó con el programa nuclear iraní, 2025):

Primer plateamiento	Es probable que Irán esperara un ataque estadounidense y se preparara moviendo parte de su equipo fuera de Fordow. Esta instalación, ubicada bajo una montaña, es una de las principales bases de enriquecimiento de uranio de Irán y estaba fuertemente defendida. Estados Unidos la atacó con bombas antibúnker, de las que carece Israel. Sin embargo, en la evaluación israelí al ataque, unas

	imágenes satelitales de los días previos parecían mostrar a los iraníes trasladando uranio y parte del equipo.
Segundo Planteamiento	Es posible que Irán cuentará con más instalaciones nucleares, de las cuales se desconoce su ubicación y función. Como mínimo, cuenta ubicaciones no declaradas. En junio del mismo año, la Organización Internacional de la Energía Atómica (OIEA) advertía en una resolución que Teherán no había dado las respuestas necesarias sobre el material nuclear encontrado en ubicaciones de este tipo. (IAEA, 2025).
Tercer Planteamiento	Aunque Israel ha matado a varios científicos encargados del programa nuclear iraní, la República Islámica aún mantiene los conocimientos técnicos necesarios para desarrollar la bomba atómica. De hecho, si bien los ataques israelíes y estadounidenses retrasarán el proyecto, también pueden ser la clave que motive a la República Islámica a potenciar su programa y producirla en cuanto recupere las capacidades óptimas. (Schmitt & Bergman, 2025).

La primera conclusión que se persibió de estos planteamientos es que occidente buscó demostrar fuerza contra Irán para imponer una paz en Oriente Próximo favorable a sus intereses y de paso mandar un mensaje a grandes rivales como China o Rusia; aspirando a lograr una posición de ventaja para pedirle favores a Israel, como el cese al fuego. Esto permitiría a la Administración estadounidense salir de Oriente Próximo para concentrarse en China.

Siria

Final sirio de una dinastía generacional

Bashar al-Assad cerró su ciclo generacional después de casi 14 años de conflictos internos convertidos en una guerra civil que atrajo a liderazgos regionales e internacionales, hasta convertir al país en un laboratorio para medir fuerzas y niveles de influencia. La historia de la dinastía al-Assad se remonta a la llegada de Hafez al-Assad[30] al poder en Siria en 1971, gobernando por casi tres décadas con mano dura y control férreo, hasta su muerte en el año

---

[30] Hafez al-Assad fue un aliado soviético que gobernó Siria durante tres décadas y ayudó a impulsar a una población alauita minoritaria a puestos políticos, sociales y militares clave, que le permitieron en 1982, en la ciudad de Hama, emplear su ejército y sus servicios de inteligencia para masacrar a miles de sus opositores, poniendo fin a un levantamiento encabezado por la Hermandad Musulmana. (McCarthy, 2024).
Impulsó una ideología secular que buscaba ocultar las diferencias sectarias bajo el nacionalismo árabe y la imagen de una resistencia heroica a Israel. Formó una alianza con el liderazgo clerical chií en Irán, selló la dominación siria sobre el Líbano y estableció una red de grupos militantes palestinos y libaneses. (Karam & Sewell, 2024).

2000. En 1994 su hijo mayor y sin duda futuro heredero del poder, Basel al-Assad muere en un accidente automovilístico, sediendo en automatico el espacio a Bashar –nacido el 11 de septiembre de 1965– que fue llamado por su padre a Gran Bretaña donde estudiaba para medico y ser preparado para asumir el rol del poder que le correspondería en Siría. (CNN, 2024) Bashar al-Assad fue electo sin oposición como presidente de Siria el 10 de julio de 2000 y el 29 de mayo de 2007, se postuló nuevamente sin oposición para la presidencia y fue elegido para un segundo mandato de siete años. Veamos la siguiente cronología integrada por CNN Mundo con respecto al poder de la dinastía al-Assad. (CNN, La vida y carrera política de Bashar al-Assad, 2024):

Fecha	Suceso de trascendencia
1994	El hijo mayor del presidente de Siria Hafez Assad y su heredero natural, Bassel, muere en un accidente automovilístico. Bashar, segundo de los hijos del mandatario, debe regresar de su formación médica en Gran Bretaña y es preparado para reemplazar a su padre como presidente.
1999	Bashar al-Assad se convierte en coronel del Ejército sirio.

10 de junio de 2000	El presidente Hafez Assad muere de un ataque cardíaco, tras 29 años en el poder.
10 de julio de 2000	Bashar al-Assad es elegido, sin oponentes, como presidente de Siria.
Enero de 2006	Al-Assad y el presidente de Irán Mahmoud Ahmadinejad sostienen una reunión en Damasco, después de la cual al-Assad declara su apoyo al programa nuclear iraní.
Abril de 2006	Al-Assad se reúne con la cabeza de la comisión de Naciones Unidas que investiga el asesinato del exprimer ministro libanés Rafik Hariri, en el 2005.
29 de mayo de 2007	Al-Assad se postula a la reelección presidencial, sin rivales, y sale elegido para un segundo mandato de 7 años.
14 de octubre de 2008	Al-Assad firma un decreto que establece relaciones diplomáticas entre Siria y Líbano.
21 de abril de 2011	Como respuesta a las protestas de la llamada Primavera Árabe, al-Assad levanta el estado de excepción, vigente desde hacía 48 años. La ley, que entró a regir en 1963, restringía la libertad de expresión y le entregaba amplios poderes al gobierno para detener personas por presuntas amenazas a la seguridad nacional.

Fecha	Suceso de trascendencia
18 de mayo de 2011	Estados Unidos impone sanciones a Al-Assad y a otros seis altos funcionarios de Siria. El Departamento del Tesoro explica la decisión así: "Como resultado de esta

	acción, cualquier propiedad en Estados Unidos o en posesión o bajo el control de ciudadanos estadounidenses, sobre la cual tengan interés los individuos en cuestión, será bloqueada, y se prohíbe a los ciudadanos estadounidenses que tengan transacciones con ellos".
19 de mayo de 2011	Al-Assad es duramente criticado durante un discurso del presidente Barack Obama. El mandatario estadounidense asegura que los sirios han mostrado "valentía al exigir una transición a la democracia, pero (el régimen de Assad) ha escogido el camino del asesinato y los arrestos masivos de sus ciudadanos (…) El presidente Assad ahora tiene una opción: puede liderar la transición o hacerse a un lado".
18 de agosto de 2011	Tanto Estados Unidos como la Unión Europea piden la dimisión que al-Assad dimita. Las autoridades estadounidenses además imponen nuevas sanciones económicas en contra de Damasco, congelando los activos del gobierno sirio en Estados Unidos, prohibiéndoles a los estadounidenses hacer nuevas inversiones en Siria y prohibiendo las transacciones en EE.UU. que estén relacionadas con productos derivados del petróleo sirio, entre otras cosas.

10 de octubre de 2011	Una declaración emitida después de una reunión entre los 27 ministros de Relaciones Exteriores de la Unión Europea condena "en los términos más enérgicos posibles, la brutal represión llevada a cabo por el régimen sirio" y declara que el líder de ese país debe renunciar "para permitir una transición política" en el país asiático.
14 de noviembre de 2011	El rey de Jordania Abdullah pide la renuncia de al-Assad.
20 de noviembre de 2011	En una entrevista con un diario británico, al-Assad advierte a otros países que la intervención militar en Siria traerá repercusiones "muy graves" y que su nación "no cederá" ante la presión y la condena internacional.
22 de noviembre de 2011	El primer ministro turco Recep Tayyip Erdogan pide la renuncia de al-Assad y afirma que enfrenta el mismo destino que Benito Mussolini, Nicolae Ceausescu y Moammar Gadhafi, todos líderes que fueron asesinados por su propio pueblo.
7 de diciembre de 2011	En una entrevista con Barbara Walters, de ABC, el presidente Bashar al-Assad niega su responsabilidad en la violencia de Siria y se distancia del comportamiento de sus fuerzas armadas.
	Ese día se filtra un correo electrónico que Asma al-Assad le envió a una amiga, discutiendo los beneficios de

3 de febrero de 2012	comprar un par de zapatos cubiertos de cristales de la prestigiosa marca Christian Louboutin, que valen cerca de 7.000 dólares. El mismo día, se reporta que 200 sirios murieron en la ciudad de Homs.
10 y 11 de marzo de 2012	Al-Assad se reúne dos veces con el enviado de la ONU Kofi Annan para discutir sobre el baño de sangre en Siria.
23 de marzo de 2012	Las sanciones de la Unión Europea se extienden a la esposa de al-Assad, Asma; a su madre, su hermana y su cuñada. Todos sus activos en la Unión Europea son congelados y se les prohíbe la entrada a cualquier país del bloque. A pesar de la prohibición, Asma al-Assad puede entrar a Gran Bretaña, pues nació en Londres.
6 de enero de 2013	Durante un discurso, al-Assad expone su solución para la crisis actual de Siria. Dice que quiere promover un diálogo nacional y propone una nueva Constitución que será puesta a consideración del pueblo en un referendo. También afirma que no negociará con terroristas y pide a los gobiernos de la región que dejen de apoyarlos.
	En una entrevista con el canal estatal de televisión de Siria al Ikhbariya, al-Assad compara el apoyo que reciben los rebeldes en Siria con el que

17 de abril de 2013	recibieron los combatientes en Afganistán durante su guerra con las tropas soviéticas, durante la década de 1980. Asegura que algún día los grupos rebeldes se pondrán en contra de Estados Unidos y otros países.
3 de junio de 2014	Es reelegido con el 88,7% de los votos, según reportes del canal de TV estatal sirio. Son las primeras elecciones que se celebran en Siria desde que comenzó la guerra civil, en 2011.

Fecha	Suceso de trascendencia
10 de febrero de 2015	En una entrevista con la BBC, al-Assad dice que su régimen ha sido informado de los esfuerzos de una coalición liderada por Estados Unidos para derrotar a ISIS en Siria. Afirma que sabe que los esfuerzos no serán llevados a cabo por estadounidenses sino por terceros países, como Iraq. También dice que Siria no se unirá a una coalición internacional que trate de "degradar y destruir" a ISIS.
1 de diciembre de 2015	En una entrevista con la televisión checa, al-Assad dice que los ataques aéreos liderados por Estados Unidos en contra de ISIS no han disminuido el poder de la organización terrorista, y afirma que este grupo solo ha comenzado a reducirse, recientemente, gracias al involucramiento directo de Rusia.

9 de julio de 2016	Al-Assad es nombrado en una demanda por homicidio interpuesta en una corte federal de Washington por la familia de la periodista Marie Colvin, asesinada en el 2012 mientras cubría la guerra en Siria. Según la demanda, Colvin fue atacada por un cohete dirigido por agentes del gobierno sirio, por su trabajo periodístico. Colvin y otros periodistas fueron rastreados por el régimen sirio, dicen los documentos. Días después, en una entrevista con NBC News, al-Assad niega que el gobierno sirio sea responsable de la muerte de Colvin y sostienes que la periodista entró a su país ilegalmente, poniéndose en riesgo.
8 de abril de 2017	Estados Unidos lanza un ataque con misiles sobre una base aérea del gobierno sirio, en lo que asegura es una respuesta por un ataque con armas químicas, días antes, que al parecer fuer ordenado por al-Assad y dejó más de 80 muertos.
31 de mayo de 2018	Assad pide a Estados Unidos que abandone Siria en una entrevista con Russia Today.
28 de mayo de 2021	Es reelegido con el 95,1% de los votos, aunque Estados Unidos, el Reino Unido, Francia, Alemania e Italia emiten una declaración conjunta en la que la califican de "elecciones fraudulentas".

18 de marzo de 2022	Assad llega a los Emiratos Árabes Unidos (EAU) y se reúne con el jeque Mohammed bin Rashid al-Maktoum, vicepresidente y primer ministro de los EAU, y el príncipe heredero, el jeque Mohammed bin Zayed al-Nahyan. Se trata de su primera visita a un país árabe desde que comenzó la guerra civil siria en 2011.
19 de mayo de 2023	Asiste a una cumbre de la Liga Árabe por primera vez desde que su país fue suspendido del grupo en 2011.
8 de diciembre de 2024	El largo mandato del presidente Bashar al-Assad llegó a su fin, después de que los rebeldes invadieran la capital, Damasco. Los combatientes declararon que la ciudad estaba "liberada" en una declaración difundida por la televisión estatal. Los sirios estuvieron celebrando en las calles.

Desde la caída de la dinastía al-Assad que duro 53 años en el poder, el territorio sirio se mantiene en constante reconfiguración por las diversas fuerzas internas que tratan de sortearse parte del poder. Una de ellas es "Las Fuerzas Democráticas Sirias" (FDS) que son una coalición militar liderada por los grupos militantes kurdos, las FDS nacieron en 2015[31]

---

[31] "Con el apoyo de Estados Unidos, tanto en armamento como en coordinación con sus fuerzas

como unión entre las antiguas Unidades de Protección Popular (YPG) kurdas y milicias árabes, turcomanas y cristianas para combatir a Dáesh. Hoy en día son el principal actor en el norte y este de Siria, con casi un tercio del territorio sirio bajo su control. La historia contemporánea ha mantenido vigente la aspiración del pueblo kurdo por hacerse de su propio territorio y desde que combatía al Dáesh, las Fuerzas Democráticas Sirias tenían un segundo interés, la creación y reconocimiento de Rojava, el proyecto de autonomía política kurda en Siria. Jara Monter aporta un interesante señalamiento al respecto del tema (Monter, 2024):

> *"En el caso de Siria, la de facto región autónoma del Kurdistán se sitúa en la zona más fértil del país y es impulsada por reclamos independentistas, su modelo económico bebe de la economía social y el ecofeminismo con proyectos basados en el comunalismo y el cooperativismo; en esa línea, las mujeres*

---

especiales y aviación, en octubre de 2015 se formarían las Fuerzas Democráticas Sirias; originalmente formadas en un 80% por kurdos, estas incluyeron a combatientes árabes, turcomanos y miembros de minorías religiosas como los yazidíes". (Palomino, 2019).

> *juegan un papel fundamental en la estructura institucional, política, económica y militar de la región, al integrar las YPJ y formar parte de todos los órganos de decisión".* (Pág. 2).

La relación de Estados Unidos y los kurdos se ha sentido en decadencia desde 2019 y aunque en el segundo mandato de Trump continúan presentes algunas tropas americanas, se presenta la incógnita de si dejara a los kurdos solos ante una Turquía[32] que parece estar preparada para intervenir. La caída del régimen sirio ha abierto una puerta hacia una nueva configuración en Oriente Próximo, donde los turcos también buscan ganar influencia regional. Con la caída del régimen, los kurdos avanzaron cruzando el Éufrates hacia el centro del país y al mismo tiempo, los rebeldes

---

[32] A Turquía le interesa ganar poder en Siria de cara a sus relaciones con Europa y Rusia; es la clave a la hora de garantizar el retorno de los refugiados sirios. Por su parte, Moscú necesita a Turquía para no perder sus bases militares en Siria. Siria también es una pieza fundamental para Turquía a nivel interno. Ankara quiere un Gobierno aliado de HTS que le permita reforzar el control de su frontera, impulsar el retorno de los refugiados sirios en Turquía y frenar la producción de captagón, una droga ilegal que fue la principal fuente de financiación del régimen de Asad. (Gómez, 2024)

proturcos del Ejército Nacional Sirio iniciaron una ofensiva en la ciudad de Manjib, disputada con las FDS, y Turquía bombardeó Kobane. Pese a esas disputas, HTS[33] manifestó no tener como objetivo los territorios kurdos, y se esperaba que una delegación de las FDS se desplazace a Damasco para alcanzar un acuerdo político que promoviera una Siria democrática y pluralista. Así, el papel de las FDS en el futuro del país que está por definirse. (konsuk, 2024):

> *"Elham Ahmed, copresidenta del Departamento de Relaciones Exteriores de la DAANES, declaró que se estaban celebrando conversaciones intrakurdas entre el bloque*

---

[33] Al-Sharaa, calificado de terrorista por Estados Unidos, y su fuerza insurgente, Hayat Tahrir al-Sham, o HTS, se perfilan como actores importantes, dado que horas después de la captura de Damasco, particularmente, al-Sharaa hizo una primera aparición en la emblemática Mezquita Omeya de la ciudad, declarando que la caída de Assad era *"una victoria para la nación islámica"*. Un alto comandante rebelde, Anas Salkhadi, apareció en la televisión estatal para declarar: *"Nuestro mensaje a todas las sectas de Siria es que les decimos que Siria es para todos"*. (Chehayeb, 2025).

dirigido por el Partido de la Unión Democrática (PYD) y el Consejo Nacional Kurdo de Siria (ENKS): «La unidad kurda en Siria se ha convertido en una necesidad histórica» y pidió a los partidos kurdos que unificarán sus posturas para «apoyar el diálogo sirio y participar en la construcción del futuro de una Siria democrática y pluralista»". (Pág. 3).

Dentro del avance de la transición siria se entretejen también vínculos históricos de las principales organizaciones rebeldes, Hayat Tahrir al Sham (HTS) con Al Qaeda; aunque Siria ya tiene un nuevo Gobierno de Salvación Nacional y el acercamiento de estas organizaciones es aparente ya que se mantienen entre ellas diferencias doctrinales importantes que van desde la protección de las minorías religiosas hasta las prioridades estratégicas; finalmente Abu Mohammed al-Golani, el líder militante cuya impactante insurgencia derrocó al presidente sirio Bashar al-Assad se mantiene atento a cualquier cambio. (Argüelles, 2024).

El reto para Siria es mayúsculo en todos los sentidos y conscientes de esta nueva realidad, resultado de una larga guerra civil, se presenta otro dilema: ¿cuánto dinero costará al país iniciar su recuperación?, Según evaluación realizada por el Banco Mundial se espera que la reconstrucción de cueste unos 216.000 millones de dólares; el costo es casi diez veces el producto interno bruto (PIB) de Siria para 2025, tomando en consideración que en 2024 tuvo un 1.5% de contracción. La evaluación tambien platea la prospectiva pública siria del nuevo Gobierno que adopta medidas inmediatas para unificar las políticas macroeconómicas, fiscales y monetarias del país, centrándose en la buena gobernanza de los fondos públicos y una sólida gestión fiscal y monetaria. También se están realizando esfuerzos para atraer la tan necesaria inversión extranjera y compromisos de ayuda para impulsar la recuperación económica. El ministro de finanzas Yisr Barnieh al respecto de esta evaluación del BM declaro (BM, 2025):

> *"Este informe destaca los enormes desafíos económicos de Siria, incluyendo las sanciones, pero también proporciona datos y análisis importantes que respaldan la formulación de políticas basadas en la evidencia. Somos muy optimistas y confiamos en que nuestra economía pronto alcanzará un mayor crecimiento y retomará la senda del desarrollo sostenible". (Pág. 2).*

Este análisis del BM termina señalando que las perspectivas para Siria siguen estando sujetas a riesgos significativos, dado que persisten los problemas de seguridad y asegurar las importaciones de petróleo será un reto importante para el nuevo gobierno, lo que podría impulsar el aumento de los precios del combustible y la inflación. Por el lado positivo, un acuerdo sobre el reparto de recursos o la gobernanza entre el gobierno de transición y las autoridades del noreste podría impulsar la producción nacional de petróleo y gas. Además, una mayor participación regional, especialmente de Turquía y algunos países del Golfo, junto con la flexibilización de las sanciones, podría facilitar la recuperación y atraer inversiones. El creciente número de refugiados y desplazados internos que regresan también podría impulsar la reactivación económica a medio plazo, siempre que se flexibilicen las sanciones para facilitar la inversión y el comercio.

El gobierno provisional sirio durante 2025

El gobierno provisional sirio durante 2025 esta presidido por Ahmed Husayn al-Sharaa, opera bajo una constitución provisional[34] de cinco años ratificada en marzo y que está dando sus primeros pasos hacia la transición política (DW, 2025). Los grandes retos de Siria vienen acompañados de los vicios que todo sistema tiene y que podrían influir en la ruta por lograr: primero un proceso democrático hacia la transición influenciado por el gobierno provisional vigente;[35] el segundo reto es lograr integrar al país, iniciando con la inclusión de las minorías étnicas y religiosas, como los alauitas, que perciben poca seguridad para ellos

---

[34] En marzo de 2025 se promulgó una constitución provisional de cinco años que establece un sistema presidencial, aunque mantiene la religión islámica como base legislativa principal y su objetivo es guiar al país hacia elecciones democráticas y la redacción de una constitución permanente, basándose en la jurisprudencia islámica como fundamento principal, mientras se esfuerza por la separación de poderes y el respeto a los derechos (Gritten, 2025).

[35] El modelo presidencial del actual Gobierno de Transición sirio podría no ser democrático a largo plazo debido a la concentración de poder en la presidencia, la falta de elecciones directas y plenamente representativas a nivel nacional, y las preocupaciones sobre la inclusión de todas las comunidades étnicas y religiosas del país (IDEA, 2025).

frente al sunnismo; tercer reto es lograr la independencia judicial estableciendo un estado de derecho que emane de la redacción e implementación de una nueva constitución que establezca la separación de poderes y la inamovilidad de los jueces (AI, 2025); la cuarta es lograr una verdadera división de poderes frente al control del ejecutivo que sigue siendo dominante y que lograr una verdadera división de poderes es un desafío complejo y a largo plazo que enfrenta numerosos obstáculos políticos, sectarios y externos (SWI, Transición, inclusividad y seguridad: los desafíos del nuevo líder sirio, 2025).

Ahmed al-Sharaa que ejerce como presidente del gobierno estará al frente del país durante una fase de transición hacia la democracia, cuya duración exacta aún no fue definida y dependerá del proceso de estabilización del país y la implementación de un nuevo sistema político (González, 2025). (Vea el anexo 6 sobre quien es Ahmed al-Sharaa). La visión de dicho gobierno provisional puede ser referenciada por los planteamientos dirigidos a sus gobernados en esta primera etapa que proyecta lo siguiente (Infobae, Transición en Siria: el presidente interino Ahmed al Sharaa anunció la formación de un nuevo gobierno, 2025):

Primero; se abre una nueva etapa en Siria tras 13 años de guerra civil y medio siglo de dictadura de los Assad, una etapa que se enfrenta a su difícil transición, con el país asolado por la represión, la guerra civil y las sanciones, finalmente buscando solventar:

a) El restablecimiento de la seguridad de las comunidades vulnerables mediante sus reformas respectivas, especialmente las urgentes para proteger y resguardar a los alauitas,[36] que formaron la base política del antiguo régimen, en esencial para detener la espiral de violencia; aunque el grupo islamista suní Hei'at Tahrir al-Sham (HTS) actuó con rapidez para establecer la seguridad en los principales centros de población y, en

---

[36] El tema de los alauitas representa el gran reto del gobierno por sus diferencias doctrinarias con la corriente sunnita del islam y que en el pasado se vieron afectados por el antiguo regimen, dando pie a cuestionamientos por acciones que imputan al nuevo gobierno del asesinato en masa perpetrados en 40 localidades de la costa mediterránea y que fueron señaladas las unidades que ahora forman parte del Ministerio del Interior bajo el actual presidente (Michael, 2025).

su mayoría, evitó o castigó a los perpetradores de represalias contra miembros del orden anterior, el país continua sumido en un ambiente de incertidumbre por los asesinatos y secuestros para obtener rescate o venganza que siguen ocurriendo en algunas partes del país, especialmente en Homs, una gobernación en el centro. Las cosas podrían empeorar mucho si el gobierno no puede imponer un orden consistente o continuar pagando los salarios del sector público (NU, Siria: Un clima de desconfianza y temor pondría en peligro toda la transición, 2025). La declaración oficial del gobierno provisional que integro su Consejo de Seguridad ha instado a las autoridades provisionales por el aseguramiento civil y el rápido fin a la violencia.

b) La recuperación urgente del bienestar de la economía en la cual deberan lograr que lo donantes alivien las sanciones y ofrezcan otro tipo de apoyo para darle a la transición una oportunidad de luchar, el gobierno interino prácticamente esta sin fondos, las fuerzas de seguridad están sobrecargadas, la pobreza se está profundizando porque por un lado los empresarios no pueden pagar los salarios ni los gastos operativos porque los bancos tienen su dinero bloqueado y por el otro, después de que el gobierno interino levantara la mayoría de los aranceles, los productos turcos baratos inundaron los mercados, amenazando a las pequeñas empresas (Baladi, Turkish goods undermine local products in Syria, 2025), tambien la repartición de los sirios ha traido consigo costos por el reasentamiento y empleo que el gobierno interino tampoco puede pagar, cocinandose un ambiente de insurgencia que pueda retornar en las periferias. Para la reconstrucción, Siria necesita obtener los fondos necesarios y quienes los aportan podrían condicionar a la buena gobernanza y a cierto grado de participación política pluralista. Un mayor crecimiento en el nivel de pobreza de la población podría dar lugar a nuevos agravios como impulsores de la rebelión. Lograr el retiro de las sanciones de los capitales occidentales[37]

---

[37] Siria se ve particularmente afectada, ya que las

y sumar un apoyo fiscal representa obtener asistencia inmediata y la fuente más potente de inversión futura que garantice el inicio de su reconstrucción a mediano plazo, el pago de su nómina estatal a corto plazo y los subsidios a los productos básicos de manera inmediata y urgente.

c) Atender la demandada justicia que pugna por lograr la libertad de expresión y los derechos de las mujeres, buscando basar la nueva Siria en la justicia en lugar de la opresión; este nuevo gobierno se enfrenta al reto de establecer un sistema judicial transparente e inclusivo, mientras que la comunidad internacional y las organizaciones de derechos humanos instan a abordar las violaciones pasadas.

---

sanciones secundarias de EE. UU. penalizan a las empresas y personas extranjeras que hacen negocios en Siria (TE, 2025). Qatar postergó la entrega de fondos a los nuevos gobernantes de Siria para aumentar los salarios del sector público debido a la incertidumbre sobre si las transferencias violarían las sanciones estadounidenses, un revés para los esfuerzos por reactivar la economía devastada por la guerra (Azhari & Gebeily, 2025).

El Parlamento Europeo ha instado al gobierno provisional a iniciar iniciativas nacionales de justicia transicional que aborden todas las violaciones de derechos humanos, independientemente del autor. (PE, 2025). Amnistía Internacional y otras organizaciones han señalado la necesidad de priorizar la justicia y la verdad, reportando casos de detenciones arbitrarias y un aumento de las ejecuciones en 2025 (NI, 2025). Las víctimas y sus familias son consideradas la "brújula moral" del futuro de Siria, y sus demandas de justicia y verdad deben ser respondidas con acciones concretas por parte de las nuevas autoridades (Kabawat, 2025). Estas peticiones reflejan la postura de la comunidad internacional y las organizaciones de derechos humanos, que buscan un futuro para Siria basado en el estado de derecho y la protección de los derechos humanos en lugar de la venganza (NI, Amnistía Internacional pide un futuro para Siria basado en la justicia en lugar de la venganza, 2025).

d) Lograr el orden público, para el que no se percibe una opción menor al de unificar el control de las armas bajo el monopolio del Estado, tiene que venir acompañado de la reconstrucción urgente de una polícia local para lograr el cumplimiento de la ley. El gobierno de transición ha intentado recuperar la estabilidad integrando a antiguos soldados y policías del régimen de Assad a través de centros de "reconciliación" y prometiendo amnistía para aquellos que no cometieron crímenes graves, con el objetivo de unificar las fuerzas de seguridad bajo un solo mando (France24, 2025). El orden público en Siria sigue siendo inestable y fragmentado, con continuos enfrentamientos armados en varias regiones (DW, Siria - El ascenso y la caída del régimen de Assad, 2025), han continuado los combates en el sur de Siria, específicamente en la gobernación de Suwayda, entre grupos armados drusos y beduinos en julio de 2025. En resumen, Siria atraviesa un período de transición tumultuoso y el gobierno lucha por establecer su autoridad y unificar el país, mientras persisten los focos de violencia y la inestabilidad en materia de seguridad.

Segundo; Las primeras reformas constitucionales y electorales alertan sobre una tendencia continuista con la era Assad, con la concentración de poderes en la figura presidencial y un nuevo contrato social que se puede inclinar a la opacidad:

   a. Siria estableció un gobierno provisional y firmó una declaración constitucional provisional para un período de transición de cinco años (Chilleron, 2025); los artículos comienzan con las provisiones generales, estableciendo la independencia, soberanía e indivisibilidad de Siria y declara la intención de cooperar con actores internacionales para facilitar los procesos de reconstrucción y retorno de refugiados, enfatizando así la naturaleza transitoria del documento. Más relevantemente, establece la jurisprudencia islámica como "la principal fuente" de legislación y obliga a que el presidente de la república pertenezca al islam. La redacción en este punto, sin embargo, tan solo especifica el papel de la jurisprudencia islámica en la legislación, ya sea entendida como proceso de creación de leyes o conjunto de las mismas, pero no parece aplicarse directamente como fuente de derecho en el ámbito judicial. Si esto acabará teniendo alguna ramificación práctica en el ejercicio del poder judicial, solo podrá decirlo el proceso de institucionalización del mismo. También especifica la obligación estatal de preservar la unidad del territorio, criminalizando las llamadas a la sedición y división, así como la búsqueda de intervención y ayuda extranjera para procesos secesionistas. Este artículo alcanza especial importancia en el contexto actual de la estrategia israelí para con los drusos en el sur del país,[38] así como

---

[38] Consejo Militar de Suwayda (SMC) ha emergido como un contrapeso en la región frente al nuevo gobierno de Damasco, declarando su negativa a reconocerlo y exigiendo un cambio político transparente y democrático que refleje la diversidad del Estado sirio, además, su creación podría abrir un nuevo frente en el país para presionar por las demandas de autonomía drusa (Del Pozo, 2025).

las peticiones de algunos civiles de la costa noroeste de intervención internacional tras las recientes confrontaciones y masacres en Latakia y Tartús (Chilleron, Facciones alauitas se enfrentan al gobierno de Siria, 2025). Está nueva Constitución siria igual establece la igualdad ante la ley en derechos y deberes de todos los ciudadanos, sin discriminar por raza, religión o sexo. El documento especifica la función del Estado de salvaguardar "los derechos humanos y libertades esenciales". Estas últimas incluyen la libertad de opinión, expresión, prensa y asociación, así como los derechos a la participación política, formación de partidos y privacidad. Se dedica un artículo específico a los derechos de la mujer a educación y trabajo. Por último, se establece que el Estado debe proteger todos los derechos anteriormente enumerados "de acuerdo con la ley", incluyendo una lista de posibles exenciones por razones de seguridad nacional, protección de valores morales y protección del orden público. Estas exenciones pueden resultar problemáticas teniendo en cuenta la naturaleza principalmente presidencialista de las instituciones políticas.

b. El nuevo contrato social sirio pasa por la inserción de las minorías tanto en instituciones como en las Fuerzas Armadas que aún no se ha materializado. La declaración ha sido recibida con escepticismo por parte de grupos de derechos humanos y minorías, quienes temen que siente las bases para un nuevo gobierno autoritario debido a la falta de controles y equilibrios efectivos del poder presidencial. La comunidad internacional y las ONG han instado al gobierno de transición a garantizar la justicia, la rendición de cuentas y los derechos de todas las comunidades (Hofverberg, 2025). La meta oficial sera lograr la unidad nacional y continuar impulsando el contrato social entre el Estado y todas las religiones para garantizar la justicia social (SWI, Líder sirio habla de contrato social entre Estado y religiones para buscar justicia social, 2024).

Tercero; En el plano regional, el presidente ha reorientado la política exterior siria hacia el eje suní (Turquía, Qatar y Arabia Saudí), alejándose de Irán con promesas de inversiones económicas. Este giro congela a corto plazo la rivalidad suní-chií, pero puede reactivar la competición intra-suní en una futura carrera por el negocio de la reconstrucción. En el debate ideológico, el éxito o fracaso de este antiguo líder de al-Qaeda en consolidar su poder político por vía electoral podría marcar un precedente significativo en Oriente Medio, mostrando a otros movimientos radicales la viabilidad de una transición desde la violencia armada hacia la participación institucional. A nivel internacional, al-Sharaa ha logrado un inesperado reconocimiento diplomático, incluido su discurso ante las Naciones Unidas y el levantamiento parcial de sanciones estadounidenses y europeas, tan sólo empañado por la creciente hostilidad de Israel. Su visita a la Casa Blanca marca un hito al ser la primera de un jefe de Estado en la historia de Siria y representa un giro de 180 grados en las relaciones bilaterales, al consagrar a Damasco como un aliado geoestratégico de Washington en la región.

En resumen, 2025 es un año de transición significativa para Siria, con un nuevo gobierno provisional en funciones que intenta consolidar su autoridad y abordar las profundas demandas.

Turquía

Turquía se mantiene vigente en la dinámica por adquirir el poder regional y esta última década su presidente ha buscado convertir a su país en la alternativa en Oriente Próximo. Su política exterior continua basándose en el neo-otomanismo[39], que busca reconstruir la influencia turca en los territorios del Imperio otomano para convertir a Turquía en el líder del mundo musulmán. Un liderazgo que en el pasado plasmó el Imperio Otomano y que Turquía busca restaurar, pero ahora adaptado a una sociedad moderna donde la élite gobernante del país pueda interpretarse de la mejor manera, donde puedan aplicarse una ola de nuevas políticas basadas en un pasado construido que busque adecuarse al presente y al futuro. (Yavuz, 2020). Los dos presidentes turcos: Turgut Özal y Recep Tayyip Erdoğan, ambos han adoptado el neo-otomanismo en sus presidencias pero sus interpretaciones y

---

[39] El neo-otomanismo, es definido por Wastnidge como una ideología política imperialista que enfatiza un mayor compromiso político de la República de Turquía en las regiones anteriormente gobernadas por el Imperio Otomano. (Wastnidge, 2019).

aplicación han resultado ser diferentes. Mientras que el primero mantuvo una visión neoliberal y cívica, abierta a Occidente y centrada en la resolución de los desafíos internos, el segundo propone una versión antikemalista[40] y panislámica, aplicable a las intervenciones extranjeras definidas por un sistema autoritario basado en la Umma (Mehmet, 2020). Un claro ejemplo de esto es la nueva visión de Erdogan al respecto del secularismo kemalista dado que en julio de 2020, anunció la reconversión de Santa Sofía – uno de los sitios más icónicos de Estambul– en una mezquita, rompiendo con la historia nacional, dado que en 1935 el padre de la Turquía moderna ordenó que Santa Sofía se convirtiera en museo y prohibió que el complejo se utilizara como lugar de culto, de fe cristiana o musulmana, siguiendo su idea de secularizar el país. El historiados Ali Yaycioglu señala al respecto que *"en los últimos 10 años,*

---

[40] El kemalismo es la ideología fundacional de la República de Turquía y del Partido Republicano del Pueblo (CHP), que impulsó el padre del país y primer presidente, Mustafa Kemal Atatürk, para transformar el califato otomano en una república secular en los años veinte, y después a través del propio partido; sus principios son el republicanismo, el nacionalismo, el populismo, el laicismo, el estatismo y el reformismo. (El Kanfoudi, 2023).

el gobierno de Erdogan ha comenzado a convertir poco a poco todos estos lugares en mezquitas, jugadas que indican un avance general hacia la reintroducción del islam en la vida pública y política de una manera que definitivamente socaba parte del legado de Mustafa Kemal Ataturk" (Yaycioglu, 2016).

El Kemalismo turco.

Mustafá Kemal Ataturk encabezó el Movimiento Nacional turco, que desembocaría en la guerra de Independencia, logrando que el 24 de julio de 1923 Turquía y Grecia firmaran el histórico Tratado de Lausana, naciendo Turquía, donde Mustafá Kemal Ataturk sería el primer presidente[41] del naciente país. Pretendió crear un Estado nación moderno, democrático y laico, para ello necesitaba lograr una verdadera transformación de las instituciones del fallecido

---

[41] Logró mantenerse en la presidencia de Turquía durante 15 años con una alta popularidad, tratando de determinar cuál sería el nuevo rol del país tras la caída del Imperio Otomano, cuya partición comenzó en 1918 como consecuencia de la Primera Guerra Mundial. (Paredes, 2023).

imperio. (Paredes, 2023). Con el principio democrático a la cabeza de esta nueva nación, Kemal Ataturk implementó uno de los primeros cambios que le permitió a los turcos, ejercer la soberanía popular a través de una democracia representativa. Gracias a la revolución republicana que él lideró, la Gran Asamblea Nacional Turca proclamó el nacimiento de la República de Turquía el 29 de octubre de 1923. Las características básicas del nuevo país se basaron en seis postulados que simbolizaban el republicanismo, populismo, nacionalismo, secularismo, estatismo y reformismo.

Igual se le presentaron grandes retos en el logro por consolidar sus postulados y su nueva ideología kemalista de crear una nación secular, bajo un idioma, una etnia y una cultura, que también resultó en la opresión de otros pueblos que habían tenido cabida en el antiguo imperio, como los kurdos que no lo aceptaron y que entre 1936 y 1939 mantuvieron una férrea resistencia en contra de la recién formada República Turca, enfrentándola y siendo finalmente sometidos; el incidente sentó las bases de la insurgencia kurda que aún persiste contra el Estado turco. Yucel Yanikdag, de la Universidad de Richmond afirma que *"La secularización fue un alivio para algunos, pero para otros significó la negación de la identidad de los kurdos, de los armenios, los griegos, los chechenos, los árabes y los circasianos, etc."*. (Yanikdag, 2014). Aunque todas las reformas kemalistas inquietaron a los tradicionalistas, fue la exclusión del islam de un rol oficial en la vida de la nación lo que conmocionó más profundamente a los contemporáneos de Atatürk, y el descontento continuó centrándose en las políticas secularistas del régimen mucho después de que las demás reformas hubieran sido generalmente aceptadas. (Vea el anexo I sobre la cronología Kemalista). La abolición del califato puso fin a cualquier conexión entre el Estado y la religión. Se suprimieron las órdenes religiosas, se cerraron las escuelas religiosas, se secularizó la educación pública y se revocó el Sheriat (gobierno islámico), lo que requirió un reajuste de todo el entramado social del pueblo turco. A pesar de las protestas que provocaron estas medidas, Atatürk no concedió nada a los tradicionalistas.

En 1924, la Gran Asamblea Nacional adoptó una nueva constitución que sustituyó a la de 1876, que había seguido sirviendo como marco legal del gobierno republicano. La constitución de 1924 otorgó el poder soberano a la Gran Asamblea Nacional como representante del pueblo, a quien también garantizó los derechos civiles básicos. Como órgano unicameral elegido por sufragio universal para un mandato de cuatro años, la asamblea ejercía la autoridad legislativa, incluyendo la responsabilidad de aprobar el presupuesto, ratificar tratados y declarar la guerra. La nueva constitución no preveía un poder judicial imparcial que se pronunciara sobre la constitucionalidad de las leyes promulgadas por la asamblea, sino que facultaba a la legislatura electa para modificar o aplazar las decisiones judiciales.

Las dudas específicas sobre el dominio personal de Atatürk se manifestaron en una agrupación de sus antiguos aliados llamada el Partido Republicano Progresista. Algunos también consideraban que Atatürk estaba llevando el programa de reformas demasiado lejos y demasiado rápido. Atatürk estaba dispuesto a experimentar con un sistema multipartidista y, en noviembre de 1924, sustituyó a Inönü como primer ministro por Fethi Okyar, quien representaba al nuevo partido. Sin embargo, apenas había comenzado este experimento, estalló una revuelta que se extendió rápidamente por toda la región kurda del sureste de Turquía. Aunque a veces se la caracteriza como una expresión del nacionalismo kurdo, la revuelta fue liderada por un jefe hereditario de los derviches Naksibendi, quienes habían sido disueltos como parte de las reformas secularistas de Atatürk. Él y otros líderes derviches instaron a sus seguidores kurdos a derrocar al gobierno "impío" de Ankara y restaurar al califa. Atatürk llamó a Inönü a la oficina del primer ministro en marzo de 1925 y aprobó rápidamente una legislación en la Gran Asamblea Nacional que otorgaba poderes de emergencia al gobierno durante los siguientes cuatro años. Se establecieron tribunales especiales con poderes sumarios y se prohibió el Partido Republicano Progresista. Mientras tanto, el ejército turco sofocó rápidamente la revuelta.

Compartimos el suguiente cuadro comparativo en el cual representamos los pilares fundamentales del Kemalismo y su comparación con dos presidentes de la Republica de Turquía:

Pilar Fundamental del Kemalismo (BS, 2025).	Pesidencia de Halil Turgut Özal 1989-1993	Presidente Recep Tayyip Erdoğan 2014 a la fecha
Republicanismo	Republicanismo	Republicanismo
Las reformas	La relación de	En términos más

kemalistas representan una revolución política: un cambio del Imperio Otomano multinacional al establecimiento del Estado-nación turco y la consecución de la identidad nacional de la Turquía moderna. El kemalismo solo reconoce un régimen republicano para Turquía. Cree que solo el régimen republicano puede representar mejor la voluntad del pueblo.

Este principio encarno en el Partido Republicano del Pueblo, que es un partido político republicano, democrático,

Turgut Özal con el republicanismo turco es compleja y a menudo interpretada como una ruptura con el secularismo estricto de la era kemalista. A lo largo de su carrera como primer ministro (1983-1989) y presidente (1989-1993), promovió cambios que redefinieron el equilibrio entre el Estado, la religión y el individuo en la República de Turquía.

Aunque Özal se oponía a ciertos ideales y políticas republicanas, sus reservas sobre ellos no se basaban en

generales, Erdoğan tiene un respeto fundamental por la democracia. Cuando fue condenado en 1998 por un discurso, criticó la decisión del tribunal, no el propio régimen político. Instó a sus seguidores a intentar alcanzar el poder solo "a través de las urnas". Se ha opuesto a las barreras electorales. Durante un tiempo, instó a los políticos a aceptar el principio de los gobiernos de coalición. Cuando fue elegido presidente del AKP, en su discurso de aceptación, citó al filósofo francés de la

secular, de centroizquierda, y kemalista de Turquía. Fue fundado por Mustafa Kemal Atatürk en 1923 Se describe como "un partido socialdemócrata, fiel a los principios fundacionales y los valores de la República de Turquía". (Ciddi, 2009).Con el establecimiento de la república, Atatürk convirtió la reforma lingüística en una parte importante del programa nacionalista. El objetivo era producir una lengua más turca, moderna, práctica y precisa, y menos difícil de aprender que la antigua. La	consideraciones religiosas. Especialmente en los primeros años del período republicano, el pasado otomano había quedado relegado al ático de la historia turca, pues aquellos siglos se consideraban un completo fracaso. En cambio, Özal tenía en alta estima el pasado otomano. En un tema cultural completamente diferente, Özal incluso defendió la creciente popularidad de la música arabesca, un género musical folclórico turco con una mezcla de elementos populares occidentales y egipcios, ya que	Ilustración, Voltaire: "Puede que no esté de acuerdo con usted, pero haré todo lo posible para que pueda expresar libremente sus opiniones". Al igual que Özal, Erdoğan siempre ha defendido que el Estado existe para servir al pueblo, eliminando todos los obstáculos que impiden la realización del potencial individual

reforma lingüística republicana consistió en dos elementos básicos: la adopción de un nuevo alfabeto y la depuración del vocabulario.	era mal visto por la clase dirigente republicana. (Heper, 2013).	

Pilar Fundamental del Kemalismo (BS, 2025).	Pesidencia de Halil Turgut Özal 1989-1993	Presidente Recep Tayyip Erdoğan 2014 a la fecha
Populismo	Populismo	Populismo
La revolución kemalista también fue una revolución social en cuanto a su contenido y objetivos. Fue una revolución liderada por una élite con una orientación hacia el pueblo en general. Las reformas kemalistas	Las clases medias conservadoras-islámicas en cuestión proporcionaron los medios financieros para difundir su mensaje a la "mayoría musulmana silenciosa" de Özal, financiando periódicos, canales de televisión y	Recep Tayyip Erdoğan es un ejemplo de líder populista que combina islamismo, nacionalismo y un discurso anti-establishment para construir una base de apoyo electoral leal. Su populismo se caracteriza por presentarse

propiciaron un cambio revolucionario en la condición de la mujer mediante la adopción de códigos legales occidentales en Turquía, en particular el Código Civil suizo. Además, las mujeres obtuvieron el derecho al voto en 1934. Atatürk afirmó en repetidas ocasiones que los verdaderos gobernantes de Turquía eran los campesinos. Esto era, en realidad, un objetivo, más que una realidad en Turquía. De hecho, en la explicación oficial del principio del populismo se emisoras de radio de orientación islámica. Han sido fundamentales en Turquía para el desarrollo de una modernidad paralela con sus propias visiones del mundo y estilos de vida distintivos en cuanto a vestimenta, gustos, música, gastronomía, zonas residenciales, hoteles vacacionales, etc.

Özal ayudó a la periferia a desplazarse hacia el centro y a empezar a competir con éxito en términos económicos con los antiguos como un líder del pueblo con orígenes humildes, conectando con las clases trabajadoras y los conservadores de Anatolia. Utiliza el sentimiento de agravio histórico contra las élites laicas y occidentales, así como medidas populistas como subsidios y ayudas económicas, para mantener su popularidad. El intento de golpe de estado de 2016 fue aprovechado para reforzar aún más su poder, consolidando un régimen que combina autoritarismo

afirmaba que el kemalismo se oponía a los privilegios y distinciones de clase y no reconocía a ningún individuo, familia, clase ni organización por encima de los demás.

La ideología kemalista se basaba, de hecho, en el valor supremo de la ciudadanía turca. El orgullo asociado a esta ciudadanía proporcionaría al pueblo el estímulo psicológico necesario para esforzarse más y alcanzar un sentido de unidad e identidad nacional. | miembros del centro. Erdoğan, a su vez, ha permitido que los nuevos miembros del centro desempeñen un papel dominante en el sistema político. | con legitimidad electoral. (Massicard, 2021).

Medidas populistas: Para mantener el apoyo popular, ha implementado una serie de políticas económicas populistas, como la financiación de hipotecas baratas, programas de alivio de deuda y aumentos salariales.

Islamismo y nacionalismo: Ha combinado su populismo con un discurso islamista y nacionalista, promoviendo una identidad nacional que se presenta como el líder legítimo |

El populismo abarcaba no solo la idea de que todos los ciudadanos turcos eran iguales, sino también que todos eran turcos. Lo que quedaba del sistema de millet, que había garantizado la autonomía comunitaria a otros grupos étnicos, fue abolido.		del mundo musulmán y que se opone a las potencias occidentales. (Yilmaz, 2021).

Pilar Fundamental del Kemalismo (BS, 2025).	Pesidencia de Halil Turgut Özal 1989-1993	Presidente Recep Tayyip Erdoğan 2014 a la fecha
Secularismo	Secularismo	Secularismo
El secularismo kemalista no solo significó la separación del Estado y la	Özal desafió varios de los tabúes del kemalismo, la ideología	La distancia de Erdoğan con el islamismo fue evidente al romper la dicotomía,

religión, sino también la separación de la religión de los asuntos educativos, culturales y legales. Implicaba independencia de pensamiento e independencia de las instituciones respecto del dominio del pensamiento y las instituciones religiosas. Por lo tanto, la revolución kemalista fue también una revolución secularista. Muchas reformas kemalistas se implementaron para impulsar el secularismo, y otras se concretaron gracias a su	fundacional de la República de Turquía. Mientras que el kemalismo promovía un laicismo estricto y la sumisión del individuo al Estado, Özal sostenía una visión más liberal. Su lema "que el Estado sirva al pueblo, no el pueblo al Estado" refleja este cambio de enfoque. Buscó revitalizar la economía turca con una liberalización y un acercamiento a Occidente, pero también reabrió el debate sobre el papel de la	ampliamente percibida, entre los estilos de vida tradicionalista/islamista y moderno/secular en Turquía. Dado que le interesa más el desarrollo moral que un islam estatal, Erdoğan no tenía problemas con la modernidad ni el laicismo, siempre que el Estado laico no discriminara a los creyentes. Cuando era alcalde de Estambul, asistía regularmente a las ceremonias del Día de la República en la ciudad, luciendo un pin de Atatürk en la solapa. La relación de Recep Tayyip Erdoğan con el secularismo ha sido tensa y controvertida a lo largo de su carrera política. Aunque la Constitución turca define al país como un Estado laico, los críticos lo acusan de debilitar intencionadamente los

| consecución. El principio kemalista del secularismo no abogaba por el ateísmo. No era un principio anti-Dios. Era un secularismo racionalista y anticlerical. El principio kemalista del secularismo no se oponía a un islam ilustrado, sino a un islam que se oponía a la modernización. Fue la exclusión del islam de un rol oficial en la vida de la nación lo que conmocionó más profundamente a los contemporáneo | religión en la vida pública. A diferencia del laicismo kemalista que buscaba relegar la religión al ámbito privado, Özal adoptó una postura más pragmática. Sostenía que la élite republicana no tenía derecho a juzgar los valores y las decisiones personales del pueblo, incluyendo sus prácticas religiosas. Este enfoque facilitó el resurgimiento del islamismo | fundamentos seculares establecidos por Mustafa Kemal Atatürk en la década de 1920 para promover una agenda islamista. (NW, 2023).

Época reciente (2021-actualidad):

Nuevo proyecto de Constitución (2025): En junio de 2025, el gobierno de Erdoğan impulsó un nuevo borrador de Constitución que, según analistas, busca eliminar el carácter secular del Estado turco.

Consolidación del poder: Los críticos señalan que la constante erosión del secularismo es parte de una estrategia más amplia de Erdoğan para consolidar un régimen autoritario de corte islamista. (TAW, |

s de Atatürk, y el descontento continuó centrándose en las políticas secularistas del régimen mucho después de que las demás reformas hubieran sido generalmente aceptadas. La abolición del califato puso fin a cualquier conexión entre el Estado y la religión. Se suprimieron las órdenes religiosas, se cerraron las escuelas religiosas, se secularizó la educación pública y se revocó el Sheriat (gobierno islámico), lo que requirió un reajuste de todo el entramado social del	político en el país, lo que representó un cambio significativo en la dinámica republicana establecida por Mustafa Kemal Atatürk. (Heper, 2013).	2025).

pueblo turco. A pesar de las protestas que provocaron estas medidas, Atatürk no concedió nada a los tradicionalistas.		

Pilar Fundamental del Kemalismo (BS, 2025).	Pesidencia de Halil Turgut Özal 1989-1993	Presidente Recep Tayyip Erdoğan 2014 a la fecha
Reformismo	Reformismo	Reformismo
Uno de los principios más importantes que formuló Atatürk fue el del reformismo o revolucionario. Este principio implicaba que Turquía implementaba reformas y que el país reemplazaba las instituciones tradicionales por	El modelo occidental de desarrollo orientado al mercado no se ocultó. Como era de esperar, la nueva clase media empresarial islámica conservadora se convirtió en una ferviente defensora no	En resumen, el "reformismo" de Recep Tayyip Erdoğan no ha sido un proceso lineal. Lo que comenzó como un movimiento de apertura y modernización democrática se ha transformado en un sistema

instituciones modernas. Implicaba la eliminación de los conceptos tradicionales y la adopción de los modernos. El principio del reformismo iba más allá del simple reconocimiento de las reformas realizadas.

El reformismo legitimó los medios radicales mediante los cuales se implementaron los cambios en la vida política y social turca.

En 1924, la Gran Asamblea Nacional adoptó una nueva constitución que sustituyó a la de 1876, que había seguido sirviendo como marco legal solo del islam no radical, sino también de una democracia viable y, por ende, de la estabilidad política, similar a las burguesías no dependientes financieramente del Estado. Özal había sido fundamental en el surgimiento y florecimiento de la nueva clase media empresarial islámica. A su vez, esta clase se ha convertido en una ferviente defensora del proyecto turco de Özal.

Halil Turgut Özal (1927-1993), octavo presidente de Turquía, es una figura central del reformismo turco contemporáneo. híbrido que combina elementos de populismo, islamismo y nacionalismo, mientras consolida el poder presidencial y restringe las libertades políticas y de expresión. (Insel, 2021).

Fases del reformismo de Erdoğan:

Primera etapa: la moderación y apertura (2002-2011).

Segunda etapa: la consolidación del poder (2011-2016)

Tercera etapa: el giro autoritario y el "erdoganismo"

del gobierno republicano. La constitución de 1924 otorgó el poder soberano a la Gran Asamblea Nacional como representante del pueblo, a quien también garantizó los derechos civiles básicos. Como órgano unicameral elegido por sufragio universal para un mandato de cuatro años, la asamblea ejercía la autoridad legislativa, incluyendo la responsabilidad de aprobar el presupuesto, ratificar tratados y declarar la guerra. La nueva constitución no preveía un poder judicial imparcial que se pronunciara sobre la constitucionalidad de las leyes	Lideró una transición significativa hacia una economía más abierta y globalizada, y su estilo de liderazgo modernizador se conoce como "ozalismo". (Valer'evna Pronina, Rashitovich Kadyrov, & Imbelevna Kamaletdinova, 2021). Özal impulsó una serie de cambios que buscaban modernizar la estructura política y social de Turquía, aunque con resultados mixtos.	(2016-presente) Aunque las reformas iniciales mejoraron la economía y la estabilidad de Turquía, la fase posterior ha generado preocupación tanto a nivel nacional como internacional por el retroceso democrático y la erosión del estado de derecho. La lucha por el futuro político del país se intensifica, como se observa en los recientes conflictos con figuras de la oposición como Ekrem İmamoğlu.

promulgadas por la asamblea, sino que facultaba a la legislatura electa para modificar o aplazar las decisiones judiciales.		

Pilar Fundamental del Kemalismo (BS, 2025).	Pesidencia de Halil Turgut Özal 1989-1993	Presidente Recep Tayyip Erdoğan 2014 a la fecha
Nacionalismo	Nacionalismo	Nacionalismo
La revolución kemalista también fue una revolución nacionalista. El nacionalismo kemalista no era racista. Su objetivo era preservar la independencia de la República de Turquía y contribuir a su desarrollo político. Era un nacionalismo que respetaba el	Otra ruptura importante con la ortodoxia kemalista fue su apertura a debatir el problema kurdo, un tema históricamente censurado. Özal consideró que se debía discutir libremente todas las posibles soluciones a este conflicto, incluido el federalismo.	En la misma línea, Erdoğan ha mantenido un enfoque no étnico respecto al nacionalismo. Según él, todos los grupos étnicos, incluidos los kurdos y los turcos, deberían poder expresar libremente sus identidades étnicas secundarias y, al mismo tiempo,

derecho a la independencia de todas las demás naciones. Era un nacionalismo con un contenido social. No solo era antiimperialista, sino que también se oponía al dominio de una dinastía o de una clase social específica sobre la sociedad turca. El nacionalismo kemalista cree en el principio de que el Estado turco es un todo indivisible que comprende su territorio y su pueblo. El régimen nacionalista intentó dotar a la religión de una forma más moderna y nacional. El Estado también apoyó el uso del

Esta postura desafió la concepción unitaria del Estado turco y la narrativa de una única identidad nacional, ambos principios fundamentales del republicanismo kemalista.

En Turquía se desarrolló una influencia cruzada entre los valores culturales musulmanes y un modelo de desarrollo occidental liberal y orientado al mercado. Al igual que los calvinistas protestantes cristianos del siglo XVI, que definían la

adoptar la ciudadanía de la República de Turquía como la identidad principal de todos los grupos étnicos. Su enfoque hacia los no musulmanes en Turquía también ha sido no discriminatorio. Cuando era alcalde de Estambul, a diferencia de los alcaldes (de orientación secular) que lo precedieron, Erdoğan reservó fondos para la renovación de iglesias y sinagogas en esa ciudad. Además, como primer ministro, visitó una sinagoga atacada con un coche bomba y expresó sus turco en lugar del árabe en los servicios religiosos y la sustitución de la palabra turca "tanri" por la palabra árabe "alá". Sin embargo, la oposición fue lo suficientemente fuerte como para garantizar que el árabe siguiera siendo el idioma de la oración. En 1932, por ejemplo, la decisión del gobierno de utilizar el turco en la llamada a la oración desde los minaretes no tuvo buena aceptación, y en 1934 se volvió a la versión árabe. Cabe destacar que Santa Sofía (iglesia de la Santa Sabiduría, basílica del siglo VI del emperador bizantino

felicidad en términos de ganancias, esfuerzo por progresar y disfrute personal en los nuevos espacios físicos, los empresarios e intelectuales islámicos en Turquía comenzaron a buscar la felicidad no solo en el más allá, sino en el presente. Estos empresarios e intelectuales esperaban que el Islam desempeñara un papel más importante en la definición del bien común que los procesos económicos y políticos. El Islam ofreció una base común, generando confianza entre los empresarios y facilitando el

condolencias. Sin embargo, no ha sido igualmente complaciente con los alauitas en Turquía, quienes han solicitado que se les dé a sus templos (cemevleri) el mismo estatus legal que a las mezquitas y que se les otorguen fondos estatales similares. Sobre este tema, Erdoğan ha declarado que el alauismo no es una religión separada del islam.

Justiniano, convertida en mezquita por Mehmed II) se convirtió en museo. Con un ingenio considerable, Atatürk se dedicó a reinventar el idioma turco y a reinterpretar la historia turca con un enfoque nacionalista.	funcionamiento de las instituciones de mercado.	

Pilar Fundamental del Kemalismo (BS, 2025).	Pesidencia de Halil Turgut Özal 1989-1993	Presidente Recep Tayyip Erdoğan 2014 a la fecha
Estatismo	Estatismo	Estatismo
Kemal Atatürk dejó claro en sus declaraciones y políticas que la modernización completa de Turquía dependía en	En términos más generales, para Özal era necesario que, en lugar de que "el pueblo sirviera al Estado, el Estado sirviera al pueblo". No es	Bajo el liderazgo de Recep Tayyip Erdoğan, el estatismo en Turquía ha experimentado una compleja evolución, pasando de la

gran medida del desarrollo económico y tecnológico. El principio del estatismo se interpretó como que el Estado debía regular la actividad económica general del país y participar en áreas donde la empresa privada no estuviera dispuesta a hacerlo, o donde esta hubiera demostrado ser insuficiente, o si el interés nacional lo requería. Sin embargo, al aplicar el principio del estatismo, el Estado emergió no solo como la principal fuente de actividad económica, sino también como el propietario de

casualidad que las tres dimensiones principales del proyecto turco de Özal fueran la introducción y consolidación en ese país de tres libertades cruciales: la libertad de expresión, la libertad de empresa y la libertad de religión y de conciencia. Özal deseaba que Turquía pudiera competir con los países desarrollados en los mercados internacionales, así como transformar el Estado turco para que respondiera a las necesidades, preferencias y sentimientos de su pueblo. Özal se consideraba la única persona

liberalización económica inicial a una fuerte intervención estatal, especialmente después de 2013. A menudo se ha utilizado el poder del Estado para reprimir a la oposición y fortalecer su control sobre la sociedad, lo que algunos analistas han calificado como una forma de autoritarismo electivo.

El estatismo bajo Erdoğan se ha caracterizado por una mayor intervención estatal en la economía y la sociedad, utilizada estratégicamente para consolidar el poder y marginalizar a los opositores, en contraste con el

las principales industrias del país. El estatismo, enfatizaba el papel central del Estado en la dirección de las actividades económicas de la nación. Este concepto se citaba especialmente para justificar la planificación estatal de la economía mixta turca y la inversión a gran escala en empresas estatales. Un objetivo importante de las políticas económicas de Atatürk era impedir que los intereses extranjeros influyeran en la	capaz de llevar a cabo con éxito esta "misión". Özal impulsó una modernización económica que rompió con el proteccionismo del pasado. Al igual que con el republicanismo europeo, su política promovió una mayor apertura al libre mercado, atrayendo inversión extranjera y dinamizando la economía del país. Sin embargo, la liberalización también condujo a una mayor desigualdad, alta inflación y desempleo, lo que generó un clima político	periodo de liberalización económica inicial. (Bechev, 2022).

economía turca. Como resultado de las reformas de Atatürk, la estructura económica de Turquía mejoró por completo. Con la anulación de las capitulaciones, se lograron los fundamentos necesarios para asegurar una economía nacional y liberal. La visión de Atatürk sobre la economía del país se basa en esta frase: "El verdadero dueño del país es el aldeano".	tenso. (Pérez Fernández, 2025).	

Turquía se convirtió en un mercado emergente dinámico, dotado de una red de infraestructura desarrollada y una fuerza laboral competitiva a nivel mundial. Su posición privilegiada en la encrucijada de las rutas comerciales mundiales y su proximidad a las regiones productoras de energía en desarrollo del Caspio y Asia Central son factores que aumentan aún más su potencial.

Historia Contemporánea de las relaciones entre la República de Turquía y Siria.

La dinámica del poder turco durante la última década ha estado marcada por varios cambios sustanciales, tanto en sus políticas internas como en sus relaciones regionales, sin duda todo entorno a su crecimiento e influencia internacional. Alianzas, acuerdos y hasta pugnas regionales han estado presentes durante el ciclo en que el actual gobierno barajea sus piezas en pro del avance.

Vecinos como Siria han sido superados en la carrera por el liderazgo del mundo musulman, la caída del régimen desde 2024 le permitió a Turquía emerger como actor con más influencia en la región. Su permanencia durante el conflicto sirio, con su histórico apoyo a los rebeldes y el control militar sobre zonas del norte del país, dieron un lugar privilegiado a los turcos para lograr influir en el proceso de transición en que la Siria se ha mantenido en 2025. En el Anuario en Relaciones

Internacional 2025, públicado por el Instituto de Relaciones Internacionales se platean tres interesantes temas, dignos de análisis (Domínguez Aumirall & Ott, 2025):

> *"Turquía no respondió únicamente a una lógica defensiva, sino también a una visión más ambiciosa de reconfiguración del orden regional. A medida que la guerra avanzó, articuló una política exterior que combinó tres elementos clave, a saber: 1) el respaldo político, logístico y militar a grupos opositores al gobierno del presidente sirio Bashar al-Assad; 2) el despliegue directo de las fuerzas armadas turcas mediante diversas operaciones militares en territorio sirio; y 3) la instrumentalización del flujo de refugiados como una herramienta de presión diplomática con el objetivo de obtener concesiones económicas y políticas, en especial frente a la UE". (Pág. 2).*

Turquía apoyo a grupos opositores[42] a lo largo del conflicto y fueron los turcos quienes generaron las condiciones para la creación del

---

[42] Turquía proveyó apoyo directo a una constelación de facciones opositoras y milicias islamistas de diversa orientación, desde corrientes moderadas hasta facciones más radicalizadas; entre ellas, el apoyo brindado a HTS resultaría decisivo para la ofensiva final que culminó con la caída de Bashar al-Assad. (Domínguez Aumirall & Ott, 2025).

Consejo Nacional Sirio[43] (CNS), que se convirtió en uno de los focos de resistencia más importantes en la lucha contra el régimen, especialmente en el plano diplomático y mediático. El respaldo de Turquía a la oposición siria osciló entre el apoyo político-diplomático y el militar. En el plano político se incluyeron las diferentes instancias de presión al gobierno sirio, como visitas de alto nivel y sanciones económicas, para forzar a Assad a optar por una apertura democrática. Por otro lado, en el ámbito militar, el gobierno turco, bajo el liderazgo del presidente Recep Tayyip Erdoğan, proporcionó asistencia directa a diversas facciones opositoras. Este apoyo consistió en entrenamiento y suministro de armamento a grupos rebeldes así como en la habilitación de corredores seguros a través de la frontera turco-siria para facilitar el tránsito de combatientes, logística y ayuda humanitaria (Phillips, 2020). Turquía desempeñó un papel central dado que proveyó armamento,

---

[43] En agosto de 2011, Turquía facilitó el establecimiento del Consejo Nacional Sirio (CNS) en Estambul, que pretendía reunir a varias facciones de la oposición siria, pero que estaba claramente dominado por los Hermanos Musulmanes sirios (Balci, 2012).

financiamiento e, incluso, asumió el pago de salarios tanto de milicianos como de personal civil en la región de Idlib, principal bastión opositor. Si bien otros Estados también apoyaron a grupos contrarios al régimen en distintas etapas del conflicto, muchos de estos patrocinadores fueron retirando gradualmente su asistencia en la medida en que el Ejército Árabe Sirio de Assad, con apoyo de Moscú y Teherán, lograba estabilizar el frente y la ansiada caída del régimen parecía alejarse. En este contexto, el rol de Turquía como actor persistente en la guerra adquirió cada vez mayor relevancia. (France-24, 2020). El activismo bélico turco estuvo presente en Siria durante varias ocasiones, veamos el anexo 2 sobre la "Cronología de incursiones militares turcas en Siria". Turquía continua apoyando militarmente pero ahora al nuevo gobierno en Damasco. El ministro de Defensa turco, Yaşar Güler, confirmó que Turquía mantiene más de 20.000 tropas desplegadas en territorio sirio, con funciones que incluyen el entrenamiento, asesoramiento y fortalecimiento de las fuerzas del nuevo régimen (Gumrukcu, 2025). Güler subrayó que la retirada de las tropas turcas estará sujeta a una serie de condiciones, incluyendo la consolidación de la estabilidad interna, la seguridad plena en las fronteras, la eliminación de células terroristas y la existencia de garantías efectivas para un retorno seguro y ordenado de los millones de refugiados sirios actualmente en territorio turco.

Uno de los tantos temas[44] de interes turco en suelo sirio gira entorno a la alineación de políticas de seguridad destinadas a frenar las aspiraciones autonómicas kurdas y asegurar que el nuevo régimen no otorgue a estas milicias ni reconocimiento político ni poder territorial. Un tema que desde el siglo pasado han padecido los turcos y que en ciertas etapas a provocado diversas crisis diplomaticas, veamos un extracto de la publicación realizada por Foundation for Defense of Democracies (FDD, 2025):

---

[44]El retiro progresivo que se prevé por parte de las fuerzas estadounidenses en el noreste de Siria abre un espacio propicio para que Turquía refuerce su influencia en zonas que hasta ahora permanecían bajo control de Washington (Reuters, 2025). Estados Unidos reducirá su presencia militar en el país de ocho bases operativas a una sola, consolidando sus actividades en la gobernación de Hasakah, con un contingente que pasará de aproximadamente 2.000 soldados a menos de 1.000 (Mayadeen, 2025).

"Bajo el mandato del padre de Assad, Hafez al-Assad, en la década de 1990, Siria buscó activamente desestabilizar Turquía; Hafez al-Assad supervisó el acogimiento y entrenamiento de miembros del Partido de los Trabajadores del Kurdistán (PKK), organización separatista kurda que tanto Ankara como Washington han catalogado como organización terrorista y en 1998, Turquía estuvo a punto de invadir Siria por dar refugio al líder del PKK, Abdullah Öcalan, lo que resultó en su expulsión". (Página 1).

Recurriendo a un poco de historia a la llegada al poder de Bashar al-Assad en 2000, las relaciones con Damasco mejoraron cuando el líder turco impulso la política regional de Ankara de "Cero Problemas con los Vecinos", fortaleciendo los lazos políticos y económicos. (Vea el anexo 4 que contiene los principios de esta doctrina turca). En la actualidad, si bien la idea de buena vecindad sigue siendo un objetivo a largo plazo, la política de "Cero Problemas con los Vecinos" ha evolucionado hacia un enfoque más realista que acepta la existencia de problemas y utiliza diversos medios, incluyendo la fuerza, para gestionarlos.

El nuevo presidente se ha comprometido a gobernar de manera inclusiva y tolerante por la importancia de crear un Estado sirio donde ninguna religión ni grupo étnico sea excluido (Reuters, Syria's new rebel leader pledges to form an inclusive government, 2025). Turquía mantiene su posición de ventaja para liderar la reconstrucción de Siria, buscando que la comunidad internacional considere al nuevo régimen moderado y, su alivio inmediato por las sanciones económicas que urgen sean retiradas (Seligman & Ward, 2024).

Los turcos continuan buscando el incremento de su influencia regional y esperan en Siria un régimen que pueda utilizar para posicionar a Turquía como la potencia dominante en el Levante, a pesar de los reveses sufridos por Irán (Aydıntaşbaş, 2025). Los avances en el acuerdo belico prosperan entre Siria y Turquía desde febrero de 2025 que busca establecer el pacto de defensa para instalar las nuevas bases aéreas turcas en el centro de Siria y la insistencia de ser quienes entrenen al nuevo ejército sirio (Helou, 2025). Sin cerrar la agenda Erdogan continuara buscando que Damasco ayude a eliminar a las FDS, insinuando una incursión militar turca a gran escala contra las fuerzas kurdas, lo que reforzaría su imagen de mano dura contra el terrorismo a nivel nacional (FDD, Turkey Pushing for 'Elimination' of Kurdish-Led,

U.S.-Allied Syrian Democratic Forces, 2025). Historicamente Turquía avanzo en Siria poco a poco en forma perceverante y fue conquistando los espacios etapa por etapa como lo pudo describir Kunz Saponaro (Kunz Saponaro, 2025):

• Logro manener la presencia turca desde el comienzo de la guerra civil siria hasta el final.

• Logró afianzarse en territorio sirio mediante intervenciones militares.

• Logró allanar el camino para que un liderazgo sunita derrocara el régimen alauita de Ásad.

• Logro la expansión territorial y religiosa en Siria enmarcada en su marco ideológico neo-otomano.

• Logro por su persistente participación en el derrocamiento del régimen de Ásad durante más de una década le otorguen una posición privilegiada entre los aliados del gobierno interino.

Desde una perspectiva neo-otomana, ayudar establecer en un país vecino el mando sunita puede ser interpretado como una victoria, ya que refuerza la afirmación turca de representar su liderazgo, especialmente en Oriente Medio. Un dato interesante para tener claro que posición ocupa Turquía en la dinamica de poder mundial es el puesto 8 que ocupa de las potencias militares del mundo, según el índice Global Fire Power de 2025, de una medición de 145 países. (Vea en anexo 5 de cuadros comparativos del indice global 2025). Este puesto y fortaleza cuenta con la disyuntiva de no poder realizar alianzas abiertas con algunos países, que podrian fortalecer algunas areas como la modernización de su Fuerza Aérea, es el caso de la anterior relación con los rusos.[45]

La migración siria y sus refugiados.

En lo que respecta al flujo de refugiados, Turquía fue el principal país receptor de

---

[45] Estados Unidos suspendió en 2019 el programa de entrenamiento de pilotos turcos para volar el el F-35 Lightning II, un día después de que anunciara la suspensión de todos los envíos a Turquía vinculados a los avanzados aviones de caza estadounidenses después de que Ankara adquiriera los sistemas antimisiles rusos S-400; Washington temió que mediante esa colaboración Moscú adquiriera información sensible sobre la aeronave (INFOBAE, 2019).

desplazados sirios, albergando aproximadamente a 4 millones de personas desde el inicio del conflicto y la cantidad de individuos forzados a abandonar Siria creció de manera sostenida a medida que la guerra se intensificaba y alcanzó su punto máximo en 2015. Este es otro de los temas de interes turco; estabilización de Siria[46] para el retorno *de los* refugiados especialmente ante el desgaste político y financiero que significa el prolongado alojamiento de millones de desplazados.

Todos estos apoyos turcos y las negociaciones en curso para establecer bases permanentes y compartir el espacio aéreo sirio se inscriben en su objetivo de institucionalizar una presencia que, había operado bajo la lógica de la intervención preventiva. De este modo, Ankara busca pasar de una lógica de contención a una de tutela activa del proceso de reconstrucción siria, blindando su frontera sur, proyectando

---

[46] la creación de zonas bajo influencia turca en el norte de Siria, dotadas de viviendas, hospitales y escuelas financiadas por Ankara, responde no solo a una lógica humanitaria o de reconstrucción, sino también al objetivo político de relocalizar población refugiada en áreas controladas por Turquía y alterar así el equilibrio demográfico en regiones tradicionalmente kurdas (GAPS, 2024).

poder y consolidando zonas de influencia estables frente a la retirada de potencias externas como Estados Unidos (Fraser & Wilks, Where Turkey stands as Syrian government falls to opposition insurgents, 2024).

La tutela turca de haber recibido la mayor cantidad de sirios desde el inicio de la crisis convirtio al país en el primer destino para los refugiados que le otorgaron de forma natural una carga geopolítica creciente como lo informa el ministerio de interior turco, veamos los siguientes gráficos para tener un referente más claro (PMM, 2025):

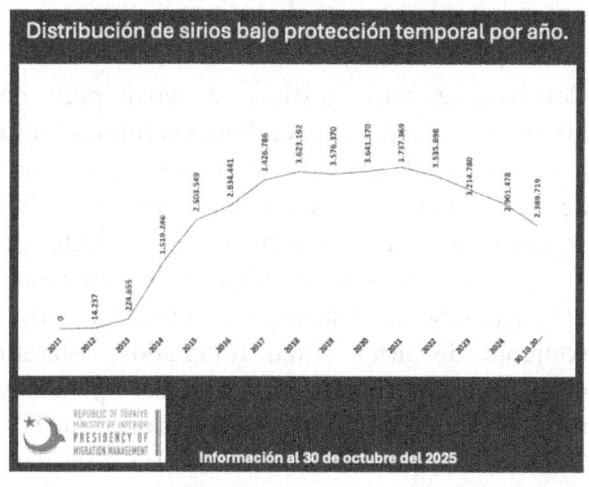

Información al 30 de octubre del 2025

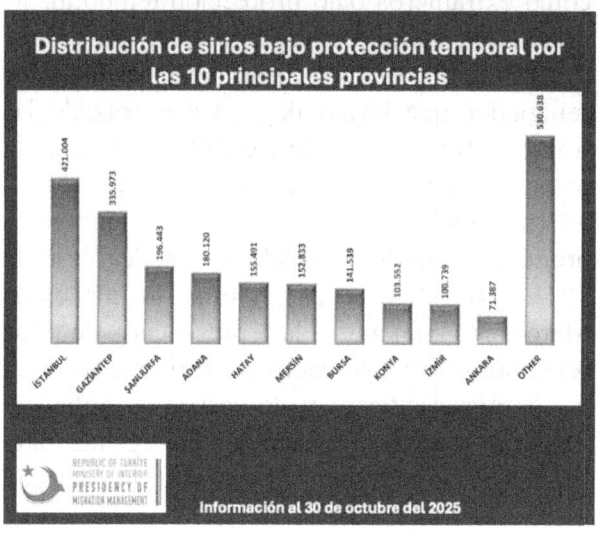

Información al 30 de octubre del 2025

Con base en estos gráficos la mayor parte de los sirios viven en zonas urbanas o rurales junto a los turcos y la ciudad con la mayor población de refugiados, es Estambul con 421,000, seguido de varias ciudades del sudeste de Turquía. Por último, es importante mencionar que actualmente Turquía no considera a este conjunto de sirios como refugiados, estatuto otorgado únicamente a aquellas personas provenientes de algún país europeo (FRS, 2025), sino que desde 2014 se les considera como extranjeros bajo protección temporal. Se trata de un estatuto concedido a los ciudadanos de la República Árabe Siria, los apátridas y los refugiados que hayan llegado a o cruzado las fronteras turcas desde la República Árabe Siria para solicitar protección temporal e internacional por los acontecimientos producidos en Siria desde el 28 de abril de 2011 (NLB/NA, 2024). Como lo menciona Mercedes Sánchez la presencia de los refugiados sirios impactó de forma directa en las políticas exterior y doméstica y, obligó al gobierno a generar estrategias emergentes para la integración de los refugiados en la sociedad turca[47], así como su posible regreso a Siria (Sánchez Millán, 2024).

Tras el 8 de diciembre, 550.000 sirios iniciaron su retorno de Turquía en forma voluntaria y estimulados por el programa turco denominado "Encuentro de la Organización con Lealtad, Amor y Orgullo", programa generado en el marco del Comité Permanente de Cooperación Económica y Comercial (COMCEC) de la Organización de Cooperación Islámica (OCI). Dicho programa, desde marco oficial del gobierno turco buscó contribuir a fortalecer las capacidades humanas e institucionales, brindando apoyo a Siria en proyectos de capacitación, intercambio de expertos, análisis de necesidades y estudios de viabilidad. La repatriación como un esquema turco de solución a la migración de sirios a Turquía durante más de una decada, fue capitalizada de

---

[47] Para la inclusión social una de las mayores barreras que se presentan es el desconocimiento del turco, pues complica la creación de redes de contactos con ciudadanos turcos, útiles para la obtención de información sobre el acceso y funcionamiento de los servicios sociales, conocer las normas socioculturales no escritas, conseguir trabajo (Simsek, 2020). Consecuentemente, tan solo un 15 % de los sirios bajo protección temporal habla turco (UNHCR, 2024).

manera oficial y como una ruta de fortalecimiento turco, en la busqueda permanente de su presencia en el país sirio. En afirmaciones del presidente Erdogan se enfatizó que Turquía continuaría apoyando al pueblo sirio en áreas que abarcan desde el transporte hasta la educación, la seguridad, el comercio, la salud y los servicios sociales (Ergöçün, 2025):

> *"El apoyo de nuestra organización y del mundo islámico es de suma importancia para garantizar la unidad política y la integridad territorial del país, así como la prosperidad duradera de nuestros hermanos y hermanas sirios; la integración de Siria con las economías regionales traerá beneficios tangibles tanto para Siria como para nuestra región"*[48]. *(Página 2).*

---

[48] Parte del discurso pronunciado por el presidente Recep Tayyip Erdogan durante la 41 Reunión Ministerial del COMCEC, celebrada en Estambul, donde Erdogan afirmó que el apoyo del mundo islámico era fundamental para garantizar la unidad política y la integridad territorial de Siria (Ergöçün, 2025).

Relaciones entre la República de Turquía e Israel.

La historia de las relaciones entre Israel y la República de Turquía han estado marcadas por un interes en común: lograr la mayor influencia regional posible, con aspiraciones a convertirse en el gran hegemón. El deterioro de sus relaciones a partir del conflicto del Mavi Marmara en mayo de 2010 y posteriormente la temática Siria, han mantenido un nivel de rivalidad sin retorno a la armonia (Bradenburg, 2025). A este estado de ánimo viene a sumarse la victoria del grupo HTS en Siria que otorgo a Turquía una influencia sin precedentes sobre Damasco, inclinando más la balanza en la región. Esta emergencia de Turquía plantea un mayor desafío para Israel que el que representó Irán durante el antiguo regímen. A diferencia de Teherán, Ankara no es un Estado marginado en la escena internacional, sino un actor preponderante dentro del dispositivo de seguridad de la OTAN y una potencia diplomática de peso con influencia en Europa, Medio Oriente, el Cáucaso, África y Asia Central. Turquía cuenta, además, con el segundo ejército más numeroso de la Alianza Atlántica y ha demostrado su voluntad para proyectar poder sobre territorio sirio en múltiples ocasiones. Al mismo tiempo, el debilitamiento de la flota rusa del Mar Negro debido al desgaste de la Guerra de Ucrania ha abierto una ventana de oportunidad para que la armada turca se consolide como la principal fuerza naval del Mediterráneo Oriental. La fuerza aérea, por su parte, es una de las más importantes de la región y podría aumentar sustancialmente su capacidad operativa si finalmente Estados Unidos levanta el bloqueo a la venta de cazas F-35, impuesto en 2019 tras la adquisición de sistemas antiaéreos rusos S-400 por parte de Ankara (Domínguez Aumirall & Ott, 2025).

La dinamica de reajustes regionales a sido eminente y en los últimos meses, se registraron cambios radicales: en abril, fuentes de inteligencia occidentales advirtieron al Jerusalem Post que Turquía tendría la intención de proporcionar sistemas de defensa aérea a Siria (Stein, 2025); East Eye indicó que parte de esa asistencia incluiría el despliegue de personal militar turco en la base aérea T4, como se mencionó en anteriores apartados (Soylu, 2025); Ankara buscaría reacondicionar las instalaciones para afianzar su control aéreo en la región mediante la instalación de sistemas antiaéreos Hisar, drones y otros activos. Pocos días después de que estas informaciones se hicieran públicas, la aviación israelí bombardeó dicha base (DW, 2025); la conclusión inicial indica que Israel se ubica de manera formal frente a Turquía para tratar de frenar más su avance en Siria, que terminaría cuestionando su superioridad aérea y terminando con su libertad operativa dentro del terrotorio sirio.

La percepción turca es que Israel pretende mantener a Siria como un Estado débil y fragmentado, contraviniendo sus intereses de avanzar su influencia geopolítica. La otra cuestión de interes turco es el respaldo israelí al fortalecimiento del pueblo kurdo considerados como "aliados naturales" tanto en el plano político como en el ámbito de la seguridad (Infobae, 2025). No debe pasarse por alto que los intereses de Turquía e Israel no son completamente antagónicos, ambos Estados comparten el objetivo estratégico de mantener a Irán y sus proxys fuera del tablero sirio. En este delicado equilibrio, el grado de coordinación, contención y pragmatismo que ambas potencias regionales logren alcanzar en Siria será determinante para definir el curso de su relación en los años por venir (Domínguez Aumirall & Ott, 2025)

Anexos

Anexo I
(Sansal, 2025)

Cronología de las reformas de Atatürk		
Fecha	Reforma	Descripción
1922	Abolición del Sultanato	· El sultán otomano era el gobernante absoluto del territorio. Era el jefe de Estado y de Gobierno, y su palabra era ley. Era el líder político, militar, judicial, social y religioso. · Durante los primeros años del Imperio Otomano, el sultanato se heredaba de padre a hijo. En el siglo XV, tras la lucha por el trono entre los hijos de Yildirim Bayezit, el sultán Fatih Mehmet promulgó un decreto

		(Ferman) que llevaba su nombre, el cual estipulaba el asesinato de los demás hermanos una vez que el primogénito ascendía al trono. · Esta práctica, conocida como la "supervivencia del más apto", se mantuvo vigente durante aproximadamente 250 años. Hubo un total de 36 sultanes que gobernaron entre 1299 y 1922. · El primero fue Osman Gazi (1299'1324) y el último fue Mehmed Vahdettin VI. En 1922 en quien se abolió el sultanato, el último y su familia fueron exiliados a

		Europa. A los descendientes del sultán se les prohibió la entrada a Turquía durante aproximadamente 50 años, hasta que en 1974 la Gran Asamblea Nacional Turca les concedió el derecho a obtener la ciudadanía turca si la solicitaban.

Cronología de las reformas de Atatürk		
Fecha	Reforma	Descripción
		· Tratado de Lausana Este tratado se firmó el 24 de julio de 1923. Turquía recuperó la plena soberanía sobre todo su territorio y se abolieron las

1923	Proclamación de la República de Turquía (con capital en Ankara) meses después de la firma del Tratado de Lausana	zonas de influencia extranjeras y las capitulaciones. Turquía renunció a todas sus reivindicaciones sobre antiguos territorios turcos fuera de sus nuevas fronteras y se comprometió a garantizar los derechos de sus minorías. Un acuerdo separado entre Grecia y Turquía preveía el intercambio obligatorio de minorías. · Características de la nacionalidad: Sustantivo: Turco (s) Adjetivo: Turco Divisiones étnicas: Turco 80%, Kurdo 20% Religiones:

		Musulmán 99% (principalmente suní), otras 1% (cristiano y judío) Idioma oficial: Turco. · Ankara La ciudad, que en su día fue un importante centro comercial en la ruta de caravanas hacia el este, había perdido relevancia en el siglo XIX. Volvió a cobrar importancia cuando Kemal Atatürk la eligió como base para dirigir la Guerra de Liberación. En consecuencia, por su papel en la guerra y su posición estratégica, fue

		declarada capital de la nueva República Turca el 13 de octubre de 1923. · Ankara es generalmente una ciudad formal debido a que el parlamento y los jefes de estado residen ahí.

Cronología de las reformas de Atatürk		
Fecha	Reforma	Descripción
		· El califa era la persona que actuaba en lugar de Mahoma tras su muerte, es decir, el líder del islam para la rama sunita. · Si bien el término califa puede

		traducirse como "sucesor" o "vicerregente", rara vez se utiliza para otra cosa que no sea el líder de toda la comunidad musulmana.
1924	Abolición del Califato, Se cerraron las escuelas religiosas tradicionales, se abolió la Sharia (ley islámica). Constitución adoptada (20 de abril).	· La línea califal residió de forma estable en Damasco desde 661 hasta 750, y en Bagdad y Samarra hasta 1258. Después de 1258 y hasta 1924. Existen cuatro períodos del Califato del Islam: Los Rashidun (632-661), es el nombre que se utiliza para los cuatro primeros califas, desde 632 hasta 661, e indica que fueron líderes

| | | justos y admirables de la comunidad musulmana; los Ommawiyas (661-750), que obtuvieron el poder mediante acciones militares, un hecho que influyó notablemente en su legitimidad religiosa durante los noventa años que lo ostentaron; Los abasíes (750-1258) que eran mayoritariamente chiitas (las divisiones actuales no estaban tan definidas en aquellos primeros tiempos), y la derrota de los omeyas estuvo fuertemente motivada por la pretensión de Alí al liderazgo del mundo musulmán; |

		el período posterior a 1258, cuando al-Musta'sim fue asesinado en 1258 por los mongoles, no dejó heredero. Sin embargo, su tío fue instalado como califa en El Cairo en 1261.

Cronología de las reformas de Atatürk		
Fecha	Reforma	Descripción
		· Los derviches eran conocidos en Occidente como derviches giróvagos, los miembros de la Orden Mevlevi (llamada así por su fundador Mevlana) de Konya vivían en

1925	Abolición de las cofradías derviches. El fez fue prohibido por la Ley del Sombrero (25 de noviembre). Se desaconsejó el uso del velo para las mujeres y se fomentó la vestimenta occidental para hombres y mujeres. Se adoptó el calendario occidental (gregoriano) en lugar del calendario islámico.	lo que hoy llamaríamos monasterios o conventos; para ellos, un Mevlevihane. La secta mevleví pertenece a la corriente principal suní u ortodoxa del islam. Su doctrina nunca desarrolló una estrategia revolucionaria y, aunque ocasionalmente fue criticada por sus ideas heréticas, siempre gozó del respeto de las autoridades. · Dado que el islam prohibía a las mujeres aparecer sin velo ante hombres que no fueran sus maridos o parientes cercanos, su

			vestimenta exterior estaba sujeta a estrictas normas. Durante el periodo selyúcida de Anatolia, las mujeres se cubrían la cabeza, pero no llevaban velo, como se desprende de las fuentes visuales de la época.
			· El calendario islámico también se conoce como calendario musulmán, lo utilizan para determinar el día adecuado para celebrar las festividades islámicas y las fechas religiosas importantes. Por

	ejemplo, en 2023, la festividad de Ramadán (Eid al-Fitr) comenzó el 21 de abril; en 2024, el 10 de abril; en 2025, el 30 de marzo; en 2026, el 20 de marzo; en 2027, el 9 de marzo, y así sucesivamente. En Turquía se utiliza el calendario juliano, que se implementó en 1925 durante las reformas de Atatürk.

Cronología de las reformas de Atatürk		
Fecha	Reforma	Descripción
		· La poligamia fue prohibida oficialmente en Turquía en 1926 con la adopción del Código Civil, que establecieron el

1926	Adopción de nuevos códigos civiles, comerciales y penales basados en modelos europeos. El nuevo código civil puso fin a la poligamia islámica y al divorcio por renuncia, e introdujo el matrimonio civil. Se abolió el sistema de millet.	matrimonio monógamo como la única forma legal de matrimonio en el país. A pesar de la ley, algunas uniones poligámicas por vía religiosa (no legal) continúan existiendo en la práctica en ciertas regiones, aunque son ilegales desde el punto de vista del derecho civil. (Charf, 2025). · En 1926, Turquía votó un código civil que eludía la ley coránica, otorgaba a las mujeres los mismos derechos que a los hombres en materia de

		divorcio, herencia y autoridad parental, prohibía la poligamia y permitía el divorcio.

· El nuevo código se vio afianzado por la afirmación del derecho de la mujer a la educación, el empleo y el voto.

· No ha puesto fin a todas las formas de discriminación, como las relativas al derecho sucesorio, la poligamia o la prohibición del matrimonio entre una musulmana y un no musulmán. Estas reformas se consideran audaces, al anular textos que nunca |

		han podido reformarse, a raíz de su sacralización por parte de los conservadores, que creen firmemente que el derecho musulmán es la propia palabra de Dios. Esta paradoja demuestra que la resistencia al cambio no es solo consecuencia de la fe, sino también del grado de desarrollo de la sociedad.

Cronología de las reformas de Atatürk		
Fecha	Reforma	Descripción
1927	Primer censo sistemático	· Tras este hito, se estableció una periodicidad para realizar censos, lo que permitió a las autoridades contar

			con datos demográficos fiables para el desarrollo de políticas públicas. Los resultados arrojaron un total de 13,649,945 habitantes. Abarcó 63 provincias (vilâyet), 328 distritos (kazâ) y 39,901 aldeas.
			· La historia registra pocos casos de gobiernos que hayan alterado la lengua de su pueblo de forma tan drástica e impuesto esa lengua con tanta fuerza (y, en definitiva, con tanto éxito) como en el caso turco. Atatürk consideraba la reforma lingüística un elemento esencial para la creación de

1928	Se adopta el nuevo alfabeto turco (forma latina modificada). El Estado se declara laico (10 de abril); se elimina la disposición constitucional que establecía el islam como religión oficial.	una nueva Turquía y de nuevos turcos modernizados, y veía el turco revisado como una de las vías para forjar una nueva identidad nacional. · Esta Constitución, que afirma la existencia eterna de la Patria y la Nación Turcas y la unidad indivisible del Sublime Estado Turco, está en consonancia con el concepto de nacionalismo introducido por el fundador de la República de Turquía, Atatürk, el líder inmortal y el héroe sin parangón, y sus reformas y principios.

		· La supremacía absoluta de la voluntad de la nación, el hecho de que la soberanía reside plena e incondicionalmente en la Nación Turca y que ningún individuo.

Cronología de las reformas de Atatürk		
Fecha	Reforma	Descripción
		Esta política, que formó parte de las reformas nacionalistas y secularizadoras del régimen, se implementó en 1932, y la prohibición oficial entró en vigor en

1933	El llamamiento islámico a la adoración y las lecturas públicas del Corán debían realizarse en turco en lugar de en árabe.	1933, bajo el siguiente contexto de las reformas (Azak, 2008): · Secularización y nacionalismo: La prohibición de la llamada a la oración en árabe se enmarcó en un proyecto más amplio del Estado kemalista, que buscaba crear una identidad nacional turca moderna y secular, rompiendo con el pasado otomano y árabe. · Turquificación de la religión: La política buscaba un islam que fuera más vernáculo y adaptado a la lengua y cultura

| | | turcas. La idea era que los fieles entendieran lo que se decía en las mezquitas, al igual que Martín Lutero tradujo la Biblia al alemán en la cristiandad.

· Regulación estatal: La Dirección de Asuntos Religiosos (Diyanet), creada por Atatürk, controló la implementación de estas normas. Las autoridades legales tomaron medidas enérgicas contra quienes no las acataban a partir de 1933.

· Respuesta y reversión: La medida generó una considerable

| | | oposición popular, y la prohibición del adhan en árabe se mantuvo hasta que fue revocada por el gobierno en 1950. |

| Cronología de las reformas de Atatürk |||
Fecha	Reforma	Descripción
		· El derecho de las mujeres a votar y postularse en las elecciones municipales fue reconocido el 3 de abril de 1930 con la adopción del Código Municipal.

1934	Las mujeres obtuvieron el derecho al voto y a ocupar cargos públicos. Se aprobó la Ley de Apellidos: Mustafa Kemal recibió el nombre de Kemal Atatürk (Padre de los Turcos) por parte de la Gran Asamblea Nacional ; Ismet Pasha adoptó el apellido Inönü.	· Las mujeres ejercieron sus derechos políticos por primera vez en las elecciones municipales de 1930. Las elecciones se llevaron a cabo desde principios de septiembre hasta el 20 de octubre. Gül Esin, quien ganó las elecciones con aproximadamente 500 votos en la aldea de Demirdere (actualmente distrito de Karpuzlu) en el distrito de Çine de la provincia de Aydın, fue la primera mujer muhtar de la República de Turquía.

		Contexto histórico
1935	El domingo fue adoptado como día festivo semanal oficial. El papel del Estado en la gestión de la economía quedó consagrado en la Constitución.	Antes de 1935: El viernes era el día de descanso semanal en el Imperio Otomano y en la primera fase de la República Turca. Reforma secular: El cambio fue parte de una serie de reformas seculares de Atatürk para modernizar y occidentalizar Turquía. El objetivo era una mayor integración económica con Europa. Legislación: El 27 de mayo de 1935, la Ley de Feriados Nacionales y Festivos Generales ratificó el sábado por la tarde y el

Anexo 2
Cronología de incursiones militares turcas en Siria
(Rulac, 2025)

Fecha	Suceso	Descripción
		domingo como días de descanso.
Agosto de 2016	Operación Escudo del Éufrates	· Fue una operación militar liderada por Turquía y el Ejército Libre Sirio apoyado por Turquía (TFSA) contra el Estado Islámico, llevada a cabo entre el 24 de agosto de 2016 y el 29 de marzo de 2017. Se trató de la primera intervención militar directa de Turquía en territorio sirio durante la guerra civil siria. La ofensiva fue bautizada como "Escudo del Éufrates" por las Fuerzas Armadas de

		Turquía, las cuales con sus aliados sirios lograron tomar la ciudad de Jarabulus 12 horas después de iniciada la operación. (Triana, 2016). · Luego de alcanzar sus objetivos iniciales con rapidez y facilidad, la toma de Jarabulus y las aldeas colindantes, la operación se estancaría en torno a la ciudad de al-Bab, esta población, nudo estratégico de comunicaciones, constituía el punto principal de la defensa del ISIS en la región del norte de Alepo. La batalla por el control de la localidad se

			dilataría durante tres meses y medio (6 de noviembre de 2016 – 23 de febrero de 2017). Tras su pérdida, el ISIS se retiró sin prácticamente ofrecer resistencia del resto de la gobernación de Alepo. (Karadeniz & McDowall, 2017). · El gobierno de Bashar al-Assad se pronunció en contra de la intervención turca, a la que calificó como una «violación a la soberanía siria» (EFE, 2016).

Cronología de incursiones militares turcas en Siria
(Rulac, 2025)

Fecha	Suceso	Descripción
2018	Operación Ramo de Olivo	· Fue una campaña militar que inició oficialmente el 20 de enero de 2018 al noroeste de la gobernación de Alepo, específicamente en el distrito de Afrin, impulsado por la República de Turquía con el propósito de expulsar a los kurdos del norte de Siria y directamente eliminar a la Administración Autónoma del Norte y Este de Siria, todo esto forma en conjunto una fase superior del frente kurdo, los constantes conflictos entre rebeldes, la

		progresiva ruptura de la oposición unida y un incremento de la intervención militar turca en la guerra civil siria. (DS, 2018). · El gobierno de la República Árabe Siria, tachó la operación de «agresión militar a un país soberano», mientras que Rusia acusó a Estados Unidos de ser el principal culpable del desarrollo de la campaña por incitar el «separatismo kurdo» en la región del Kurdistán occidental. · Los principales grupos que se encontraron

		involucrados en el desarrollo de la operación bélica fueron por el lado kurdo las Unidades de Protección Popular, las Fuerzas Democráticas Sirias, las Unidades Femeninas de Protección (todos formados en Siria) y el Partido de los Trabajadores de Kurdistán (original de Turquía), y por el lado turco estuvieron las mismas Fuerzas Armadas de Turquía, la organización opositora de la Coalición Nacional para las Fuerzas de la Oposición y la Revolución Siria. (Mourenza, 2018).

Cronología de incursiones militares turcas en Siria
(Rulac, 2025)

Fecha	Suceso	Descripción
2019	Operación Fuente de Paz	· Fue un conflicto armado que se desarrolló en la frontera turco-siria entre las Fuerzas Armadas de Turquía (TKS) y el Ejército Nacional Sirio (SNA) contra las Fuerzas Democráticas Sirias (SDF) y más tarde el Ejército Árabe Sirio (SAA) en el norte de Siria. (Fraser, 2019). · El 6 de octubre de 2019, la administración del presidente Donald Trump ordenó a las tropas

		estadounidenses que se retiraran del norte de Siria, donde Estados Unidos había estado apoyando a sus aliados kurdos. (Marcus, 2019). · La operación militar comenzó el 9 de octubre de 2019 cuando la Fuerza Aérea Turca lanzó ataques aéreos en ciudades fronterizas. (McKernan, Borger, & Sabbagh, 2019). · El conflicto provocó el desplazamiento de más de 300.000 personas y provocó la muerte de más de 70 civiles en Siria y 20 civiles en Turquía. (Reutersa

			& Haaretz., 2019). · Según el presidente turco, Recep Tayyip Erdoğan, la operación tenía como objetivo expulsar a las SDF, designada como organización terrorista por Turquía «debido a sus vínculos con el Partido de los Trabajadores del Kurdistán (PKK)», pero considerada un aliado contra el Estado Islámico (ISIS) por la Fuerza de Operación Conjunta Combinada Operación Resolución Inherente desde la región fronteriza. (NA, 2019).

Cronología de incursiones militares turcas en Siria
(Rulac, 2025)

Fecha	Suceso	Descripción
2021-2022	Continuación de operaciones y ataques aéreos	Turquía bombardeo el norte de Siria e Irak en respuesta al atentado de Estambul. El Observatorio Sirio de Derechos Humanos afirmo que 31 personas habían muerto, incluidos combatientes de grupos kurdos, del Ejército sirio y civiles. (Maurenza, 2022). Turquía y el norte de Siria continuaron con su intercambio de

| | | ataques. Algo que hizo sonar las alarmas en Turquía, que prometió una "enérgica respuesta" y estuvo considerando mandar una operación terrestre al norte de Siria (Santana, 2022). El 26 de noviembre de 2022, Mazloum Abdi, de las Fuerzas Democráticas Sirias, declaró que habían suspendido las operaciones contra el grupo Estado Islámico debido a los ataques turcos en el norte de Siria. También acusó a los ataques turcos |

		de causar graves daños a la infraestructura de la región. Dos cohetes impactaron además contra bases de las fuerzas de la coalición liderada por Estados Unidos en la ciudad de Ash Shaddadi, al noreste de Siria. (TAP, 2022). Según el Observatorio Sirio de Derechos Humanos, en 2022, las fuerzas turcas asesinaron a 138 combatientes kurdos y de las FDS, 26 soldados sirios y 74 civiles, entre ellos 16

		niños. (Sáez, 2022).

Cronología de incursiones militares turcas en Siria
(Rulac, 2025)

Fecha	Suceso	Descripción
2024	Ofensiva de Rojava	Tras la caída del régimen de Assad, Turquía y las fuerzas del Ejército Nacional Sirio (ENS), respaldadas por Turquía, continuaron su ofensiva en el norte de Siria contra las Fuerzas Democráticas Sirias (FDS), apoyadas por Estados Unidos. (Kajjo, 2024). El 9 de diciembre, las fuerzas del ENS capturaron la ciudad de Manbij.

			La ofensiva de Kobani se lanzó con el objetivo de capturar la ciudad de Kobani, de mayoría kurda. (Toksabay & Spicer, 2024).
			Inestabilidad en Siria: La caída del régimen de Assad ha aumentado la inestabilidad y ha provocado la intervención de Turquía en las operaciones militares, que se han convertido en un actor principal en el conflicto sirio. Conflictos en el norte de Siria: Turquía está

2025	Turquía y Siria se encuentran en un contexto de alta tensión debido a la reciente caída del régimen de Bashar al-Ásad en Siria y la continua influencia de Turquía en la región. (Ünveren, 2024).	combatiendo a los grupos kurdos en el norte de Siria, con el objetivo de evitar la expansión territorial de las fuerzas kurdas, que se consideran una amenaza a la seguridad nacional turca. Presión sobre los refugiados: Turquía alberga a más de tres millones de refugiados sirios. Existe una creciente presión para que estos refugiados regresen a su país de origen, aunque las condiciones en Siria siguen siendo precarias y el retorno es incierto.

Anexo 3
Cronología de la Guerra de los Seis Días

Guerra de los Seis Días o guerra de 1967, fue un conflicto bélico que enfrentó a Israel con una coalición árabe formada por la República Árabe Unida (Egipto), Siria, Jordania e Irak entre el 5 y el 10 de junio de 1967.

Antecedentes	
Primero	En 1947, la ONU estableció un plan para la división del Mandato Británico de Palestina en dos estados, uno judío y otro árabe, de forma que Jerusalén y Belén quedaban bajo control internacional (Fandom, 2025).
Segundo	Los países árabes y los jerarcas de la comunidad árabe palestina rechazaron el plan y atacaron al recién creado Estado de Israel el mismo día de su proclamación, lo que dio

	lugar a la guerra árabe-israelí de 1948, que acabó con la victoria de los israelíes, su independencia definitiva y la ampliación del territorio de Israel (DS, La guerra árabe-israelí de 1948, 2025).
Tercero	A cambio de retirar sus ejércitos del Sinaí, Israel obtuvo indirectamente de Egipto el compromiso de detener sus envíos de armamento a las guerrillas que luchaban contra Israel.
Cuarto	Como resultado, las relaciones entre Egipto e Israel se tranquilizaron por un tiempo. Además, un cuerpo especial de la ONU, conocido como UNEF por sus siglas en inglés, fue desplegado en la península del Sinaí para interponerse entre israelíes y egipcios (ONU, Establecimiento de UNEF, 2025).
	Hostilidades militares estallaron en medio de malas

Quinto	relaciones entre Israel y sus vecinos árabes, que habían estado cuestionando los Acuerdos de Armisticio de 1949 firmados al final de la primera guerra árabe-israelí (ONU, 1949).
Sexto	El rechazo de los países árabes a la existencia de Israel produjo una situación de continuas hostilidades en tres fronteras: en el Norte, desde los Altos del Golán, Siria bombardeaba comunidades judías en el valle debajo de manera regular; tanto en el Sur, en la Franja de Gaza controlada por Egipto, como al Este, en Cisjordania (Gelvin, 2014).

Cronología de la Guerra de los Seis Días

Dia	Desarrollo
	• En la mañana del 5 de junio de 1967 Israel condujo un ataque aéreo preventivo contra Egipto, iniciando lo que iba a

1.er día: Operación Foco	ser conocido como la Guerra de los Seis Días; Operación Moked (Foco), el ataque aéreo inicial de la Fuerza Aérea Israelí (FAI), fue diseñada para destruir a la Fuerza Aérea Egipcia en tierra y establecer supremacía aérea; Jordania, Siria e Irak atacan a Israel en respuesta al ataque israelí contra Egipto; las fuerzas terrestres israelíes comienzan a avanzar hacia la península del Sinaí y la Franja de Gaza (Cappello, 2017).
2.º día: Captura de Umm Qatif y Gaza, cerco de Jerusalén	6 de junio. • Umm Qatif: Esta fue una batalla significativa en la campaña del Sinaí donde las divisiones israelíes, incluyendo las de los generales Ariel Sharon y Avraham Yoffe, conquistaron Umm Qatif el 6 de junio; la victoria aquí fue crucial para romper las líneas de defensa egipcias y permitir el avance israelí hacia el resto de la península del Sinaí.

	• Gaza: El mismo día, el ejército israelí también ocupó la Franja de Gaza, que en ese momento estaba bajo control egipcio (AP, 2025). • Jerusalén: Los combates por Jerusalén comenzaron poco después del inicio de la guerra, con intensos enfrentamientos en torno a la ciudad.
3.er día: Captura de Jerusalén	• El 7 de junio de 1967, tras duros combates, los paracaidistas israelíes capturaron la Ciudad Vieja, poniendo fin al cerco y logrando el control exclusivo de toda Jerusalén (NU, 2025). • Este evento es conmemorado por Israel como el Día de Jerusalén (Yom Yerushalaim), que celebra la "liberación" y reunificación de la capital eterna del Estado de Israel, aunque la fecha real del

	calendario hebreo varía cada año (Jerozolimski, 2024). • La captura del Monte del Templo y el Muro Occidental fue un momento clave y de gran carga simbólica en el conflicto. • Este hecho marcó un cambio significativo en el panorama geopolítico de Oriente Medio, cuyas consecuencias perduran hasta hoy (TIBT, 2022).

Cronología de la Guerra de los Seis Días

Dia	Desarrollo
	• El 8 de junio de 1967 el ataque israelí al buque de inteligencia estadounidense USS Liberty y la aceptación por parte de Egipto y Jordania de un alto el fuego propuesto por la ONU. • Israel se disculpó posteriormente, alegando que

4.º día: Ataque contra el Liberty, propuesta de tregua	había confundido el USS Liberty con un barco egipcio debido al caos de la guerra e Israel pagó una indemnización a Estados Unidos por el incidente. • El ataque generó una crisis diplomática entre Estados Unidos e Israel, aunque el gobierno de EE. UU. Finalmente aceptó la explicación oficial de Israel del "error accidental" (Tabor, 2025). • Egipto y Jordania acordaron un alto el fuego negociado por las Naciones Unidas.
5.º día: Altos del Golán	9 de junio. • A pesar de la tregua acordada con estos países, los combates continuaron en otros frentes y Siria no aceptaría el alto al fuego hasta el día 9 de junio, y los combates cesarían por completo el 11 de junio, dando

	fin a la guerra (LN, 2025). • En el campo de batalla, las fuerzas israelíes consolidaron su control sobre la península del Sinaí, tras la completa desintegración del ejército egipcio, y continuaron las operaciones en otros frentes (Gil, 2021).
6.º día: Termino	• Ante la retirada de las tropas sirias, las divisiones israelíes pudieron avanzar en todo el frente y llegaron a ocupar la importante ciudad de Quneitra, y con el camino expedito hacia Damasco. Sin embargo, ante la inmensa presión diplomática, Israel aceptó un alto al fuego sugerido por el Consejo de Seguridad, con lo que terminó así la guerra. • Las divisiones israelíes ocupan la importante ciudad de Quneitra en los Altos del Golán. • Como resultado de la guerra,

| | Israel ocupó la península del Sinaí, la Franja de Gaza, Cisjordania (incluido Jerusalén Este) y los Altos del Golán (NU, 2025). |

Anexo 4

La política regional turca denominada 'Cero Problemas con los Vecinos".

La política regional de Ankara de «Cero Problemas con los Vecinos» fue una doctrina de política exterior impulsada por el entonces Ministro de Asuntos Exteriores y más tarde Primer Ministro, Ahmet Davutoğlu, a principios de la década de 2000 y 2010 (Sanz, 2009).
En las etapas iniciales de su ascenso al poder, marcadas por su alianza táctica con grupos liberales de la sociedad turca, el AKP impulsó una política denominada "Cero Problemas con los Vecinos"; Turquía transitaría de una mentalidad hobbesiana a una kantiana en la formulación de su política exterior, de un enfoque centrado en la seguridad a uno orientado a la resolución de problemas, y del poder duro al

poder blando; respaldado por los liberales a nivel nacional y por Estados Unidos y la Unión Europea a nivel internacional, este discurso liberal adoptado por los islamistas en política exterior representó un cambio significativo en la política exterior turca (Uzgel, 2020).

Principio de la doctrina	Descripción
Prioridad a la diplomacia y el soft power	Buscaba resolver conflictos existentes y fomentar la cooperación mediante el diálogo, la mediación y los lazos económicos y culturales (Mourenza, Davutoglu, el Kissinger turco., 2014). • Solución pacífica de controversias: Resolver disputas existentes con países vecinos mediante el diálogo y la mediación para crear escenarios de beneficio mutuo.

	• Diplomacia proactiva y preventiva de paz: Participar activamente en la resolución de conflictos regionales. • Política exterior multidimensional: Equilibrar las relaciones con Occidente y Oriente Medio, así como con otras regiones adyacentes. • Énfasis en el soft power: Utilizar la influencia cultural, económica y diplomática en lugar de la coerción militar.

Principio de la doctrina	Descripción

Prioridad a la diplomacia y el soft power	Inicialmente, la política tuvo algunos éxitos, como la mejora de las relaciones con Siria antes de la guerra civil, y la mediación en otros conflictos regionales. Se abrieron nuevas misiones diplomáticas y se estrecharon lazos con países de la región (Evin, et al., 2009): • A lo largo de la década de 2010, la política enfrentó desafíos significativos y, en gran medida, fue abandonada en la práctica debido a la inestabilidad regional y los conflictos. • Guerra en Siria: La crisis siria, en particular, expuso las limitaciones de la política, llevando a un

	deterioro de las relaciones y a la adopción de un enfoque más asertivo. •Conflictos persistentes: Problemas de larga data con vecinos como Grecia y Armenia persistieron, lo que demostró que lograr "cero problemas" era un objetivo a largo plazo poco realista. • Cambio de enfoque: La política exterior turca se ha vuelto más pragmática y asertiva, utilizando una combinación de hard power y soft power para defender sus intereses nacionales, en un giro notable respecto a la doctrina

	original. •El objetivo de paz regional sigue siendo una aspiración, la doctrina original ya no es la política rectora, habiendo sido sustituida por un enfoque más pragmático y asertivo que prioriza los intereses de seguridad nacional.

Principio de la doctrina	Descripción
	Pretendía convertir a Turquía en un centro geopolítico y comercial en su región (Balcanes, Oriente Medio, Cáucaso), con una esfera de influencia propia

Integración regional	(Malik, 2016): • Integración Económica: Fomento de estrechas relaciones comerciales y económicas con los países adyacentes como base para la paz y la estabilidad. • Durante su aplicación, la política permitió a Turquía extender su influencia y mejorar las relaciones con muchos vecinos, incluyendo Siria, Irak e Irán en sus primeras etapas, así como con el espacio postsoviético. El objetivo final era la construcción de un orden regional estable y próspero liderado por Turquía.

	• La política enfrentó desafíos significativos y, para algunos analistas, terminó revirtiéndose con el estallido de las Primaveras Árabes y los conflictos regionales (como la guerra civil siria), lo que llevó a Turquía a cortar vínculos con casi todos sus vecinos inmediatos en Oriente Medio en un momento dado, pasando de "cero problemas" a, en ocasiones, "cero amigos". Esto demostró la dificultad de mantener una política de neutralidad y amistad universal en un entorno regional volátil. • La política de representó un intento ambicioso de lograr la integración regional a

	través de la diplomacia y la economía, aunque su éxito fue limitado a largo plazo debido a las realidades geopolíticas y los conflictos en la región.
Principio de la doctrina	Descripción
	La expansión comercial se consideraba un pilar fundamental para consolidar la paz y la estabilidad mutuas. El principio central de esta doctrina era que, al aumentar los lazos comerciales y la integración económica con los países vecinos (Oriente Medio, el

Interdependencia económica	Cáucaso, los Balcanes), Turquía podría construir una red de intereses mutuos tan fuerte que los conflictos políticos se volverían menos probables o más fáciles de resolver mediante la mediación; los elementos clave de esta interdependencia incluyeron: (IT, 2015): • Vínculos comerciales crecientes: Ankara pretendía ampliar su influencia mediante la construcción de sólidos lazos comerciales, fomentando el desarrollo económico mutuo. • Integración regional: La política buscaba

	integrar a Turquía en los diversos subsistemas regionales a los que pertenece, convirtiendo su economía en un elemento central de la región.
	• Seguridad energética: Un objetivo estratégico clave era establecer a Turquía como un centro energético crucial, haciendo que tanto los países productores como los consumidores de energía de la región dependieran de su infraestructura de tránsito.
	Inicialmente, esta política tuvo cierto

	éxito, transformando relaciones conflictivas (por ejemplo, con Siria en un principio) en relaciones de cooperación e impulsando el comercio.
Principio de la doctrina	Descripción
	Mantenía los lazos con Occidente (UE, OTAN) mientras expandía su influencia hacia Oriente Medio y Asia Central (Davutoglu, 2013): La visión de cooperación y diálogo implícito en el principio de "cero problemas" es fundamental para abordar los desafíos actuales en Oriente Medio. Ante la

Enfoque multidimensional	creciente escalada de conflictos étnicos y sectarios que amenaza el futuro de la paz y la estabilidad regionales, Turquía ha advertido sobre el peligro de una nueva Guerra Fría. La transformación regional sin duda es dolorosa y Turquía continua impulsando su política exterior multidimensional y recurriendo a sus nuevos recursos diplomáticos para ayudar a sus vecinos que atraviesan esta difícil etapa. Es una responsabilidad histórica para Turquía asumir este papel, el orden regional solo podrá reconstruirse cuando las demandas de honor, libertad y

| | buen gobierno de los pueblos se expresen en sus sistemas políticos.

Una vez concluida la transición regional, continuaremos trabajando por la integración regional en el marco del principio de «cero problemas con los vecinos». Esto definirá nuestra política exterior como miembro responsable de la comunidad internacional y servirá de guía para canalizar una nueva conciencia colectiva de solidaridad hacia un espíritu de integración regional. |
|---|---|

Anexo 5

Global Fire Power de 2025

Estados Unidos	
Puesto 1: Según el Índice de Potencia de fuego global de 2025 (WarpowerUS, Poder bélico: Estados Unidos Revisión de la Defensa Regional 2025 , 2025).	* El país se clasifica sistemáticamente como la principal potencia militar mundial según el agregador de defensa GlobalFirepower.com (GFP), demostrando un amplio presupuesto militar y tecnología de vanguardia para satisfacer las necesidades locales. Estados Unidos continúa liderando el panorama mundial, superando con creces el poderío militar de Rusia, China e India. * Las fuerzas armadas estadounidenses se gestionan colectivamente

	bajo el nombre de Fuerzas Armadas de Estados Unidos y comprenden tres ramas principales: la Fuerza Aérea de Estados Unidos (USAF), el Ejército de Estados Unidos y la Armada de Estados Unidos (USN). * Otros cuerpos importantes son el Cuerpo de Marines de Estados Unidos (USMC), la Fuerza Espacial de Estados Unidos (USSF) y la Guardia Costera de Estados Unidos (USCG).
Personal total de las Fuerzas Armadas (Edwards & Ramirez, 2025).	* Espacial y la Guardia Costera de EE. UU. mantienen en conjunto una fuerza de aproximadamente 1,33 millones de miembros en servicio activo al 30 de

	junio de 2025. Además, hay alrededor de 739 000 miembros de la reserva y la Guardia Nacional, y 741 000 empleados civiles, según datos del 30 de junio de 2025. En resumen, aproximadamente 2,8 millones de personas trabajan en las Fuerzas Armadas de EE. UU.

Estados Unidos	
	* Las fuerzas terrestres de Estados Unidos han entrado en un periodo de profunda modernización para adaptarse mejor a las exigencias del campo de batalla moderno.

Fuerzas Terrestres de los Estados Unidos (WarpowerUS, Fuerzas Terrestres de los Estados Unidos, 2025).	* La mentalidad propia de la Guerra Fría ha dado paso a una fuerza de combate más ágil y móvil. El carro de combate principal M1 Abrams sigue liderando el avance de las fuerzas terrestres, con el apoyo del veterano vehículo de combate de infantería M2 Bradley. El Stryker ha incrementado su presencia en las fuerzas gracias a su versatilidad para desempeñar una gran variedad de funciones en el campo de batalla. * Existe una creciente gama de vehículos con ruedas diseñados a partir de la experiencia adquirida en combates urbanos tanto en Afganistán

	como en Irak. Los valores que se muestran a continuación corresponden a los sistemas del Ejército de Estados Unidos, seguidos de los operados por el Cuerpo de Marines.
	* Fuerza de la flota (unidades totales): 416.504 cascos. El inventario activo actual muestra todos los vehículos de combate y de apoyo relacionados disponibles para las fuerzas terrestres del país. Se indica el número total de unidades en servicio y el tipo de modelo, así como una referencia visual, el país de origen y una breve

	descripción de su función, adquisición y capacidades. * A lo anterior se suma una evaluación general por unidad de la fuerza de la flota activa de vehículos de oruga frente a la flota activa de vehículos de ruedas.

Estados Unidos	
	* La fuerza aérea moderna es insuperable, con más de 12.500 aeronaves a disposición de la Fuerza Aérea. Esto incluye una variedad de aviones de combate y ataque directo, junto con una considerable flota de transportes, aviones cisterna, plataformas para misiones especiales y

Fuerza Aérea de los Estados Unidos (WarpowerUS, Fuerza Aérea de los Estados Unidos, 2025).	entrenadores, compuesta por aeronaves de ala fija y rotatoria. * La modernización ha permitido que ciertas unidades de la época de la Guerra Fría se mantengan operativas en el campo de batalla moderno, y la Fuerza Aérea también se beneficia de su inversión en aeronaves de última generación como las plataformas F-22 y F-35. * La Fuerza Aérea sigue siendo una de las pocas ramas de las Fuerzas Armadas que opera una flota de bombarderos propia, capaces de realizar ataques convencionales

	y nucleares.

* La fuerza de misiones especiales cubre todo tipo de acciones aerotransportadas especializadas, proporcionando a las aeronaves aliadas y a los comandantes terrestres una crucial capacidad de observación aérea.

* La Armada puede combatir al enemigo en cualquier parte del mundo gracias a su gran flota de portaaviones. El Cuerpo de Marines también mantiene una impresionante colección de aeronaves que rivaliza (y en la mayoría de los casos) con la de las mejores fuerzas aéreas del mundo. La aviación del Ejército estadounidense |

	opera una vasta colección de helicópteros centrada en el helicóptero de ataque AH-64 Apache y el tipo UH-60 Black Hawk.

Estados Unidos	
	* La flota de portaaviones de la Armada de los Estados Unidos la distingue considerablemente de sus rivales regionales. Al frente de la flotilla se encuentra un conjunto de diez portaaviones de propulsión nuclear con cubierta en ángulo de la clase Nimitz. Sin embargo, estos se basan en cierta medida en la filosofía y las

Buques de combate de superficie: Flota submarina (WarpowerUS, Armada de los Estados Unidos, 2025).	tecnologías de la Guerra Fría, lo que ha llevado a la Armada a invertir fuertemente en la nueva clase Gerald R. Ford, que promete mejorar significativamente las capacidades navales de la USN. * La fuerza de portaaviones cuenta además con el respaldo de una flota de buques de asalto anfibio con cubierta de paso recto que, si bien están optimizados para operaciones con helicópteros, también dan soporte a aeronaves de ataque de ala fija como el AV-8B y los avanzados F-35 VTOL. * La fuerza de submarinos de ataque es una flota exclusivamente nuclear compuesta por restos de

	la época de la Guerra Fría (Los Ángeles, Ohio, Sea Wolf) con incorporaciones más modernas, como los prometedores submarinos de la clase Virginia. Los submarinos de la clase Los Ángeles están siendo retirados en cantidades crecientes para dar paso a estos últimos. Las clases de buques de combate litoral Freedom e Independence, cuyos nombres resultan confusos, ya están entrando en servicio (o considerando su baja) a pesar de haber sido puestas en servicio a mediados o finales de la década de 2000.

Fuerza de Drones de Estados Unidos: Aeronaves no tripuladas de ala fija y Aeronaves de ala rotatoria (WarpowerUS, Fuerza de Drones de Estados Unidos, 2025).	* Las Fuerzas Armadas de Estados Unidos cuentan con una de las mayores fuerzas de drones no tripulados del mundo, centrada principalmente en misiones de inteligencia, vigilancia y reconocimiento (ISR), así como en ataques directos. Estos sistemas abarcan desde aparatos portátiles de lanzamiento manual propulsados por hélice hasta diseños lanzados desde pista y propulsados por reactores, capaces de permanecer en vuelo durante horas, días o semanas, con diseños cada vez más avanzados en desarrollo. Todas las ramas principales de las Fuerzas Armadas han invertido en sistemas no tripulados para su uso a nivel táctico y

estratégico, con resultados ya demostrados en las guerras de Afganistán, Irak y Ucrania.

* Fuerza de la flota (unidades totales): 16.095 aeronaves. El inventario activo actual muestra todas las aeronaves no tripuladas de combate disponibles para todos los servicios de aviación participantes del país. Se indica la rama de servicio, el número total de aeronaves activas y el tipo de modelo, así como una referencia visual, el país de origen y una breve descripción de su función, adquisición y capacidades. Estados Unidos cuenta con una industria de drones

	vanguardistas y autosuficiente, destinada a revolucionar el sector mediante el uso de tecnologías de IA.
Rangos militares de los Estados Unidos (WarpowerUS, Rangos militares de los Estados Unidos, 2025).	* Las fuerzas armadas de los Estados Unidos ofrecen un enfoque convencional en cuanto a su organización y estructura general, siendo los generales de 5 estrellas el rango más alto alcanzable en tiempos de guerra.

Rusia	
	* Bajo la presión de las sanciones occidentales y ante el fortalecimiento de la

Puesto 2: Según el Índice de Potencia de fuego global de 2025 (WarpowerRussia, 2025).	OTAN, Rusia continúa intensificando sus esfuerzos en el este de Ucrania. El país recibe cierto apoyo de sus aliados en Corea del Norte, China e Irán, mientras la guerra se extiende hasta 2025. * El país es una potencia militar global consolidada, gracias a su gran número de efectivos, una importante capacidad de fabricación local y una fuerza terrestre masiva que le permiten mantenerse entre las tres principales potencias de defensa del mundo. * Las fuerzas armadas rusas se gestionan de forma conjunta bajo el

	nombre de Fuerzas Armadas Rusas y comprenden seis ramas principales: la Fuerza Aérea Rusa , el Ejército Ruso , la Armada Rusa , las Fuerzas Aeroespaciales , las Fuerzas Aerotransportadas y las Fuerzas de Operaciones Especiales , dependientes del Ministerio de Defensa en Moscú. En su forma actual, la organización se estableció en mayo de 1992 tras el colapso del Imperio Soviético (el Ejército Imperial Ruso se remonta a 1721). * La defensa nacional de Rusia se compone de un conjunto de recursos aéreos,

	terrestres y marítimos que incluye un enfoque organizado y alineado con Occidente en lo que respecta a sus capacidades de combate, abarcando soluciones ofensivas y de disuasión general mediante un selecto grupo de ofertas para el campo de batalla.

Rusia	
	* En su conjunto, la Fuerza Aérea Rusa moderna combina aeronaves de última generación con diseños obsoletos de la era de la Guerra Fría y la época soviética. En número

Poder aéreo ruso: Aeronaves de ala fija, Aeronaves de ala rotatoria, Fuerza Aérea y Aviación Naval (WarpowerRussia, Poder aéreo ruso, 2025).	de aviones, solo es superada por la Fuerza Aérea de los Estados Unidos, y su inventario abarca una amplia gama de misiones, incluyendo interceptación, superioridad aérea, ataque, bombardeo, apoyo aéreo cercano y apoyo logístico. * Cuenta con una gran variedad de plataformas de ala fija y rotatoria, lo que resulta en un buen equilibrio entre ambas. * Fuerza de la flota (unidades totales): 4.166 aeronaves, este inventario activo actual muestra todas las aeronaves de combate disponibles para todos los servicios de aviación

	participantes en el país. Se indica la rama de servicio, el número total de aeronaves en servicio y el tipo de modelo, así como una referencia visual, el país de origen y una breve descripción de su función, adquisición y capacidades.
Fuerzas terrestres rusas: Vehículos de combate y apoyo (WarpowerRussia, Fuerzas terrestres rusas, 2025).	* Las Fuerzas Terrestres Rusas sufrieron enormemente tras la caída del Imperio Soviético entre 1989 y 1991, pero el progreso constante y el aumento del gasto han restablecido una base militar-industrial adecuada. * La modernización ha mantenido en

	servicio muchos de sus sistemas soviéticos de la era de la Guerra Fría, incluyendo grandes cantidades de tanques T-72 y T-80. El T-90 sigue siendo el tanque más moderno en servicio. Sin embargo, los veteranos tanques de batalla principales T-64, T-62 y T-54 aún permanecen en circulación activa.
	* La movilidad se está mejorando con la adopción de vehículos blindados de ruedas MRAP , y los sistemas de lanzamiento de cohetes siguen desempeñando un papel fundamental para las fuerzas rusas. A pesar de su tamaño, el moderno Ejército ruso

Fuerzas terrestres rusas: Vehículos de combate y apoyo (WarpowerRussia, Fuerzas terrestres rusas, 2025).	mantiene un equilibrio entre los sistemas de vehículos de oruga y de ruedas. * Fuerza de la flota (unidades totales): 114.882 cascos este inventario activo actual muestra todas las aeronaves de combate disponibles para todos los servicios de aviación participantes en el país. Se indica la rama de servicio, el número total de aeronaves en servicio y el tipo de modelo, así como una referencia visual, el país de origen y una breve descripción de su función, adquisición y

	capacidades.
Armada rusa: Buques de combate de superficie y Flota submarina (WarpowerRussia, Armada rusa, 2025).	* La Armada rusa moderna continúa modernizando sus fuerzas de superficie y submarinas, conservando muchos buques que datan de la época soviética. Tanto la flota de submarinos como las fragatas y corbetas han incorporado nuevos diseños. Su único portaaviones sigue siendo el Kuznetsov, un buque de propulsión convencional de alto consumo de combustible y con limitaciones estratégicas. La Armada también mantiene en servicio cruceros de la era soviética.

	* Fuerza de la flota (Unidades totales): 794 cascos este inventario activo actual muestra todas las aeronaves de combate disponibles para todos los servicios de aviación participantes en el país. Se indica la rama de servicio, el número total de aeronaves en servicio y el tipo de modelo, así como una referencia visual, el país de origen y una breve descripción de su función, adquisición y capacidades.
Rusia	
	* Aunque inicialmente Rusia tardó en reconocer el valor de los drones en el campo de

Fuerza de drones rusa: Aeronaves no tripuladas de ala fija, Aeronaves de ala rotatoria y Drones (WarpowerRussia, Fuerza de drones rusa, 2025).	batalla tras la invasión de Ucrania, su compromiso ha acelerado la adquisición de diversos tipos de drones tanto para las Fuerzas Aeroespaciales Rusas como para el Ejército ruso. Estos incluyen modelos de fabricación nacional y extranjeros, con una presencia notable de su aliado Irán en la creciente flota. * Fuerza de la flota (unidades totales): 3.512 aeronaves este inventario activo actual muestra todas las aeronaves de combate disponibles para todos los servicios de aviación participantes en el país. Se indica la

	rama de servicio, el número total de aeronaves en servicio y el tipo de modelo, así como una referencia visual, el país de origen y una breve descripción de su función, adquisición y capacidades.
Rangos militares rusos: Rangos de los distintos servicios militares de la nación de Rusia (WarpowerRussia, Rangos militares rusos, 2025).	* La organización y estructura general del ejército ruso no ofrece sorpresas, siguiendo un sistema similar al de las potencias occidentales.
Fuerzas Armadas Rusas	* La población total

(Personal): Fuerzas terrestres de combate (WarpowerRussia, Fuerzas Armadas Rusas (Personal), 2025).	es de 141.698.923 almas: Mano de obra disponible 69.432.472; Personal militar 3.570.000; Personal activo 1.320.000; Personal de reserva 2.000.000; Paramilitares activos 250.000; Personal de la Fuerza Aérea 165.000; Personal de la Armada 160.000; Personal del Ejército 550.000.

	China
	* La serie de sitios web WARPOWER adopta un enfoque único, conciso y de referencia rápida, para analizar las capacidades militares actuales (2025) de China. China es una

Puesto 3: Según el Índice de Potencia de fuego global de 2025 (WarpowerChina, 2025).	formidable potencia militar en ascenso, cuyas capacidades se amplían gracias a una creciente base industrial propia. Se detalla el inventario que representa el poder total disponible de la flota aérea, terrestre y marítima del país, en su afán por lograr una mayor independencia de las soluciones y tecnologías militares extranjeras. * Las fuerzas armadas chinas se gestionan colectivamente bajo la bandera del Ejército Popular de Liberación y comprenden cinco ramas principales: la Fuerza Aérea del

	Ejército Popular de Liberación (EPLAF), la Fuerza Terrestre del Ejército Popular de Liberación (EPLGF), la Armada del Ejército Popular de Liberación (EPL), la Fuerza de Cohetes del Ejército Popular de Liberación (FCER) y la Fuerza de Apoyo Estratégico del Ejército Popular de Liberación (FAEPL). * Las fuerzas de defensa se fundaron el 1 de agosto de 1927. * La defensa nacional de China se compone de un conjunto de recursos aéreos, terrestres y marítimos que incluyen un enfoque organizado y

	alineado con Occidente en lo que respecta a sus capacidades de combate, que abarca soluciones ofensivas y de disuasión general mediante un grupo selecto de ofertas para el campo de batalla.

China	
	* Aunque inicialmente impresionante sobre el papel, un análisis detallado del poder aéreo chino revela un enfoque de «copiar y pegar» en gran parte de sus elementos de combate de primera línea. * Las aeronaves son mayoritariamente de

Fuerza Aérea del Ejército Popular de Liberación: Aeronaves de ala fija, Aeronaves de ala rotatoria, Fuerza Aérea, Aviación del Ejército y Aviación Naval (WarpowerChina, Fuerza Aérea del Ejército Popular de Liberación, 2025).	origen soviético, ruso, francés, israelí o estadounidense, con pocos productos verdaderamente de fabricación nacional. Si bien su calidad general y efectividad en el campo de batalla no están del todo demostradas, la fuerza aérea china cuenta con un número considerable de aeronaves para desplegar en caso de guerra total. * El poder aéreo chino moderno es posible principalmente gracias a las contribuciones del antiguo Imperio Soviético, así como de la Rusia moderna y, más recientemente, de Francia. A continuación se muestran las fuerzas aéreas, la aviación del

	Ejército y la aviación naval chinas.

* Fuerza de la flota (unidades totales): 5.228 aeronaves este inventario activo actual muestra todas las aeronaves de combate disponibles para todos los servicios de aviación participantes en el país. Se indica la rama de servicio, el número total de aeronaves en servicio y el tipo de modelo, así como una referencia visual, el país de origen y una breve descripción de su función, adquisición y capacidades.

* La fuerza Aérea del Ejército Popular de Liberación (PLAAF) s |

	está convirtiendo en una potente fuerza de combate nacional a la par de los principales actores mundiales.

China	
Fuerza Terrestre del Ejército Popular de Liberación: Vehículos de combate y Apoyo (WarpowerChina, Fuerza Terrestre del Ejército Popular de Liberación Vehículos de combate ǀ Apoyo, 2025).	*Históricamente, las Fuerzas Terrestres chinas dependían de la Unión Soviética/Rusia como su principal proveedor de materiales, aunque más recientemente este papel lo ha desempeñado Francia, potencia occidental.

* Hoy en día, destaca la creciente presencia de soluciones chinas de fabricación local para satisfacer las necesidades locales en las categorías de tanques de batalla principales, vehículos |

	blindados de combate, artillería, lanzacohetes múltiples y vehículos de seguridad. * En total, las Fuerzas Terrestres gestionan y mantienen cerca de 200 000 vehículos blindados y no blindados, además de una considerable fuerza de artillería, situándose entre las cuatro mejores del mundo. El gráfico que se muestra a continuación ilustra un importante compromiso con la logística, comprensible dada la magnitud de las Fuerzas Terrestres. * El inventario activo actual muestra todos los vehículos de

	combate y de apoyo relacionados disponibles para las fuerzas terrestres del país. Se indica en dicho inventario el número total de unidades en servicio y el tipo de modelo, así como una referencia visual, el país de origen y una breve descripción de su función, adquisición y capacidades. Las Fuerzas Terrestres del Ejército Popular de Liberación (EPL)

China	
	* Refleja una armada moderna y equilibrada, con limitaciones en su flota de portaaviones

Armada del Ejército Popular de Liberación: Buques de combate de superficie | Flota submarina	(que la Armada del Ejército Popular de Liberación está abordando). * Su principal fuerza reside en la de submarinos y destructores, respaldada por fragatas y corbetas. Una considerable flota de asalto anfibio refleja el deseo de China de reunificar la isla de Taiwán con el territorio continental chino. * Inventario Activo Actual equivalente a 544, este inventario de la flota muestra todos los buques de combate de superficie y submarinos, así como las embarcaciones disponibles para las fuerzas navales del país. Se indica el número total

	de buques en servicio y el tipo de modelo, además de una referencia visual, el país de origen y una breve descripción de su función, adquisición y capacidades. * La Armada del Ejército Popular de Liberación (PLAN) es una de las fuerzas navales oceánicas más grandes del mundo
Ejército de Liberación de China (Personal) Fuerzas terrestres de combate | En cifras	* La inmensa población de China le permite contar con uno de los ejércitos permanentes más grandes del mundo, si no el más grande, con aproximadamente 3,1 millones de efectivos desplegados en las ramas tradicionales. Esto incluye más de 2 millones de efectivos en servicio activo, que representan más del 60% de la mano de obra

	disponible. En caso de guerra, el país dispondrá de una amplia reserva de candidatos, lo que le permitirá obtener la victoria por superioridad numérica incluso en una guerra de desgaste. Las fuerzas chinas tienen acceso al armamento ligero habitual y a soluciones tácticas portátiles, incluyendo sistemas de misiles antiaéreos y antitanque.

Israel	
	Poder bélico: Israel: Revisión de la Defensa Regional 2025

Puesto 15: Según el Índice de Potencia de fuego global de 2025 (WPI, 2025).	* La serie WARPOWER adopta un enfoque único, conciso y de referencia rápida, para analizar las capacidades militares actuales (2025) de Israel. El país se encuentra constantemente entre las 20 principales potencias militares mundiales, según el agregador de defensa GlobalFirepower.com (GFP), demostrando un enfoque moderno y coordinado de la guerra. Dada su posición en el escenario mundial, Israel se ve obligado a mantenerse al día con las potencias regionales y sus potenciales adversarios futuros. * Las fuerzas armadas israelíes se gestionan colectivamente bajo el nombre de Fuerzas de Defensa de Israel (FDI) y comprenden tres ramas principales: la Fuerza Aérea Israelí (FAI), las

	Fuerzas Terrestres Israelíes y la Armada Israelí. Las FDI se fundaron en mayo de 1948, tras el fin de la Segunda Guerra Mundial. * La defensa nacional de Israel se compone de un conjunto de recursos aéreos, terrestres y marítimos que incluyen un enfoque organizado y alineado con Occidente para sus capacidades bélicas, abarcando soluciones ofensivas y de disuasión general mediante un selecto grupo de opciones en el campo de batalla.

Israel	
Fuerza aérea israelí: Aeronaves de ala fija	Aeronaves de ala rotatoria (WPI, Fuerza aérea israelí, 2025).	* La moderna Fuerza Aérea Israelí (FAI) depende en gran medida de las soluciones estadounidenses para operaciones en el campo de batalla. * Veteranos de la Guerra Fría están presentes en los aviones polivalentes F-16 Fighting Falcon y los F-15 Eagle, este último también en su versión de ataque F-15E Strike Eagle. * La FAI también ha incorporado el caza de ataque de quinta generación F-35 Lightning II, con pedidos adicionales para completar la flota. * Además, cuenta con

el venerable avión de transporte táctico C-130 Hercules, que también opera como avión cisterna, y aeronaves de ala fija propulsadas por reactores y turbohélices que desempeñan funciones que van desde inteligencia de señales (SIGINT) y vigilancia aérea de combate (AWACS) hasta entrenamiento aéreo.

* La fuerza de helicópteros está liderada por el helicóptero de ataque estadounidense AH-64 Apache, mientras que el transporte de tropas se facilita con la serie UH-60 Black Hawk y el helicóptero de carga pesada CH-53. El AS565 presta servicio en la Armada israelí en

| | misiones de búsqueda y rescate (SAR). |
| | * Fuerza de la flota (unidades totales): 656 aeronaves, el inventario activo actual muestra todas las aeronaves de combate disponibles para todos los servicios de aviación participantes del país. |

Israel	
	* Las soluciones vehiculares del Ejército israelí se centran en el tanque de batalla principal Merkava, de eficacia probada en combate.
	* Además, cuenta con una amplia gama de vehículos de orugas y ruedas, tanto de

Fuerzas Terrestres Israelíes: Vehículos de combate | Apoyo (WPI, Fuerzas Terrestres Israelíes, 2025).	fabricación local como estadounidense. Esto incluye el veterano transporte blindado de personal M113 y el obuses autopropulsados M109, complementados con vehículos utilitarios ligeros y blindados ligeros para crear una fuerza de combate móvil y equilibrada. Además de apoyar el avance y la defensa de las tropas, el Ejército también dispone de sistemas antitanque y una gran flota de vehículos de apoyo, ingeniería y defensa antiaérea . * Décadas de combate en entornos urbanos han dado como resultado varios diseños específicos para el rol de transporte blindado de personal pesado, que

ofrecen mayor protección a sus ocupantes listos para el combate.

* La Fuerza de la flota (unidades totales): 21.114 cascos, el inventario activo actual muestra todos los vehículos de combate y de apoyo relacionados disponibles para las fuerzas terrestres del país. Se indica el número total de unidades en servicio y el tipo de modelo, así como una referencia visual, el país de origen y una breve descripción de su función, adquisición y capacidades.

* Las Fuerzas de Defensa de Israel son una fuerza de combate ágil y curtidaen la batalla, con una experiencia en combate

	urbano sin paragón en el mundo.

Israel	
Armada israelí Buques de combate de superficie: Flota submarina (WPI, Armada israelí, Buques de combate de superficie, 2025).	* La costa israelí exige buques diseñados para entornos litorales y costeros. Por ello, los tipos más grandes en servicio son las corbetas, tanto por su desplazamiento como por su tamaño y función, que abarcan seis tipos de buques en dos clases. * Además, la flota incluye lanchas misileras de respuesta rápida, patrulleras y lanchas de asalto, lo que

	evidencia su enfoque en la defensa del litoral y las rutas marítimas israelíes.
	* La Armada cuenta con más de 100 buques en servicio activo. La Fuerza de la flota (unidades totales): 109 cascos, Se indica el número total de buques en servicio y el tipo de modelo, además de una referencia visual, el país de origen y una breve descripción de su función, adquisición y capacidades. La Armada israelí, de tamaño modesto, tiene a su cargo la tarea fundamental de apoyo en alta mar, disuación y seguridad general de las vías navegables clave.

Fuerza de drones israelí: Aeronaves no tripuladas de ala fija, Aeronaves de ala rotatoria, Drones (WPI, Fuerza de drones israelí, 2025).	* La fuerza de drones israelí se compone de diseños locales destinados principalmente a tareas de reconocimiento y recopilación de datos. También dispone de drones de ataque. Todos son de ala fija; algunos requieren pistas de aterrizaje preparadas, mientras que otros pueden lanzarse y recuperarse en el terreno. Fuerza de la flota (unidades totales): 1.015 aeronaves.
Israel	
	* Décadas de guerra constante han simplificado el enfoque occidental de las

Rangos militares israelíes: Rangos de los distintos servicios militares de la nación de Israel (WPI, Rangos militares israelíes, 2021).	estructuras de rangos de la Fuerza Aérea, el Ejército y la Armada israelíes. * El método israelí sigue el estándar organizativo global en cuanto a su estructura.
	* Las fuerzas de infantería israelíes tienen acceso a un amplio arsenal de armas ligeras, tanto de fabricación local como extranjera. Este incluye pistolas semiautomáticas reglamentarias, subfusiles, fusiles de asalto, fusiles y ametralladoras. Si bien el clásico Galil aún se utiliza, la serie Tavor, de configuración bullpup, lo ha

Fuerzas Armadas Israelíes (Personal). Fuerzas Terrestres de Combate | Estadísticas, Ejército, Fuerza Aérea y Armada (WPI, Fuerzas Armadas Israelíes (Personal), 2021).	reemplazado. Las ametralladoras de propósito general y los lanzagranadas se emplean como armas de apoyo. Tanto los fusiles de francotirador tradicionales como los modernos fusiles de tirador designado equipan a los tiradores de precisión para el fuego a larga distancia. Las granadas de mano abarcan desde la fragmentación hasta la conmoción cerebral. También se dispone de lanzacohetes portátiles como armas antibúnker y antitanque. * Población total: 9.043.387 almas * Llamado a las armas o la fuerza laboral israelí; la nación israelí

	exige que sus ciudadanos estén preparados para luchar en cualquier momento.

Irán	
	* Las fuerzas armadas de Irán se gestionan de forma conjunta bajo el nombre de Fuerzas Armadas de la República Islámica de Irán y comprenden tres ramas principales: el Cuerpo de la Guardia Revolucionaria Islámica, el Ejército de la República Islámica de Irán y el Comando de Aplicación de la Ley de la República Islámica de

Puesto 16: Según el Índice de Potencia de fuego global de 2025 (WPiran, 2025).	Irán. * El cuartel general se encuentra en Teherán. En su forma actual, la organización se estableció en 1979. * La defensa nacional de Irán se compone de un conjunto de recursos aéreos, terrestres y marítimos que incluye un enfoque organizado y alineado con Occidente respecto a sus capacidades de combate, que abarca soluciones ofensivas y de disuasión general mediante un grupo selecto de ofertas para el campo de batalla.
	* La Fuerza Aérea de la República Islámica de

Fuerza aérea iraní: Aeronaves de ala fija, Aeronaves de ala rotatoria, Fuerza Aérea, Aviación del Ejército y Aviación Naval (WPiran, Fuerza aérea iraní, 2025).	Irán (IRIAF) moderna se compone en gran parte de diseños obsoletos de la Guerra Fría, originarios principalmente de Estados Unidos, con algunos modelos soviéticos y un único caza francés que completa la flota. * La escasez de repuestos y la falta de apoyo extranjero han limitado la modernización de estos sistemas, si bien la industria local ha intentado replicar algunos de los modelos, en particular la serie de cazas ligeros estadounidenses Northrop F-5 Tiger.

Irán	
Fuerza aérea iraní: Aeronaves de ala fija, Aeronaves de ala rotatoria, Fuerza Aérea, Aviación del Ejército y Aviación Naval (WPiran, Fuerza aérea iraní, 2025).	* Aunque la cantidad de aeronaves disponibles es impresionante, la IRIAF adolece de una flota envejecida y de capacidades militares-industriales limitadas en lo que respecta a plataformas de combate modernas. * La Fuerza de la flota es (Unidades totales): 778 aeronaves, este inventario activo actual muestra todas las aeronaves de combate disponibles para todos los servicios de aviación participantes en el país. Se indica la rama de servicio, el número total de aeronaves en servicio y el tipo de modelo, así como una referencia

	visual, el país de origen y una breve descripción de su función, adquisición y capacidades.
Fuerzas Terrestres Iraníes; Vehículos de combate y Apoyo (WPiran, Fuerzas Terrestres Iraníes, 2025).	* Al igual que gran parte de su poder aéreo, las fuerzas terrestres del Irán moderno abarcan una amplia gama de armamento extranjero y local, tanto de origen original como de la época de la Guerra Fría. El armamento ligero incluye la gama típica, como pistolas semiautomáticas, subfusiles, fusiles de combate, fusiles de asalto, ametralladoras, lanzagranadas y sistemas portátiles antitanque. La mayor parte de sus cuerpos blindados se componen de diseños de influencia soviética. Cada vez más, su flota

	de vehículos blindados de combate y su fuerza de artillería autopropulsada (que desempeñan un papel fundamental en la doctrina de guerra terrestre del país) están siendo reemplazadas por desarrollos locales.

Irán	
	* La moderna Armada iraní cuenta con una notable fuerza submarina compuesta por soluciones locales y de la era soviética, así como fragatas y corbetas lanzamisiles, construidas localmente y adquiridas a Occidente en diferentes

Armada iraní: Buques de combate de superficie | Flota submarina (WPiran, Armada iraní, 2025).	momentos. * Quizás lo más importante de su inventario activo sea el considerable número de lanchas rápidas de ataque y lanchas lanzamisiles a su disposición. * Las operaciones de asalto anfibio también están cubiertas por una amplia flota de buques de desembarco y logística. * La industria local contribuye cada vez más a las necesidades de la Armada iraní década tras década. * La Fuerza de la flota (unidades totales): 97 cascos, este inventario de la flota muestra todos los buques de combate de superficie y

	submarinos, así como las embarcaciones disponibles para las fuerzas navales del país. Se indica el número total de buques en servicio y el tipo de modelo, además de una referencia visual, el país de origen y una breve descripción de su función, adquisición y capacidades. * La construcción naval iraní se haconvertido en un asunto local para esta potencia de defensa de Oriente Medio rica en petróleo, con una creciente flota de soluciones de fabricación nacional.

Irán	
Fuerza de drones iraní: Aeronaves no tripuladas de ala fija, Aeronaves de ala rotatoria y Drones (WPian, 2025).	* El apoyo iraní a Rusia con drones tras la invasión rusa de Ucrania en febrero de 2022 reveló al mundo una avanzada industria local iraní de drones, especializada en ataques de tipo prescindible. * El régimen actual despliega diversos diseños que abarcan funciones de inteligencia, vigilancia y reconocimiento (ISR) y de ataque directo. * Algunos son copias directas o evolucionadas de aeronaves estadounidenses o israelíes recuperadas, mientras que otros son de diseño completamente original.

* En cualquier caso, Irán se ha consolidado como un proveedor líder de soluciones de aeronaves no tripuladas de bajo coste a nivel mundial. * Fuerza de la flota en (Unidades totales): 3.894 aeronaves, este inventario activo actual muestra todas las aeronaves de combate disponibles para todos los servicios de aviación participantes en el país. Se indica la rama de servicio, el número total de aeronaves en servicio y el tipo de modelo, así como una referencia visual, el país de origen y una breve descripción de su función, adquisición y capacidades.

	* Los esfuerzos locales han impulsado a la industria iraní de drones hasta convertirla en uno de los principales proveedores de sistemas no tripulados económicos y eficaces.

Irán	
Rangos militares iraníes: Rangos de los distintos servicios militares de la nación de Irán (WPiran, Rangos militares iraníes, 2025).	* Las fuerzas armadas iraníes siguen una organización estándar, similar a la de las potencias militares occidentales. * Las fuerzas armadas de

	Irán, conocidas oficialmente como las "Fuerzas Armadas de la República Islámica de Irán" están compuestas por múltiples ramas, cada una con roles y responsabilidades específicas.
Fuerzas terrestres de combate (WPiran, Fuerzas terrestres de combate, 2025).	* Irán exhibe tres ramas principales de servicio en sus enormes fuerzas armadas, siendo el Ejército el componente más grande. * Cuenta con 87.590.873 almas entre Militares Activos, Reserva de Miliares y Fuerzas Paramilitares.

	* Las Fuerzas Armadas de Irán son las más grandes de Oriente Medio en términos de tropas activas. * La estructura de las Fuerzas Terrestres sigue centrada en unidades a nivel de brigada, apoyadas por formaciones blindadas, de apoyo aéreo (drones), artillería, inteligencia y fuerzas especiales. * Es la novena fuerza terrestre más grande del mundo, la novena fuerza blindada más grande a nivel mundial y posee la flota de aviación del ejército más grande del Oriente Medio. Los reclutas sirven durante 21 meses y tienen entrenamiento militar profesional.

Turquía	
Puesto 8: Según el Índice de Potencia de fuego global de 2025 (WPturkey, 2025).	* Turquía es una potencia militar en ascenso, que amplía sus capacidades mediante una creciente base industrial propia. * El agregador de defensa GlobalFirepower.com clasifica a Turquía como la octava potencia mundial y la primera potencia regional. * Las fuerzas armadas de Turquía se gestionan colectivamente bajo el nombre de Fuerzas Armadas Turcas y comprenden tres ramas principales: la Fuerza Aérea Turca (TAF), las Fuerzas Terrestres Turcas

	(TLF) y la Armada Turca (TNF). Las fuerzas de defensa se fundaron el 3 de mayo de 1920. * La defensa nacional de Turquía se compone de un conjunto de recursos aéreos, terrestres y marítimos que incluyen un enfoque organizado y alineado con Occidente en lo que respecta a sus capacidades de combate, abarcando soluciones ofensivas y de disuasión general mediante un grupo selecto de ofertas para el campo de batalla.
Fuerza aérea turca: Aeronaves de ala fija, Aeronaves de ala rotatoria, Fuerza Aérea, Aviación	* El moderno poder aéreo turco se completa on una sólida cartera de adquisiciones occidentales respaldada por un número cada vez mayor de

del Ejército y Aviación Naval (WPturkey, Fuerza aérea turca, 2025).	soluciones locales.

Turquía	
	* La moderna Fuerza Aérea Turca está equipada principalmente con productos estadounidenses de la época de la Guerra Fría, siendo el caza polivalente Lockheed F-16 Fighting Falcon su principal solución de entrada. * La fuerza aérea aún

Fuerza aérea turca: Aeronaves de ala fija, Aeronaves de ala rotatoria, Fuerza Aérea, Aviación del Ejército y Aviación Naval (WPturkey, Fuerza aérea turca, 2025)	opera una flota obsoleta de cazas McDonnell F-4 Phantom II en su versión de ala rotatoria. Sin embargo, se beneficia de una creciente base industrial militar nacional, lo que ha permitido la incorporación de aeronaves como el entrenador Hurkus-B y el helicóptero de ataque T129. * La flota está dominada por aeronaves de ala rotatoria, lo que demuestra su enfoque en la movilidad. * Fuerza de la flota es (Unidades totales): 942 aeronaves, este inventario activo actual muestra todas las aeronaves de combate disponibles para todos los servicios de aviación participantes en el país.

	Se indica la rama de servicio, el número total de aeronaves en servicio y el tipo de modelo, así como una referencia visual, el país de origen y una breve descripción de su función, adquisición y capacidades. * La Fuerza Aérea Turca enfrenta retrasos en su modernización debido principalmente a tensiones geopolíticas con Estados Unidos, que resultaron en su exclusión del programa F-35 y complicaciones en la adquisición de nuevos F-16 y kits de modernización para su flota actual (INFOBAE, 2019).

Turquía	
Fuerzas Terrestres Turcas (Ejército): Vehículos de combate y Apoyo (WPturkey, Fuerzas Terrestres Turcas, 2025).	* La industria local está redefiniendo la imagen y las capacidades de combate de las modernas Fuerzas Terrestres Turcas, centrándose principalmente en la movilidad y el apoyo a distancia. * Históricamente, las Fuerzas Terrestres Turcas han dependido de Estados Unidos como su principal proveedor de materiales. * Hoy en día, destaca la creciente presencia de soluciones locales turcas para satisfacer las necesidades locales en las categorías de tanques de batalla

	principales, vehículos blindados de combate, artillería, lanzacohetes múltiples y vehículos de seguridad. * En total, las Fuerzas Terrestres gestionan y mantienen más de 55 000 unidades de vehículos y artillería, y se encuentran entre las diez mejores del mundo. * La Fuerza de la flota es (unidades totales): 55.580 cascos, el inventario activo actual muestra todos los vehículos de combate y de apoyo relacionados disponibles para las fuerzas terrestres del país. Se indica el número total de unidades en servicio y el tipo de modelo, así

	como una referencia visual, el país de origen y una breve descripción de su función, adquisición y capacidads. * Es uno de los ejércitos más grandes del mundo y el segundo más grande dentro de la OTAN, después de Estados Unidos y cuenta con alrededor de 360,000 soldados activos y 180,000 reservistas.

Turquía	
	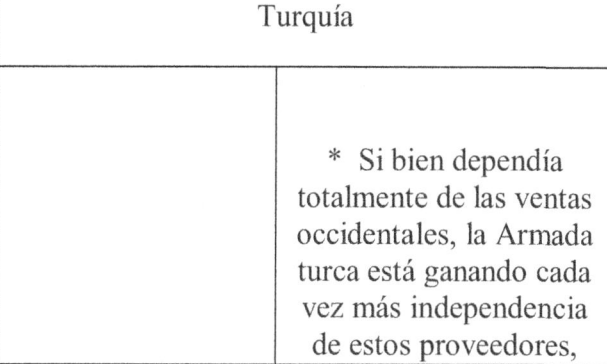* Si bien dependía totalmente de las ventas occidentales, la Armada turca está ganando cada vez más independencia de estos proveedores,

Armada turca: Buques de combate de superficie y Flota submarina (WPturkey, Armada turca, 2025).	optando en cambio por centrarse en soluciones locales. * La Armada turca carece de algunas de las soluciones de combate modernas comunes en las armadas occidentales, principalmente portaaviones y portahelicópteros, aunque, en general, ha logrado conformar una fuerza de combate equilibrada. * Combina un número considerable de unidades submarinas con modernos y potentes buques de combate de superficie. * Se presta especial atención a los asaltos anfibios, así como a la

	fuerza de minas y contraminas. En total, cuenta con más de 135 buques para cubrir las funciones básicas que requiere cualquier potencia naval moderna. La Fuerza de la flota es (unidades totales): 147 cascos, este inventario de la flota muestra todos los buques de combate de superficie y submarinos, así como las embarcaciones disponibles para las fuerzas navales del país. Se indica el número total de buques en servicio y el tipo de modelo, además de una referencia visual, el país de origen y una breve descripción de su función, adquisición y capacidades. * En 2025, la Armada turca se enfoca en la

	construcción de un nuevo y avanzado portaaviones nacional (MUGEM), y en el ejercicio naval Mavi Vatan-2025, que busca fortalecer su soberanía marítima y capacidades de defensa (Yaylali, 2025).
Turquía	
	* La industria turca de drones se está convirtiendo rápidamente en uno de los principales actores en el escenario mundial, proporcionando productos locales, regionales y globales para satisfacer as necesidades de los clientes.

Fuerza de drones turca: Aeronaves no tripuladas de ala fija, Aeronaves de ala rotatoria y Drones (WPturkey, Fuerza de drones turca, 2025).	Esta llegando a controlar, según informes recientes, hasta el 65% del mercado global de exportación de vehículos aéreos no tripulados (SWI, 2025). * La moderna fuerza de drones turca cuenta con una amplia variedad de tipos de aeronaves no tripuladas para cubrir una gama igualmente diversa de necesidades en el campo de batalla. * Existe un marcado enfoque en el ataque dentro de su inventario activo. La industria de drones del país está experimentando un rápido crecimiento, a medida que un número creciente de clientes internacionales reconoce sus capacidades industriales en este

	ámbito. * La Fuerza de la flota es (Unidades totales): 3.598 aeronaves, este inventario activo actual muestra todas las aeronaves de combate disponibles para todos los servicios de aviación participantes en el país. Se indica la rama de servicio, el número total de aeronaves en servicio y el tipo de modelo, así como una referencia visual, el país de origen y una breve descripción de su función, adquisición y capacidades.

Turquía	
Rangos militares turcos (WPturkey, Rangos militares turcos, 2025).	* Turquía sigue una estructura de rangos y una organización general similares a las de las potencias militares occidentales de todo el mundo. * La organización militar se estructura bajo un Jefe del Estado Mayor General, y el Presidente es el Comandante en Jefe. * La estructura operativa incluye formaciones de combate y la administrativa, que comprende armas y servicios como infantería y artillería. * Las Fuerzas Especiales (OKK), a pesar de su tamaño

	reducido, este comando de fuerzas especiales opera con gran autonomía y está listo para responder a diversos escenarios, reportando directamente al Estado Mayor (Mccardle, 2025).
Ejército turco (Personal): Fuerzas terrestres de combate (WPturkey, Ejército turco, 2025).	* Turquía exhibe tres ramas principales de servicio en sus enormes fuerzas armadas, siendo el Ejército el componente más grande. * Cuenta con uno de los ejércitos más grandes del mundo, con aproximadamente 775.000 efectivos desplegados en las distintas ramas de las fuerzas armadas. De estos, más de 400.000 son personal en servicio activo. La industria local

	también ha sido fundamental para la producción de soluciones adaptadas al mercado interno, como fusiles antimaterial y misiles/cohetes antitanque.

Anexo 6

Quien es Ahmad Husayn al-Sharaa

Conocido como;

Abu Mohamed al-Golari

Cronología de desarrollo		
Fecha	Suceso	Descripción
29-01-2025	Presidente	Se desempeña como presidente de la República Árabe Siria desde el 29 de enero de 2025.

2017-2024	Fue emir (BBC, 2024).	Ejerció como emir de Hayat Tahrir al-Sham (HTS), grupo terrorista, consolidándose como figura protagonista del yihadismo en Siria.
2003	Invasión de Irak de 2003 (Zahra & Karam, 2013).	Se trasladó a Irak para luchar contra las tropas estadounidenses después de la invasión, ascendió rápidamente en las filas de Al Qaeda en Irak.
2006	Arrestado por Estados Unidos (Frontline, 2021)	Fue arrestado por las fuerzas estadounidenses y encarcelado durante más de cinco años en varias prisiones y centros de detención, estas prisiones incluían Abu Ghraib, Camp Bucca, Camp Cropper y la prisión de al-Tajji.
		Se desempeñó como el

2011	Planificador y ejecutor (Tsurkov, 2011).	principal planificador y ejecutor de un acuerdo con Abu Bakr al-Baghdadi para trasladarse y establecer una rama siria de Al Qaeda, conocida como Jabhat al-Nusra, este grupo fue aliado del grupo terrorista Estado Islámico de Irak, hasta 2013; existió un acuerdo entre al-Charaa y al-Baghdadi para resolver sus diferencias bajo la mediación del líder de Al Qaeda, az-Zawahirí.

Cronología de desarrollo		
Fecha	Suceso	Descripción
		Fue declarado Emir

2012	Fue emir (Nuland, 2012).	del Frente al-Nusra, en diciembre de ese año, el Departamento de Estado de Estados Unidos declaró a al-Nusra como organización terrorista oficialmente designada, señalando que "al-Nusra" era simplemente un nuevo alias para Al Qaeda en Irak.[17] Bajo su liderazgo, el Frente al-Nusra se convertiría en uno de los grupos más poderosos de Siria.
		En abril de 2013, al-Sharaa rechazó el intento de Abu Bakr al-Baghdadi de disolver el frente

2013	Rompimiento con el Estado Islámico (FRANCE24, 2025).	como grupo independiente e incorporarlo directamente al Estado Islámico. De haberse cumplido, esto habría eliminado toda autonomía local del frente, y hubiera colocado a todos los líderes, decisiones y acciones directamente bajo el control de al-Baghdadi.
2015	Lucha contra Hezbolá y Estado Islamico (Pizzi, 2015).	El Frente al-Nusra no tenía planes de atacar objetivos occidentales y su prioridad se centraba en luchar contra el régimen sirio, Hezbolá y el Dáesh.
		El Frente al-Nusra rompió sus vínculos

2016	Rompimiento con Al-Qaeda (Joscelyn, 2016).	con Al-Qaeda y el grupo ahora pasaría a llamarse Jabhat Fateh al-Sham, afirmando que el grupo renombrado tenía afiliación con ninguna entidad externa.
2017	Fusión de Organización (Alwaght, 2016).	Jabhat al-Fath al-Sham se disolvió y se fusionó con Hayat Tahrir al-Sham, bajo un nuevo nombre, el grupo se centró en luchar tanto a al-Qaeda y Dáesh para deshacerse de las percepciones hostiles de occidente.

Cronología de desarrollo		
Fecha	Suceso	Descripción
2017	Declaración como terrorista por Estados Unidos (Aljazeera, 2024).	En 2017, el Departamento de Estado de EE. UU. publicó un cartel en el que se afirmaba lo siguiente: "Muhammad al-Jawlani, también conocido como Abu Muhammad al-Golani o Muhammad al-Julani, es el principal líder del Frente al-Nusra (ANF), la filial de al-Qaeda en Siria. Bajo su liderazgo, el grupo ha perpetrado numerosos atentados terroristas en todo el país, muchos de ellos dirigidos contra civiles, el Gobierno de los Estados Unidos ofrece una recompensa de hasta

		10 millones de dólares por información que conduzca a su localización. Se garantiza absoluta confidencialidad y, si es necesario, se contempla la posibilidad de reubicación.
2020	Cambio de imagen	En el verano de 2020, al-Charaa hizo frecuentes apariciones públicas en Idlib, en un intento de ganar el apoyo de la población, la producción de videos de los medios afiliados a Hayat Tahrir al-Sham, aumentó significativamente a mediados de ese año, y diariamente se publicaron múltiples videos que mostraban videos de gobernanza,

			distribución de impuestos en aldeas rurales, videos de primera línea y reuniones de al-Charaa con milicias locales.
2024		Ofensiva con gobierno sisrio (Baladi, 2025)	A finales de noviembre de 2024, al-Charaa lideró Hayat Tahrir al-Sham en las ofensivas contra el Ejército Árabe Sirio. Tras la caída de Bashar al-Ásad, al-Sharaa pasó a ser de facto, el lider del país, el 24 de diciembre de 2024, ordenó la disolución y la unión de varios grupos rebeldes, incluyendo el Ejército Nacional Sirio, apoyado por Turquía.

Bibliografía

Clapp, S. (23 de Octubre de 2025). *Vigilancia del flanco oriental y muro de drones europeo.* Obtenido de Parlamento Europeo: https://epthinktank.eu/2025/10/23/eastern-flank-watch-and-european-drone-wall/#:~:text=In%20response%2C%20NATO%20launched%20Operation,airspace%20of%20NATO%20member%20states.

CA. (18 de Marzo de 2014). *Acuerdo para la anexión unilateral de Crimea por Rusia.* Obtenido de La Casa de la Arquitectura: https://lacasadelaarquitectura.es/recurso/acuerdo-para-la-anexion-unilateral-de-crimea-por/591ad099-a317-4076-8ab6-63d1a61e929f#:~:text=Las%20dos%20entidades%20fueron%20declaradas%20como%20sujetos,firma%20del%20acuerdo%20interestatal%20del%2018%20de

Laborie Iglesias, M. (6 de Octubre de 2025). *La visión estratégica de la República*

Popular China en la nueva era: análisis del Libro Blanco sobre Seguridad Nacional (2025). Obtenido de IEEE.ES: https://www.defensa.gob.es/documents/2073105/2320887/la_vision_estrategica_de_la_republica_popular_china_2025_dieeeo77.pdf/1ab730e3-a0bd-b877-e45f-7f92ee918f3e?t=1759135462023

Laguna, P. (5 de Mayo de 2020). *¿Qué es un Estado tapón?* Obtenido de El Orden Mundial - EOM: https://elordenmundial.com/que-es-estado-tapon/

Cappello, J. (26 de Marzo de 2017). *La Guerra de los Seis Días, supremacía aérea y el F-35.* Obtenido de Enlace Judío: https://www.enlacejudio.com/2017/03/26/la-guerra-los-seis-dias-supremacia-aerea-f-35/

Charf, S. (30 de Oct. de 2025). *Turquía y Túnez: feminismo en tierra del islam* . Obtenido de Instituto Europeo del Mediterraneo: https://www.iemed.org/publication/turquia-y-tunez-feminismo-en-tierra-del-islam/?lang=es

Lascurain Fernández, M. (12 de Mayo de 2025). *Foros Chinos y multilateralismo estratégico: La política exterior de China en el siglo XXI*. Obtenido de Scielo: https://www.scielo.org.mx/scielo.php?pid=S2007-76102025000100105&script=sci_arttext#:~:text=De%20esta%20forma%2C%20la%20creaci%C3%B3n,instituciones%20y%20herramientas%20diplom%C3%A1ticas%20existentes.

Castellanos, R. (5 de Julio de 2021). *China quiere hacer un mundo a su medida creando sus propias organizaciones internacionales.* Obtenido de EOM - El Orden Mundial: https://elordenmundial.com/china-quiere-hacer-un-mundo-a-su-medida-creando-sus-propias-organizaciones-internacionales/

Castrillo, J. G. (18 de Febrero de 2025). *Retos estratégicos de China para el 2025.* Obtenido de Polítika UCAB: https://politikaucab.net/2025/02/18/retos-estrategicos-de-china-para-el-

2025/#:~:text=El%20desaf%C3%AD o%20ser%C3%A1%20lograr%20la,a dicional%20para%20sus%20ambicio nes%20globales.

CE. (17 de Marzo de 2014). *Sanciones de la UE contra Rusia*. Obtenido de Consejo Europeo / Consejo de la Unión Europea: https://www.consilium.europa.eu/es /policies/sanctions-against-russia/#:~:text=%C2%BFPor%20qu %C3%A9%20imponer%20sanciones ?,Zaporiyia%20y%20Jers%C3%B3n %20en%202022.

CE. (18 de Marzo de 2025). *La Comisión presenta el Libro Blanco sobre la defensa europea y el plan ReArmar Europa / Preparación 2030*. Obtenido de Comisión Europea: https://ec.europa.eu/commission/pr esscorner/detail/es/ip_25_793

CE. (4 de Junio de 2025). *Actuar en el ámbito de la defensa para proteger a los europeos*. Obtenido de Comisión Europea: https://commission.europa.eu/topics /defence/future-european-defence_es

CE. (12 de Junio de 2025). *Da tu opinión sobre el Paquete de Movilidad Militar.* Obtenido de Comisión Europea: https://defence-industry-space.ec.europa.eu/have-your-say-military-mobility-package-2025-06-12_en#:~:text=%C2%BFC%C3%B3mo%20colaborar?,militar%20a%20finales%20de%20a%C3%B1o.

CE. (17 de Noviembre de 2025). *El pronóstico económico de otoño de 2025 muestra un crecimiento continuo a pesar del entorno desafiante.* Obtenido de Comisión Europea: https://economy-finance.ec.europa.eu/economic-forecast-and-surveys/economic-forecasts/autumn-2025-economic-forecast-shows-continued-growth-despite-challenging-environment_en#:~:text=Altogether%2C%20this%20forecast%20projects%20real,and%20by%201.4%25%20in%

CE. (17 de Noviembre de 2025). *El pronóstico económico de otoño de 2025 muestra un crecimiento continuo a pesar del entorno desafiante*. Obtenido de Comisión Europea: https://economy-finance.ec.europa.eu/economic-forecast-and-surveys/economic-forecasts/autumn-2025-economic-forecast-shows-continued-growth-despite-challenging-environment_en#:~:text=Altogether%2C%20this%20forecast%20projects%20real,and%20by%201.4%25%20in%

CE. (30 de Enero de 2025). *Fondo Europeo de Defensa: Más de 1.000 millones de euros para impulsar tecnologías de defensa de última generación e innovación.* Obtenido de Comisión Europea: https://defence-industry-space.ec.europa.eu/european-defence-fund-over-eu1-billion-drive-next-generation-defence-technologies-and-innovation-2025-01-30_en#:~:text=A%20trav%C3%A9s%20de%20su%20Programa,panorama%20global%20en%20constante%20evoluci%C3%B3n.

CE. (4 de Junio de 2025). *Preservar la paz: hoja de ruta para la preparación en materia de defensa 2030.* Obtenido de Comisión Europea: https://commission.europa.eu/topics/defence/future-european-defence_es#:~:text=Iniciativas%20emblem%C3%A1ticas%20europeas%20de%20preparaci%C3%B3n,el%20Escudo%20Espacial%20Europeo.

CE. (30 de Enero de 2025). *Programa de trabajo del FED para 2025.* Obtenido de Comisión Europea: https://defence-industry-space.ec.europa.eu/edf-work-programme-2025_en

Ceballos, J. (30 de Noviembre de 2025). No es el fin del mundo: Cómo ve China el mundo - 222 - Podcast. (EOM, Entrevistador)

Chehayeb, K. (8 de Diciembre de 2025). *¿Quién es Abu Mohammed al-Golani, el líder de la insurgencia que derrocó a Assad en Siria?* Obtenido de The Associated Press: https://apnews-com.translate.goog/article/syria-insurgents-algolani-hts-aab4c8894238904a4e35107672649

9fb?_x_tr_sl=en&_x_tr_tl=es&_x_tr_hl= es&_x_tr_pto=tc

Leiva, A. (23 de junio de 2025). *El esquema del poder en Irán, un entramado al servicio del régimen.* Obtenido de EOM - El Orden Mundial: https://elordenmundial.com/mapas-y-graficos/poder-iran-entramado-regimen/

Leiva, A. (9 de Marzo de 2025). *Europa ya no puede contar con Estados Unidos: Esto es lo que deberá hacer ahora.* Obtenido de El Orden Mundial - EOM: https://elordenmundial.com/union-europea-seguridad-economia-estados-unidos-geopolitica/

Leiva, A. (13 de Junio de 2025). *Israel se está convirtiendo en el policía de Oriente Próximo. Va a salir mal.* Obtenido de EOM - El Orden Mundial: https://elordenmundial.com/israel-policia-oriente-proximo-geopolitica-violencia/?utm_medium=email&_hsenc=p2ANqtz-_pkcnKerqsbX6FmGFGricrAuq8aDEtmEhrVufKhtUHdYotTG7JmU8AuCzfyNUJsE2V8hlWgI3AeKyx08k4LFGE_9l_BQ&_hsmi=366765909&utm_content=366765909&utm_source=

Letzing, J. (16 de Abril de 2025). *Europa podría estar "especialmente bien posicionada" para manejar una guerra arancelaria.* Obtenido de World Economic Forum: https://es.weforum.org/stories/2025/04/europa-podria-estar-especialmente-bien-posicionada-para-manejar-una-guerra-arancelaria/

León, V., & Alexandra, P. (4 de Junio de 2020). *Conflicto Rusia- Ucrania en el 2014: actores, detonantes y participación de occidente.* Obtenido de Space Repository: https://repositorio.iaen.edu.ec/xmlui/handle/24000/6088#:~:text=El%20conflicto%20entre%20Rusia%20y%20Ucrania%20en,los%20factores%20que%20explican%20el%20conflicto%20entre

Levy, C., & singhal, S. (18 de Abril de 2025). *Aranceles y comercio mundial: El impacto económico en las empresas.* Obtenido de McKinsey & Company: https://www.mckinsey.com/featured-insights/destacados/aranceles-ycomercio-mundial-el-impacto-economico-en-las-empresas/es

Chilleron, L. (3 de Abril de 2025). *La nueva Constitución de Siria, al detalle.* Obtenido de Descifrando la guerra: https://www.descifrandolaguerra.es/nueva-constitucion-de-siria/

Chilleron, L. (9 de Marzo de 2025). *Facciones alauitas se enfrentan al gobierno de Siria.* Obtenido de Desifrando la guerra: https://www.descifrandolaguerra.es/facciones-alauitas-enfrentan-gobierno-siria/

Ciddi, S. (2009). *Kemalism in Turkish Politics: The Republican People's Party, Secularism and Nationalism.* London: Routledge.

Lima, L. (17 de Noviembre de 2021). *El nuevo despliegue de tropas rusas en la frontera con Ucrania que preocupa a la Unión Europea y EE.UU.* Obtenido de BBC News Mundo: https://www.bbc.com/mundo/noticias-internacional-59276952

ChinaBriefing. (29 de Mayo de 2025). *Cómo los aranceles de 2025 están cambiando el panorama exportador de China.* Obtenido de China Briefing:

https://www.china-briefing.com/news/how-2025-tariffs-are-changing-chinas-export-landscape/#:~:text=China%20respondi%C3%B3%20con%20la%20misma,comercio%20bilateral%20entre%20ambos%20pa%C3%ADses.

LISA, N. (20 de Marzo de 2025). *Libro Blanco de Defensa Europea 2030: claves del plan 'ReArm Europe' y la iniciativa 'Readiness 2030' de la UE.* Obtenido de LISA News: https://www.lisanews.org/actualidad/libro-blanco-de-defensa-europea-2030-claves-del-plan-rearm-europe-y-la-iniciativa-readiness-2030-de-la-ue/#:~:text=Seg%C3%BAn%20el%20documento%2C%20%C2%ABEuropa%20se,a%20quienes%20nos%20har%C3%ADan%20da%C3%B1o%C2%BB.

Lissner, R. (6 de Diciembre de 2025). *Polémica sobre política: La nueva estrategia de seguridad nacional de Trump* . Obtenido de Consejo de Relaciones Exteriores.: https://www.cfr.org/expert-brief/unpacking-trump-twist-national-security-strategy#:~:text=That%20strategic%20clarity%20is%20entirely,Iran%20after%20Operation%20Midnight%20Hammer.

Lissner, R., Freeman, W., Sacks, D., Fix, L., Cook, S. A., Gavin, M., & Stares, P. (6 de Diciembre de 2025). *Descifrando el giro de Trump a la Estrategia de Seguridad Nacional.* Obtenido de Council on Foreign Relations: https://www.cfr.org/expert-brief/unpacking-trump-twist-national-security-strategy#:~:text=That%20strategic%20clarity%20is%20entirely,Iran%20after%20Operation%20Midnight%20Hammer.

LN. (19 de Julio de 2025). *Israel y Siria acordaron un cese el fuego, pero los combates continúan en Sueida.* Obtenido de La Nación.: https://es-us.noticias.yahoo.com/israel-siria-acordaron-cese-fuego-054353045.html

CNN. (8 de Diciembre de 2024). *La vida y carrera política de Bashar al-Assad.* Obtenido de CNN Mundo:

https://cnnespanol.cnn.com/2024/12/08/vida-carrera-presidente-de-siria-bashar-al-assad-trax

CNN. (8 de Diciembre de 2024). *Cómo llegó Bashar al-Assad al poder.* Obtenido de CNN Mundo: https://cnnespanol.cnn.com/2024/12/08/mundo/bashar-al-assad-quien-es-presidente-siria-trax

Cho, T. K. (12 de Abril de 2012). *La guerra de resistencia de Mao: El marco conceptual de la gran estrategia de China.* Obtenido de Army Press: https://www.armyupress.army.mil/Portals/7/military-review/Archives/Spanish/MilitaryReview_20120430_art013SPA.pdf#:~:text=La%20mayor%C3%ADa%20de%20los%20expertos%20concuerdan%20en,(%20People's%20republic%20of%20China%20)%20.

London, J. (8 de Febrero de 2025). *Mapa interactivo: La invasión rusa de Ucrania.* Obtenido de 2025 Instituto para el Estudio de la Guerra y Proyecto de Amenazas Críticas del AEI:

https://storymaps.arcgis.com/stories/36a7f6a6f5a9448496de641cf64bd375

Conteduca, F. P., Mancini, M., & Borin, A. (6 de Mayo de 2025). *Aranceles desorbitados: el impacto global de la guerra comercial estadounidense de 2025.* Obtenido de CEPR - VOX EU: https://cepr.org/voxeu/columns/roaring-tariffs-global-impact-2025-us-trade-war#:~:text=Los%20patrones%20de%20reasignaci%C3%B3n%20comercial,integrados%20en%20sus%20redes%20comerciales.

CPI. (20 de May de 2024). *Statement of ICC Prosecutor Karim A.A. Khan KC: Applications for arrest warrants in the situation in the State of Palestine.* Obtenido de International Criminal Court: https://www.icc-cpi.int/news/statement-icc-prosecutor-karim-aa-khan-kc-applications-arrest-warrants-situation-state

Cranny-Evans, S. (25 de September de 2025). *Mapping the expansion of Russia's defence industry.* Obtenido de European Security & Defence - ESD:

https://euro-sd.com/2025/09/articles/exclusive/46685/mapping-the-expansion-of-russias-defence-industry/

CU-CUE. (8 de Diciembre de 2025). *Preparación europea en materia de defensa.* Obtenido de Consejo Europeo - Consejo de la Unión Europea: https://www.consilium.europa.eu/es/policies/european-defence-readiness/#:~:text=El%2019%20de%20noviembre%20de,militares%20en%20toda%20la%20UE.

CU. (28 de Febrero de 2022). *Ucrania.* Obtenido de Consejo uropeo - Consejo de la Unión Europea: https://www.consilium.europa.eu/es/policies/ukraine/#:~:text=La%20cumbre%20se%20celebr%C3%B3%20en%20Kiev%2C%20y,la%20UE%20(%20Uni%C3%B3n%20Europea%20)%20.

Chu, B., Wainwright, D., & Leake, P. (31 de Julio de 2025). *5 gráficos que muestran el impacto de los aranceles de Trump en la economía de EE.UU.*

Obtenido de BBC News Mundo: https://www.bbc.com/mundo/articles/c93dgl6w7qdo

Cuesta, J. G. (30 de Septiembre de 2022). *Putin proclama la anexión de los cuatro territorios ocupados ilegalmente en Ucrania: "Defenderemos nuestra tierra con todas las fuerzas"*. Obtenido de El País: https://elpais.com/internacional/2022-09-30/putin-proclama-la-anexion-de-los-cuatro-territorios-ocupados-ilegalmente-en-ucrania-defenderemos-nuestra-tierra-con-todas-las-fuerzas.html

López-Dóriga. (21 de Febrero de 2022). *Putin reconoce independencia de las repúblicas separatistas de Donetsk y Lugansk*. Obtenido de López-Dóriga Digital 2014–2021 : https://lopezdoriga.com/internacional/putin-reconoce-independencia-donetsk-y-lugansk/

Lupicinio. (30 de Septiembre de 2025). *Comercio Internacional · Agosto y Septiembre 2025*. Obtenido de Lupicinio International Law Firm: https://lupicinio.com/comerciointernacional-%C2%B7-agosto-y-septiembre-2025/#:~:text=En%20la%20pr%C3%A1ctica%2C%20supone%20un%20mecanismo%20de,contexto%20marcado%20por%20crecientes%20tensiones%20comerciales%20globales.

Cózar Murillo, B. (6 de Noviembre de 2025). *Defence Readiness 2030 Roadmap: la nueva hoja de ruta de la defensa europea.* Obtenido de Revista Ejercitos: https://www.revistaejercitos.com/articulos/defence-readiness-2030-roadmap-la-nueva-hoja-de-ruta-de-la-defensa-europea/#:~:text=Este%20plan%20establece%20la%20forma,con%20ello%2C%20una%20disuasi%C3%B3n%20real.

Ünveren, B. (10 de Diciembre de 2024). *Turquía, el ganador en Siria.* Obtenido de Deutsche Welle: https://www.dw.com/es/turquía-el-ganador-en-siria/a-71017349#:~:text=¿Qué%20ocurrirá

%20con%20los%20kurdos,a%20sus%20lugares%20de%20origen.

Albás, J. G. (18 de Deciembre de 2024). *¿Qué es el panarabismo?* Obtenido de África Mundi: https://www.africamundi.es/p/que-es-el-panarabismo

Alfano III, P. C., Reaves, S., Grammas, G. N., & Griner, C. (17 de November de 2025). *Foreign Direct Investment Regimes USA 2026.* Obtenido de The International Comparative Legal Guides and the International Business Reports are published by: Global Legal Group: https://iclg.com/practice-areas/foreign-direct-investment-regimes-laws-and-regulations/usa#:~:text=En%20el%20reglamento%20del%20CFIUS,o%20han%20cometido%20determinadas%20infracciones.

Aljazeera. (20 de Diciembre de 2024). *EE. UU. retira la recompensa de 10 millones de dólares por la captura del nuevo líder de Siria tras las conversaciones en Damasco.* Obtenido de Aljazeera: https://www.aljazeera.com/news/20

24/12/20/us-officials-on-first-diplomatic-trip-to-syria-since-al-assads-removal

Altstein, G. (19 de Agosto de 2025). *Israel aprueba aumento de presupuesto para cubrir los costos actuales de la guerra.* Obtenido de Bloomberg Línea: https://www.bloomberglinea.com/mundo/israel-aprueba-aumento-de-presupuesto-para-cubrir-los-costos-actuales-de-la-guerra/

Alwaght. (30 de Julio de 2016). *Frente Al-Nusra rompió con la red Al-Qaeda y cambió su nombre a Jabhat Fatah al-Sham.* Obtenido de Alwaght el portal analitico e informativo: http://alwaght.net/es/News/62326/Frente-Al-Nusra-rompi%C3%B3-con-la-red-Al-Qaeda-y-cambi%C3%B3-su-nombre-a-Jabhat-Fatah-al-Sham#:~:text=Alwaght%2D%20El%20grupo%20terrorista%20Frente%20Al%2DNusra%20anunci%C3%B3,bajo%20el%20nombre%20de%20Jabhat%20Fatah%20al

Abbasi-Shavazi, M. J. (3 de November de 2001). *The fertility revolution in Iran.*

Obtenido de Population & Sociétés: https://www.ined.fr/fichier/s_rubriq ue/18837/publi_pdf2_pop_and_soc_e nglish_373.en.pdf

Aesmide. (21 de Noviembre de 2025). *La Comisión avanza hacia el 'Schengen militar' y la transformación de la industria de defensa.* Obtenido de Aesmide-nAsociación de Empresas Contratistas con las Administraciones Públicas.: https://aesmide.es/la-comision-avanza-hacia-el-schengen-militar-y-la-transformacion-de-la-industria-de-defensa/#:~:text=Su%20objetivo%20es%20reunir%20a,forma%20m%C3%A1s%20r%C3%A1pida%20y%20eficiente.

AFP. (3 de Abril de 2025). *China aumenta su presupuesto de defensa en 7.2% para 2025.* Obtenido de El Economista: https://www.eleconomista.com.mx/internacionales/china-aumenta-presupuesto-defensa-7-2-20250304-749016.html#:~:text=China%20anunci%C3%B3%20el%20mi%C3%A9rcoles%20que%20su%20presupuesto,anual%20del%20Parlamento%2C%20en%20momentos%20en%20que

Ahir, H., Bloom, N., & Furceri, D. (10 de Nov. de 2025). *Incluso con el aumento de la incertidumbre global, el sentimiento económico sigue siendo positivo.* Obtenido de IMF BLOG: https://www.imf.org/en/blogs/articles/2025/11/10/even-as-global-uncertainty-surges-economic-sentiment-remains-positive

AI. (18 de Enero de 2024). *Agresión de Rusia en Ucrania.* Obtenido de Amnistía Internacional: https://www.amnesty.org/es/projects/russias-aggression-in-ukraine/#:~:text=La%20invasi%C3%B3n%20a%20gran%20escala,hacia%20la%20capital%20ucraniana%2C%20Kiev.

AI. (16 de Mayo de 2025). *Siria: El nuevo gobierno debe priorizar las medidas de justicia y verdad para prevenir nuevos abusos.* Obtenido de Amnistia Internacional: https://www.es.amnesty.org/en-que-estamos/noticias/noticia/articulo/siria-el-nuevo-gobierno-debe-priorizar-las-medidas-de-justicia-y-verdadpara-prevenir-nuevos-abusos/#:~:text=%E2%80%9CEl%20nuevo%20gobierno%20de%20Siria%20debe%20tomar,prevenir%20nuevas%2

Amo, P. (24 de Noviembre de 2025). *Europa presenta una contrapropuesta irreal al plan de paz de Trump para Ucrania.* Obtenido de Descifrando la guerra: https://www.descifrandolaguerra.es/europa-contrapropuesta-plan-de-paz-trump-ucrania/

Andrade, V., & Fieser, E. (23 de Oct. de 2025). *Massive Interest Burden Haunts $29 Trillion of Emerging Debt.* Obtenido de Bloomberg: https://www.bloomberg.com/news/articles/2024-12-15/massive-interest-burden-haunts-29-trillion-emerging-debt-pile

AP. (5 de Febrero de 2025). *¿Quién es dueño de Gaza? Un vistazo a la problemática historia de la Franja.* Obtenido de Associated Press.: https://www-scmp-com.translate.goog/news/world/middle-east/article/3297421/who-owns-gaza-look-strips-troubled-history?_x_tr_sl=en&_x_tr_tl=es&_x_tr

_hl=es&_x_tr_pto=sge&_x_tr_hist=true#

Argüelles, Á. (15 de Diciembre de 2024). *Por qué la transición en Siria puede funcionar pese al pasado yihadista de HTS.* Obtenido de EOM - El Orden Mundial: https://elordenmundial.com/transicion-siria-funcionar-hts-kurdos-asad-regimen/

Arroyave Quintero, M. (9 de Marzo de 2025). *Los cambios en la Seguridad Internacional y el rearme de Europa.* Obtenido de Razon Pública: https://razonpublica.com/los-cambios-la-seguridad-internacional-rearme-europa/

Arteaga, F. (3 de Marzo de 2014). *Ucrania en crisis: errores de cálculo y errores calculados.* Obtenido de Real Instituto elcano - Royal Institutte: https://www.realinstitutoelcano.org/comentarios/ucrania-en-crisis-errores-de-calculo-y-errores-calculados/

Ategi. (4 de Junio de 2025). *¿Cómo predecir los resultados económicos de China en

2025? Obtenido de Ategi: https://ategi.com/2025/06/04/como-predecir-los-resultados-economicos-de-china-en-2025/#:~:text=El%20sector%20inmobiliario%2C%20durante%20mucho%20tiempo%20pilar,forma%20de%20contracci%C3%B3n%20de%20la%20inversi%C3%B3n%20global.

ATP. (28 de Abril de 2025). *El presidente ucraniano, Volodymyr Zelensky, dice que Ucrania no fue expulsada del Kursk ruso.* Obtenido de The Hindu: https://www.thehindu.com/news/international/ukrainian-president-volodymyr-zelensky-says-ukraine-not-kicked-out-of-russias-kursk/article69499031.ece

Audrand, S. (20 de Octubre de 2025). *Putin y la guerra a Europa: el escenario del frente atlántico.* Obtenido de El Grand Continent: https://legrandcontinent.eu/es/2025/10/20/putin-y-la-guerra-en-europa-el-escenario-del-frente-atlantico/

Aydıntaşbaş, A. (6 de February de 2025). *Topple, tame, trade: How Turkey is rewriting Syria's future.* Obtenido de European Council on Foreign

Relations: https://ecfr.eu/article/topple-tame-trade-how-turkey-is-rewriting-syrias-future/

Azak, U. (7 de Oct. de 2008). *El secularismo en Turquía como búsqueda nacionalista del islam vernáculo: la prohibición de la llamada a la oración en árabe (1932-1950)*. Obtenido de Academia: https://www.academia.edu/5875266/Secularism_in_Turkey_as_a_Nationalist_Search_for_Vernacular_Islam_The_Ban_on_the_Call_to_Prayer_in_Arabic_1932_1950_#:~:text=AI,loyal%20to%20the%20modernist%20state.

Azhari, T., & Gebeily, M. (26 de Febrero de 2025). *Exclusiva: Las sanciones de EE. UU. retrasan el apoyo de Qatar a Siria, según fuentes*. Obtenido de Reuters: https://www.reuters.com/world/middle-east/us-sanctions-hold-up-qatari-support-syria-sources-say-2025-02-26/

Blackwell, H. (13 de Mayo de 2025). *Estados Unidos y China acuerdan reducir aranceles durante 90 días*. Obtenido de Husch Blackwell: https://www.internationaltradeinsights.com/2025/05/u-s-and-china-agree-to-reduce-tariffs-for-90-days/#:~:text=El%20arancel%20del%2020%25%20vigente,est%C3%A1%20relacionado%20con%20el%20fentanilo;

Balci, B. (13 de April. de 2012). *Turkey's Relations with the Syrian Opposition.* Obtenido de Carnegie Endowment for International Peace: https://carnegieendowment.org/research/2012/04/turkeys-relations-with-the-syrian-opposition?lang=en

Baladi, E. (1 de Enero de 2025). *El Comando General nombra a Ahmed al-Sharaa como Presidente de Siria.* Obtenido de EB: https://english.enabbaladi.net/archives/2025/01/general-command-appoints-ahmed-al-sharaa-as-president-of-syria/

Baladi, E. (28 de February de 2025). *Turkish goods undermine local products in Syria.* Obtenido de EB: https://english.enabbaladi.net/archives/2025/02/turkish-goods-undermine-local-products-in-syria/

Bankinter. (25 de Septiembre de 2025). *Previsión del PIB de EE. UU. para 2025, 2026 y 2027*. Obtenido de Bankinter: https://www.bankinter.com/blog/economia/prevision-pib-estados-unidos#:~:text=El%20PIB%202T%202025%20sorprendi%C3%B3%20positivamente%20con,Activos%20Fijos%20(+2%2C9%25%20y%2018%25%20del%20PIB).

Barigazzi, J. (14 de Noviembre de 2022). *La UE avanza hacia una nueva política oficial sobre Rusia: Aislamiento*. Obtenido de Politico: https://www.politico.eu/article/russia-isolation-european-union-policy/#:~:text=It%20also%20references%20%E2%80%9Cworking%20closely,satisfied%20with%20the%20current%20text.

Barnes, A., & Euronews, A. (9 de Abril de 2025). *Trump eleva los aranceles a China hasta el 125% después de la represalia del gigante asiático*. Obtenido de Euro News: https://es.euronews.com/business/2025/04/09/china-contraataca-atrump-e-impone-aranceles-del-84-a-productos-de-eeuu

Bashandeh, D. (19 de Octubre de 2025). *Cómo Irán está abandonando el islamismo revolucionario para sobrevivir.* Obtenido de EOM - El Orden Mundial: https://elordenmundial.com/iran-regimen-islamismo-nacionalismo-militar-jamenei/

BBC. (8 de Diciembre de 2024). *Quién es Abu Mohammed al Jawlani, el líder rebelde cuyo grupo (HTS) puso fin al régimen de Bashar al Assad en Siria.* Obtenido de BBC News Mundo: https://www.bbc.com/mundo/articles/cn8gy7vd3lwo

BBC-News-Mundo. (29 de Enero de 2025). *Por qué el Reloj del Juicio Final se ha acercado más que nunca a la hora de la destrucción.* Obtenido de BBC News Mundo: https://www.bbc.com/mundo/articles/c3d5n190mdvo

BBCNM. (1 de Octubre de 2024). *Qué es el "eje de la resistencia", la alianza liderada por Irán contra Israel que incluye a Hezbolá, los huties y Hamás.* Obtenido de BBC - News Mundo:

https://www.bbc.com/mundo/articles/c99vmzl5vdgo

Bell, B., & Gritten, D. (1 de March de 2023). *Iran nuclear: IAEA inspectors find uranium particles enriched to 83.7%.* Obtenido de BBC : https://www.bbc.com/news/world-middle-east-64810145

Bechev, D. (2022). *Turkey Under Erdoğan: How a Country Turned from Democracy and the West.* Yale University Press.

BEA. (25 de Septiembre de 2025). *Producto Interno Bruto.* Obtenido de The BEA Wiire: https://www.bea.gov/data/gdp/gross-domestic-product#:~:text=Real%20gross%20domestic%20product%20(GDP,decreases%20in%20investment%20and%20exports.

Bermúdez, Á. (29 de Noviembre de 2021). *Irán y EE.UU. reanudan el diálogo: la historia de cómo Washington ayudó a crear el programa nuclear iraní hace más de medio siglo.* Obtenido de BBC News Mundo:

https://www.bbc.com/mundo/noticias-internacional-59353563

BM. (7 de Julio de 2025). *Un nuevo informe del Banco Mundial destaca los desafíos económicos de Siria y las perspectivas de recuperación para 2025.* Obtenido de Banco Mundial: https://www-worldbank-org.translate.goog/en/news/press-release/2025/07/07/-new-world-bank-report-highlights-syria-s-economic-challenges-and-recovery-prospects-for-2025?_x_tr_sl=en&_x_tr_tl=es&_x_tr_hl=es&_x_tr_pto=tc

Bodeen, C. (13 de Junio de 2025). *Cómo se comparan los ejércitos de Israel e Irán.* Obtenido de Infobae: https://www.infobae.com/america/mundo/2025/06/14/como-se-comparan-los-ejercitos-de-israel-e-iran/

Bogmans, C., Gomez-Gonzalez, P., Melina, G., & Thube, S. (8 de Julio de 2025). *La IA requiere mayor suministro de energía para seguir impulsando el crecimiento económico.* Obtenido de IMF BLOG: https://www.imf.org/es/blogs/articles/2025/05/13/ai-needs-moreabundant-power-supplies-to-keep-driving-economic-growth

Boms, N. (6 de Feb. de 2018). *Israel's Policy on the Syrian Civil War: Risks and Opportunities.* Obtenido de Taylor & Francis - Online: https://www.tandfonline.com/doi/full/10.1080/23739770.2017.1430006

Borrás Rius, A. (28 de Enero de 2025). *El mapa que explica la influencia rusa en España.* Obtenido de Alianza Cassini y Agenda Pública: https://agendapublica.es/noticia/19595/mapa-explica-influencia-rusa-espana

Bradenburg, R. (19 de May de 2025). *Could Trump be 'mediator-in-chief' for Turkey and Israel in Syria?* Obtenido de Atlantic Council: https://www.atlanticcouncil.org/blogs/menasource/could-trump-be-mediator-in-chief-for-turkey-and-israel-in-syria/

Brooke-Holland, L. (27 de Noviembre de 2025). *UK defence in 2025: Warships and the surface fleet.* Obtenido de he House of Commons Library:

https://researchbriefings.files.parliament.uk/documents/CBP-10257/CBP-10257.pdf

BS, B. S. (27 de Octuber de 2025). *Kemalismo: Ataturk's Principles.* Obtenido de All About Turkey: https://www.allaboutturkey.com/ataturk-principles.html

BTH. (5 de Diciembre de 2025). *Estrategia de Seguridad Nacional 2025.* Obtenido de Beyond the Horizon: https://behorizon.org/2025-national-security-strategy/#:~:text=W.A.R.%20on%20the%20Horizon,Burden%20Sharing%20Targets

Davutoglu, A. (21 de Marzo de 2013). *Cero problemas en una nueva era.* Obtenido de República de Turquía / Ministerio de Asuntos Exteriores: https://www.mfa.gov.tr/zero-problems-in-a-new-era.en.mfa

Del Pozo, P. (1 de Marzo de 2025). *Israel se consolida en el sur de Siria.* Obtenido de Desifrando la guerra: https://www.descifrandolaguerra.es/israel-consolida-sur-de-siria/

Delanoë, I. (14 de Enero de 2019). *Rusia se afirma en el mar Negro.* Obtenido de

Le Monde Diplomatique: https://mondiplo.com/rusia-se-afirma-en-el-mar-negro

Delhi, N., & Mukherjee, V. (5 de Marzo de 2025). *China eleva su presupuesto de defensa a 249.000 millones de dólares: ¿cómo se compara con India?* Obtenido de Business Standard: https://www.business-standard.com/world-news/china-defence-budget-2025-economic-growth-target-125030500290_1.html

De Santos, Á. L. (16 de Octubre de 2025). *La UE quiere que el muro antidrones esté operativo en 2027 y prioriza crear un escudo antiaéreo y una red de defensa espacial.* Obtenido de Infodefensa: https://www.infodefensa.com/texto-diario/mostrar/5468000/ue-quiere-muro-antidrones-operativo-2027-prioriza-crear-escudo-antiaereo-red-defensa-espacial#:~:text=La%20UE%20quiere%20que%20el,una%20red%20de%20defensa%20espacial

Desmarais, A., & Euronews. (29 de Julio de 2024). *Cómo funcionaría Sky Shield, la*

'Cúpula de Hierro' europea, y por qué está suscitando polémica. Obtenido de Euro News: https://es.euronews.com/next/2024/07/29/como-funcionaria-sky-shield-la-cupula-de-hierro-europea-y-por-que-esta-suscitando-polemica#:~:text=Alemania%20est%C3%A1%20avanzando%20en%20un,misiles%20bal%C3%ADsticos%20de%20largo%20alcance.&text=If%20playback%20do

DF. (9 de Noviembre de 2025). *Entendiendo la situación en Ucrania desde 2014 hasta el 24 de febrero de 2022.* Obtenido de Ministerio para Europa y Asuntos Exteriores: https://www.diplomatie.gouv.fr/en/country-files/ukraine/situation-in-ukraine-what-is/understanding-the-situation-in-ukraine-from-2014-to-24-february-2022/#:~:text=In%20March%202014%2C%20armed%20groups,independence%20following%20a%20%E2%80%9Creferendum%E2%80%9C

Domínguez Aumirall, M., & Ott, S. (21 de Agosto de 2025). *En este momento estás viendo Turquía e Israel en la*

Siria post-Assad: rivalidad estratégica y equilibrios regionales Turquía e Israel en la Siria post-Assad: rivalidad estratégica y equilibrios regionales. Obtenido de Instituto de Relaciones Internacionales y La Universidad Nacional de la Plata: https://www.iri.edu.ar/index.php/2025/08/21/turquia-e-israel-en-la-siria-post-assad-rivalidad-estrategica-y-equilibrios-regionales/

DS. (24 de January de 2018). *YPG using Daesh terrorists from Raqqa against Turkey in Afrin, Erdoğan says.* Obtenido de Daily Sabah: https://www.dailysabah.com/war-on-terror/2018/01/24/ypg-using-daesh-terrorists-from-raqqa-against-turkey-in-afrin-erdogan-says

DS. (5 de Nov. de 2025). *La guerra árabe-israelí de 1948.* Obtenido de Office of the historian: https://history-state-gov.translate.goog/milestones/1945-1952/arab-israeli-war?_x_tr_sl=en&_x_tr_tl=es&_x_tr_hl=es&_x_tr_pto=tc

DW. (16 de Marzo de 2014). *Crimea: el 95,5% de sufragantes votó a favor de anexión a Rusia*. Obtenido de Deutsche Welle: https://www.dw.com/es/crimea-el-955-de-sufragantes-vot%C3%B3-a-favor-de-anexi%C3%B3n-a-rusia/a-17500362

DW. (21 de Noviembre de 2021). *Ucranianos recuerdan a caídos en el estallido del Euromaidán*. Obtenido de Deutsche Welle: https://www.dw.com/es/ucranianos-recuerdan-a-ca%C3%ADdos-en-el-estallido-del-euromaid%C3%A1n/a-59894073

DW. (15 de Febrero de 2022). *La Duma rusa pide a Putin que reconozca a Donetsk y Lugansk*. Obtenido de Deutsche Welle: https://www.dw.com/es/la-duma-rusa-pide-a-vladimir-putin-que-reconozca-a-donetsk-y-lugansk/a-60790463#:~:text=La%20Duma%20rusa%20pide%20a,DW%20%E2%80%93%2015/02/2022

DW. (19 de Marzo de 2025). *La Fed rebaja previsión de crecimiento de economía de EE.UU*. Obtenido de Deutsche

Welle: https://www.dw.com/es/la-fed-rebaja-la-previsi%C3%B3n-de-crecimiento-de-la-econom%C3%ADa-de-eeuu/a-71978426#:~:text=La%20Reserva%20Federal%20(Fed)%20de,%25%20al%204%2C5%20%25.

DW. (30 de Enero de 2025). *Líder de facto sirio es nombrado presidente interino*. Obtenido de Deutsche Welle: https://www.dw.com/es/l%C3%ADder-de-facto-sirio-es-nombrado-presidente-interino/a-71451970#:~:text=L%C3%ADder%20de%20facto%20sirio%20es,DW%20%E2%80%93%2030/01/2025

DW. (8 de Septiembre de 2025). *Siria - El ascenso y la caída del régimen de Assad*. Obtenido de DW - Deutsche Welle: https://www.dw.com/es/siria-el-ascenso-y-la-ca%C3%ADda-del-r%C3%A9gimen-de-assad/a-73547890#:~:text=Siria%20sigue%20siendo%20inestable.%20Sin%20embargo%2C%20las,de%20Assad%20(

%20Baschar%20al%2DAssad%20)%20.

DW. (19 de Mayo de 2025). *UE recorta previsión de crecimiento en 2025 por aranceles.* Obtenido de DW - Deutsche Welle: https://www.dw.com/es/bruselas-recorta-pib-de-eurozona-y-ue-en-2025-y-2026-por-efecto-trump/a-72592834#:~:text=La%20Comisi%C3%B3n%20Europea%20recort%C3%B3%20cuatro,guerra%20arancelaria%20de%20Donald%20Trump.&text=La%20Uni%C3%B3n%20Europea%20(UE)%20anunci%

DW, D. W. (3 de Abril de 2025). *Israel bombardea Damasco y el noroeste de Siria.* Obtenido de Deutsche Welle: https://www.dw.com/es/israel-bombardea-damasco-y-el-noroeste-de-siria/a-72122060

El Kanfoudi, A. (23 de Mayo de 2023). *¿Qué es el kemalismo?* Obtenido de EOM - El Orden Mundial: https://elordenmundial.com/que-es-kemalismo/

Economía. (28 de Julio de 2025). *La Unión Europea y Estados Unidos acuerdan reducir un 15 % los aranceles* bilaterales. Obtenido de 3tres3: https://www.3tres3.com/latam/ultima-hora/ue-y-ee-uu-fijan-aranceles-del-15%E2%80%AF-y-liberalizan-sectores_18367/#:~:text=Fruto%20de%20este%20encuentro%2C%20la,de%20800%20millones%20de%20personas.&text=eu/commission/presscorner-,Este%20contenido%20est%C3%

Economist, T. (3 de Marzo de 2025). *El estrangulamiento de Donald Trump sobre Ucrania.* Obtenido de The Economist News: https://www.economist.com/europe/2025/03/03/donald-trumps-chokehold-on-ukraine

Eder, T. (4 de Enero de 2025). *La política exterior china en 2025: absorber los golpes y aprovechar los errores ajenos.* Obtenido de OIIP: https://www.oiip.ac.at/en/publications/chinese-foreign-policy-in-2025-absorbing-blows-profiting-from-others-mistakes/#:~:text=Following%20the%20second%20Trump%20Administ ration's,entities%20from%20buying%20their%20products.

Edwards, S., & Ramirez, A. (18 de September de 2025). *How Many People Are In The U.S. Military? Chart (2025)*. Obtenido de ConsumerShield LLC: https://www.consumershield.com/articles/number-of-people-us-military?cmpid=681de5cd1b937d39c614d182&utm_campaign=CS+homepage+PMax&sub2=&sub3=&sub4=&sub5=&sub6=22536762221&sub7=c&sub8=&sub9=x&sub10=&utm_source=Google&wbraid=Cj4KCAiA8bvIBhA0Ei4AIY2F83vD3Wv4

EFE. (24 de Agosto de 2016). *Turquía invade el norte de Siria y Damasco califica de "violación soberanía"*. Obtenido de EFE - Agencia EFE : https://web.archive.org/web/20160826095638/http://noticias.terra.es/amp/mundo/europa/turquia-invade-el-norte-de-siria-y-damasco-califica-de-violacion-soberania,9465ba9d56b2176b43b2348a1016ec7cj0z7qaih.html

EFE. (16 de Octubre de 2025). *Bruselas quiere el «muro antidrones» para fin de 2027 y vigilancia oriental un año después*. Obtenido de Euro EFE: https://efe.com/euro-efe/2025-10-16/bruselas-quiere-el-muro-antidrones/#:~:text=La%20idea%20es%20que%20los,2027%20y%20de%202028%2C%20respectivamente.&text=La%20idea%20es%20%E2%80%9Cactuar%20con,y%20a%20pa%C3%ADses%20b%C3%A1lticos%20y%20escandinavos.

Eisenkot, G., & Siboni, G. (4 de Sept de 2019). *The Campaign Between Wars: How Israel Rethought Its Strategy to Counter Iran's Malign Regional Influence*. Obtenido de The Washington Institute for Near East Policy: https://www.washingtoninstitute.org/policy-analysis/campaign-between-wars-how-israel-rethought-its-strategy-counter-irans-malign

EMAEFR. (17 de Febrero de 2022). *Comunicado de prensa sobre la presentación de una respuesta escrita a la respuesta de EE.UU. relativa a las garantías de seguridad*. Obtenido de El Ministerio de Asuntos Exteriores de la Federación de Rusia: https://mid.ru/en/foreign_policy/news/1799157/

EmpresaExterior. (18 de Noviembre de 2025). *La economía de la UE mantiene un crecimiento sostenido a pesar de un entorno mundial desafiante.* Obtenido de Empresa Exterior: https://en.empresaexterior.com/art/100146/la-economia-de-la-ue-mantiene-un-crecimiento-sostenido-a-pesar-de-un-entorno-mundial-dificil-impulsada-por-la-demanda-interna

EP. (19 de February de 2018). *The EU's Russia policy: Five guiding principles.* Obtenido de Eupean Parliament: https://www.europarl.europa.eu/RegData/etudes/BRIE/2018/614698/EPRS_BRI(2018)614698_EN.pdf

Ergöçün, G. (3 de Noviembre de 2025). *Erdogan anuncia la puesta en marcha de un programa especial para apoyar a Siria.* Obtenido de AA Mundo: https://www.aa.com.tr/es/mundo/erdogan-anuncia-la-puesta-en-marcha-de-un-programa-especial-para-apoyar-a-siria/3733780

Escenario Mundial, R. (6 de Septiembre de 2025). *China incrementa su poder militar con una modernización sin precedentes en defensa.* Obtenido de Escenario Mundial: https://www.escenariomundial.com/2025/09/06/china-incrementa-su-poder-militar-con-una-modernizacion-sin-precedentes-en-defensa/#:~:text=Un%20presupuesto%20hist%C3%B3rico%20para%20la,e%20inclusive%20de%20manera%20global.

Escobar, R., & Bellón, J. (10 de Septiembre de 2025). *Polonia invocará el artículo 4 de la OTAN tras violación de su espacio aéreo: qué significa.* Obtenido de Diario AS: https://as.com/actualidad/politica/guerra-de-ucrania-rusia-y-conflicto-en-la-franja-de-gaza-polonia-derriba-drones-rusos-en-su-espacio-aereo-n/

Escribano, G. (24 de Febrero de 2014). *Gas ruso para Ucrania: ¿natural o lacrimógeno?* Obtenido de Real Instituto elcano - Royal Institute: https://www.realinstitutoelcano.org/

comentarios/gas-ruso-para-ucrania-natural-o-lacrimogeno/

Euronews. (23 de Junio de 2025). *Así fue la Operación Martillo de Medianoche de EE.UU.: 25 minutos y 13.600 kg de bombas penetrantes.* Obtenido de Euro News: https://es.euronews.com/2025/06/23/asi-fue-la-operacion-martillo-de-medianoche-25-minutos-y-13600-kilos-de-bombas-penetrantes

EuropaPress. (17 de Noviembre de 2025). *Bruselas sube la previsión de crecimiento de la eurozona en 2025 al 1,3%, pero enfría la de 2026 al 1,2%.* Obtenido de Europa Press: europapress.es/economia/macroeconomia-00338/noticia-bruselas-eleva-prevision-crecimiento-eurozona-2025-13-enfria-2026-12-20251117112503.html

Europapress, I. (25 de Noviembre de 2025). *Alemania subraya que la amenaza de Moscú va más allá de Ucrania y habla de "una Rusia imperial y agresiva".* Obtenido de Europa Press Internacional: https://www.europapress.es/internacional/noticia-alemania-subrayaamenaza-moscu-va-mas-alla-ucrania-habla-rusia-imperial-agresiva-20251125143810.html#google_vignette

Evin, A., Kirici, K., Linden, R., Straubhaar, T., Tocci, N., Tolay, J., & Walker, J. (10 de May de 2009). *Getting to Zero: Turkey, it's Neighbors and the West*. Obtenido de Transatlantic Academy: https://www.bosch-stiftung.de/sites/default/files/publications/pdf_import/Report_TA_GettingtoZeroFINAL.pdf

Fabian, E., & Toi, S. (10 de December de 2024). *In historic campaign across Syria, IDF says it destroyed 80% of Assad regime's military*. Obtenido de The Times of Israel: https://www.timesofisrael.com/idf-says-it-has-stuck-over-320-targets-in-syria-taking-out-70-of-army-capabilities/

Fandom. (5 de Nov. de 2025). *Mandato británico de Palestina* . Obtenido de Fandom: https://althistory.fandom.com/es/wi

ki/Mandato_británico_de_Palestina_(Ucronía_Peronista)

FDD. (24 de Febrero de 2025). *24 de febrero de 2025 | Perspectiva 10 cosas que debes saber sobre las intervenciones e influencia de Turquía en Siria.* Obtenido de Foundation for Defense of Democracies: https://www.fdd.org/analysis/2025/02/24/10-things-to-know-about-turkeys-interventions-and-influence-in-syria/

FDD. (18 de Julio de 2025). *Israel aumentará su presupuesto de defensa en 12.500 millones de dólares en medio de una guerra en múltiples frentes.* Obtenido de Foundation for Defense of Democracies: https://www.fdd.org/analysis/2025/07/18/israel-to-increase-defense-budget-by-12-5-billion-amid-multifront-war/#:~:text=Latest%20Developments,deals%20critical%20to%20national%20security.%E2%80%9D

FDD. (7 de January de 2025). *Turkey Pushing for 'Elimination' of Kurdish-Led, U.S.-Allied Syrian Democratic Forces.* Obtenido de Foundation for Defense of Democracies: https://www.fdd.org/analysis/2025/01/07/turkey-pushing-for-elimination-of-kurdish-led-u-s-allied-syrian-democratic-forces/

Fidalgo, V. (17 de Marzo de 2022). *Por qué no entendimos que Rusia iba a invadir Ucrania.* Obtenido de El Orden Mundial - EOM: https://elordenmundial.com/por-que-no-entendimos-que-rusia-iba-a-invadir-ucrania/

Figaro, L. (2 de Septiembre de 2025). *Armamento y Defensa.* Obtenido de Departamento de Seguridad Nacional: https://www.dsn.gob.es/sites/default/files/2025-09/Prensa%20Internacional_02sept2025.pdf

FinancialPulse. (17 de July de 2025). *The Chinese economy maintains momentum: GDP rises 5.3% in the first half of 2025.* Obtenido de Pulsos Mentu: https://mentu.com.py/2025/07/17/la-economia-china-mantiene-impulso/#:~:text=En%20el%20prim er%20semestre%2C%20el%20PIB%20alcanz%C3%B3,del%205%25%2C%20y%20los%20ingresos%20de%20los

Fojo, W., & BBC. (3 de Septiembre de 2025). *"China es imparable": Xi Jinping exhibe el poder de su país en un gran desfile militar junto a Putin y Kim Jong-un en Pekín.* Obtenido de BBC News Mundo.: https://www.bbc.com/mundo/articles/creve4234xxo

ForbesStaff. (7 de Octubre de 2025). *Banco Mundial eleva la previsión del PBI chino para 2025 al 4.8% ante una ralentización en 2026.* Obtenido de Forbes: https://forbes.com.mx/banco-mundial-eleva-la-prevision-del-pbi-chino-para-2025-al-4-8-ante-una-ralentizacion-en-2026/#:~:text=11:17%20am-,Banco%20Mundial%20eleva%20la%20previsi%C3%B3n%20del%20PBI%20chino%20para%202025,abril%20un%20crecimiento%20del%204.0%

France-24. (10 de Marzo de 2020). *Tensión en la frontera greco-turca: los* migrantes en la primera línea del conflicto. Obtenido de France 24: https://www.france24.com/es/2020 0310-migrantes-frontera-turquia-grecia-guerra-en-siria

FRANCE24. (2 de Junio de 2025). *MX Saltar navegación Buscar Crear Imagen del avatar ¿Ha logrado Ahmed Al-Sharaa unificar a Siria desde la caída de Al-Assad?* . Obtenido de France 24 - Youtube: https://www.youtube.com/watch?v=82RFNKp6Kps

France24. (10 de Febrero de 2025). *Nuevo Gobierno de Siria invita a antiguos soldados de Bashar al-Assad a regularizar su situación*. Obtenido de France 24: https://www.youtube.com/watch?v=D-OyednRbvo

Fraser, S. (10 de Octuber de 2019). *Invasion of northeast Syria carries gain and risk for Turkey*. Obtenido de AP - News: https://web.archive.org/web/20191 010042957/https://apnews.com/da 843aef20fe402195f957c0671ed86e

Fraser, S., & Wilks, A. (8 de December de 2024). *Where Turkey stands as Syrian government falls to opposition insurgents.* Obtenido de AP - The Associated Press: https://apnews.com/article/turkey-syria-insurgents-explainer-kurds-ypg-refugees-f60dc859c7843569124282ea750f1477

Frederick, B., Evans, A. T., Hvizda, M., Laufer, A., Wang, H., Charap, S., . . . Ochmanek, D. A. (22 de May de 2025). *Consequences of the Russia-Ukraine War and the Changing Face of Conflict.* Obtenido de Rand: https://www.rand.org/pubs/research_briefs/RBA3141-1.html#:~:text=El%20principal%20efecto%20geoestrat%C3%A9gico%20de,Unidos%20y%20sus%20aliados%20europeos.

Frontline. (1-14 de February de 2021). *Abu Mohammad al-Jolani: Military Leader, Hayat Tahrir al-Sham.* Obtenido de PBS: https://www.pbs.org/wgbh/frontline/interview/abu-mohammad-al-jolani/

FRS. (6 de November de 2025). *Foreigners and international protection law 6458 in Turkey.* Obtenido de Turkey ¡Residence / Foreigner Service: https://residencepermitturkey.com/foreigners-international-protection-law-6458-turkey

GAPS. (9 de January de 2024). *The Role of Infrastructure Investments in the Return of Syrian Refugees: The Case of Turkish Military Operations in Northern Syria.* Obtenido de GAPS Decentring the study of migrant returns and return policies.: https://www.returnmigration.eu/gapsblog/infrastructure-investments-return-syrian-refugees-turkish-military-operations-northern-syria

GDP. (6 de December de 2025). *Evolution of Atlanta Fed GDPNow estimate for 2025: Q3.* Obtenido de Federal Reserve Bank of Atlanta: https://www.atlantafed.org/cqer/research/gdpnow#:~:text=Download%20our%20EconomyNow%20app%20to,nowcast%20and%20more%20economic%20data.&text=The%20GDPN

ow%20model%20estimate%20for,3.8%20percent%20on%20December%204.

Gelvin, J. L. (30 de Oct. de 2014). *The Israel-Palestine Conflict: One Hundred Years of War*. Cambridge: Cambridge University Press. Obtenido de Open Api: https://openapi.aiu.edu/submissions/profiles/UB83424AN92642/Assignments/a9UB83424_682643_el_conflicto_palestino_israeli_hasta_la_actualidad.pdf#:~:text=A%20lo%20largo%20de%20las%20décadas%2C%20el,actos%20de%20violencia%20perpetrados%20por%20ambos%20lados

Ghafouri, A. (17 de Octuber de 2025). *New polling highlights Iranians' views on Iran's foreign policy and regional role*. Obtenido de Middle East Institute: https://mei.edu/publications/new-polling-highlights-iranians-views-irans-foreign-policy-and-regional-role#:~:text=Iranians%20overwhelmingly%20blame%20Iran's%20foreign,:%20%E2%80%9Cnot%20at%20all.%E2%80%9D

Gil, A. (22 de Abril de 2021). *La Guerra de los Seis Días*. Obtenido de Desifrando la

Guerra: https://www.descifrandolaguerra.es/la-guerra-de-los-seis-dias/#:~:text=Cuarto%20día%20-%20Jueves%208%20de%20junio.,del%20frente%20la%20debacle%20egipcio%20es%20total

GM. (23 de Octubre de 2025). *La UE activará la iniciativa Escudo Espacial Europeo en el segundo trimestre de 2026.* Obtenido de Info espacila - Grupo Metalia: https://www.infoespacial.com/texto-diario/mostrar/5473792/ue-pondra-marcha-iniciativa-escudo-espacial-europeo-segundo-trimestre-2026#:~:text=La%20propuesta%20del%20Escudo%20Espacial,asociados%20que%20lideran%20la%20iniciativa.

Goldman-Sachs. (21 de Noviembre de 2025). *Se prevé que la economía de China crezca más rápido de lo esperado en 2026.* Obtenido de Goldman - Sachs: https://www.goldmansachs.com/insights/articles/chinas-economy-isforecast-to-grow-faster-than-expected-in-2026

González, R. (5 de Julio de 2025). *Siria pasó de la euforia por la caída de Al-Assad a un futuro envuelto en dudas.* Obtenido de La Nación: https://es-us.noticias.yahoo.com/siria-pas%C3%B3-euforia-ca%C3%ADda-assad-132331729.html?guccounter=1&guce_referrer=aHR0cHM6Ly93d3cuZ29vZ2xlLmNvbS8&guce_referrer_sig=AQAAAEIamQg8-so3gBcVmf4YleNQQpFOfDiRmE8yoAD4JXA2z1TX1kCCzLfukjQJNJXWLsZVBOTj2wh-8TRFln6Sd

Granados, M. (14 de Junio de 2020). *Breve historia de la política exterior de Estados Unidos.* Obtenido de EOM - El Orden Mundial: https://elordenmundial.com/historia-politica-exterior-estados-unidos/

Green, A. (17 de September de 2024). *How data centers and the energy sector can sate AI's hunger for power.* Obtenido de McKinsey & Company: https://www.mckinsey.com/industries/private-capital/our-%20insights/how-data-centers-and-the-energy-sector-can-sate-ais-hunger-for-power

Gritten, D. (13 de Marzo de 2025). *El líder de Siria firma una constitución provisional para una transición de cinco años.* Obtenido de BBC News: https://www.bbc.com/news/articles/c70ely2p6e4o

Gross, J. A. (14 de January de 2019). *IDF chief finally acknowledges that Israel supplied weapons to Syrian rebels.* Obtenido de The Times of Israel: https://www.timesofisrael.com/idf-chief-acknowledges-long-claimed-weapons-supply-to-syrian-rebels/

GT, De Bie, E., & Mantel, N. (12 de Marzo de 2025). *La UE impondrá aranceles a productos estadounidenses (acero, aluminio y otros) en abril de 2025.* Obtenido de GT - Greenberg Traurig: https://www.gtlaw.com/en/insights/2025/3/eu-to-impose-tariffs-on-us-goods-steel-aluminum-and-more-in-april-2025#:~:text=marzo%20de%202025-,La%20UE%20impondr%C3%A1%2

0aranceles%20a%20productos%20estadounidenses%20(acero%2C%20aluminio%20y,otros)%20en%20abril

Gómez, D. (21 de Febrero de 2022). *¿Qué son los acuerdos de Minsk?* Obtenido de EOM - El Orden Mundial: https://elordenmundial.com/que-son-acuerdos-minsk-paz-ucraniana/#:~:text=Los%20acuerdos%20de%20Minsk%20son%20dos%20pactos%20firmados%20en%202014,acuerdo%20han%20dificultado%20su%20cumplimiento.

Gómez, D. (18 de Diciembre de 2024). *El plan de Erdoğan en Siria: convertir a Turquía en la potencia de Oriente Próximo.* Obtenido de EOM - El Orden Mundial: https://elordenmundial.com/blitz-oriente-proximo-siria-erdogan-turquia-geopolitica/

Gómez, M. V. (17 de Noviembre de 2025). *Bruselas mejora las previsiones de la economía europea para 2025 y 2026 pese a la guerra comercial con Estados Unidos.* Obtenido de El País: https://elpais.com/economia/2025-11-17/bruselas-mejora-las-previsiones-de-la-economia-europeapara-2025-y-2026-pese-a-la-guerra-comercial-con-estados-unidos.html

Gumrukcu, T. (4 de June de 2025). *Exclusive: Turkey backing Syria's military and has no immediate withdrawal plans, defence minister says.* Obtenido de Reuters: https://www.reuters.com/world/middle-east/turkey-backing-syrias-military-has-no-immediate-withdrawal-plans-defence-2025-06-04/

Hackett, J. (19 de Marzo de 2025). *El balance militar.* Obtenido de IISS: https://www.iiss.org/publications/the-military-balance/the-military-balance-2022

Helou, A. (13 de February de 2025). *From rebuilding the armed forces to selling drones, how Turkey can enhance Syria's defense.* Obtenido de Breaking Defense: https://breakingdefense.com/2025/02/from-rebuilding-the-armed-forces-to-selling-drones-how-turkey-can-enhance-syrias-defense/

Heper, M. (1 de April de 2013). *Islam, Conservatism, and Democracy in Turkey: Comparing Turgut Özal and Recep Tayyip Erdoğan*. Obtenido de Insight Turkey: https://www.insightturkey.com/articles/islam-conservatism-and-democracy-in-turkey-comparing-turgut-ozal-and-recep-tayyip-erdogan#:~:text=%C3%96zal%20held%20the%20view%20that,carrying%20out%20this%20%E2%80%9Cmission.%E2%80%9D

Hitman, G., & Naor, D. (2024). Repensando el panarabismo: un análisis de los desafíos de una ideología utópica. *Journal of Political Ideologies*, 30(3), 708–727..

Hofverberg, E. (5 de Agost0 de 2025). *FALQs: La declaración constitucional provisional del nuevo gobierno sirio*. Obtenido de Library of Congress - Blogs: https://blogs.loc.gov/law/2025/08/falqs-the-interim-constitutional-declaration-of-the-new-syrian-government/#:~:text=It%20is%20a%20temporary%20constitution,a%2

0permanent%20constitution%is%20adopted.

Huld, A. (28 de Mayo de 2025). *Agenda legislativa de China para 2025: Leyes y regulaciones clave que las empresas extranjeras deben tener en cuenta.* Obtenido de China Briefing: https://www.china-briefing.com/news/chinas-2025-legislative-agenda-key-laws-and-regulations-for-foreign-companies-to-watch/#:~:text=El%2014%20de%20mayo%20de,revisiones%20a%20la%20legislaci%C3%B3n%20existente.

Hurtado, L. M. (25 de Mayo de 2021). *El Consejo de Guardianes allana el camino para que gane la línea dura en las presidenciales de Irán.* Obtenido de El Mundo: https://www.elmundo.es/internacional/2021/05/25/60ad463e21efa00e288b45a6.html

Illmer, A. (16 de Junio de 2025). *¿Qué tan avanzado está el programa nuclear de Irán?* Obtenido de Deutsche Welle: https://www.dw.com/es/qu%C3%A

9-tan-avanzado-est%C3%A1-el-programa-nuclear-de-ir%C3%A1n/a-72934239

IAEA. (12 de June de 2025). *NPT Safeguards Agreement with the Islamic Republic of Iran: Resolution adopted on 12 June 2025 during the 1769th session*. Obtenido de IAEA - Atoms for Peace and Development: https://www.iaea.org/sites/default/files/25/06/gov2025-38.pdf

IDEA. (10 de Julio de 2025). *República Árabe Siria*. Obtenido de International IDEA / Global State of Democracy Iniciative: https://www.idea.int/democracytracker/country/syrian-arab-republic#:~:text=President%20Al%2DSharaa%20signs%20constitutional,a%20conference%20of%20armed%20groups.

IMF. (5 de April de 2025). *Commodity Special Feature: Market Developments and the Impact of AI on Energy Demand*. Obtenido de International Monetary Fund: https://www.imf.org/en/-/media/files/publications/weo/2025/april/english/commodityspecialfeature.pdf

INFOBAE. (2 de Abril de 2019). *Estados Unidos suspendió la venta del F-35 a Turquía por su compra del sistema antimisiles ruso S-400.* Obtenido de Infobae: https://www.infobae.com/america/mundo/2019/04/02/estados-unidos-suspendio-la-venta-del-f-35-a-turquia-por-su-compra-del-sistema-antimisiles-ruso-s-400/#:~:text=El%20Pent%C3%A1go no%20ya%20no%20entrenar%C3% A1%20a%20los,Mosc%C3%BA%20a dquiera%20informaci%C3%B

Infobae. (1 de Mayo de 2025). *Israel anunció un bombardeo cerca del palacio presidencial de Siria en respuesta a la violencia contra la comunidad drusa.* Obtenido de Infobae: https://www.infobae.com/america/mundo/2025/05/02/israel-lanzo-un-ataque-aereo-cerca-del-palacio-presidencial-de-damasco-en-respuesta-a-la-violencia-contra-los-drusos/

Infobae. (29 de Marzo de 2025). *Transición en Siria: el presidente interino Ahmed al Sharaa anunció la formación de un nuevo gobierno.* Obtenido de Infobae: https://www.infobae.com/america/mundo/2025/03/29/transicion-en-siria-el-presidente-interino-ahmed-al-sharaa-anuncio-la-formacion-de-un-nuevo-gobierno/

Infodefensa. (8 de Diciembre de 2025). *El Fondo Europeo de Defensa recibe 410 proyectos en 2025, un 38% más que en 2024, para repartir 1.065 millones.* Obtenido de Infodefensa: https://www.infodefensa.com/texto-diario/mostrar/5545475/fondo-europeo-defensa-recibe-410-proyectos-2025-38-2024-repartir-1065-millones

Insel, A. (14 de Agostao de 2021). *La Turquía de Erdoğan: un autoritarismo electivo y autocrático.* Obtenido de Nueva Sociedad: https://nuso.org/articulo/la-turquia-de-erdogan-un-autoritarismo-electivo-y-autocratico/#:~:text=Recep%20Tayyip%20Erdo%C4%9Fan%20converti%C3%B3%20su%20partido%20en,son%20parte%20de%20las%20razones%20de%20su

Interesse, G., & Zhou, Q. (21 de Febrero de 2025). *Plan de Acción de Inversión Extranjera 2025 de China: Medidas clave y oportunidades.* Obtenido de China Briefing: https://www.china-briefing.com/news/chinas-foreign-investment-action-plan-2025-implications/

Investing. (25 de Septiembre de 2025). *PIB de EE.UU. trimestral - Producto Interior Bruto.* Obtenido de Investing.com: https://es.investing.com/economic-calendar/gdp-375

Investing. (18 de Enero de 2025). *Russia 3-Year Bond Yield.* Obtenido de 2007-2025 - Fusion Media Limited: https://www.investing.com/rates-bonds/russia-3-year-bond-yield

IT. (1 de Enero de 2015). *Postura de Turquía ante los principales acontecimientos en el Cáucaso Sur.* Obtenido de Insight Turkey / Fundación Seta: https://www.insightturkey.com/articles/turkeys-stance-towards-the-main-developments-in-the-south-caucasus#:~:text=This%20article%2

0aims%20to%20elaborate,and%20b ehavior%20in%20the%20region.
ITA. (2 de Septiembre de 2025). *Cronología de las represalias extranjeras.* Obtenido de Administración de Comercio Internacional: https://www.trade.gov/feature-article/foreign-retaliations-timeline#:~:text=Following%20the%20U.S.%20tariff%20increase,an%20announcement%20on%20April%2011.
Itzjak, D. B. (1999). *La Torah.* Barcelona: Grupo Planeta.
Janovsky, J., Black, A., & Black, K. (24 de Febrero de 2025). *Ataque a Europa: Documentación de las pérdidas de equipo ruso durante la invasión rusa de Ucrania .* Obtenido de Oryx: https://www.oryxspioenkop.com/2022/02/attack-on-europe-documenting-equipment.html
Jarrett, P. (15 de Mayo de 2025). *Perspectivas económicas de EE. UU. tras la llegada de la nueva Administración.* Obtenido de Funcas: https://www.funcas.es/articulos/perspectivas-economicas-de-ee-uu-tras-la-llegada-de-la-nueva-

administracion-2/#:~:text=Los%20mercados%20financieros%20mostraban%20solidez,con%20el%20resto%20del%20mundo.

Jerozolimski, A. (5 de Junio de 2024). *Esta es la razón por la que el Día de Jerusalem es motivo de fiesta, a pesar de la tensión.* Obtenido de Comité Central Israelita del Uruguay: https://cciu.org.uy/esta-es-la-razon-por-la-que-el-dia-de-jerusalem-es-motivo-de-fiesta-a-pesar-de-la-tension-2/#:~:text=Más%20allá%20de%20discusiones%20actuales%20sobre%20cuál,1967%2C%20se%20estaba%20corrigiendo%20un%20error%20histórico.

Jin, S., Oleynik, R. A., Friedman, R. A., Epstein, J. M., McAllister, A. K., Tabor, P., & B., O. M. (8 de Abril de 2025). *La represalia integral de China contra los aranceles estadounidenses.* Obtenido de Holland & Knight.: https://www.hklaw.com/en/insights/publications/2025/04/chinascomprehensive-retaliation-against-us-tariffs#:~:text=Actualizaci%C3%B3n:%20(9%20de%20abril%20de,p.m.%20(hora%20de%20Beijing).

Jones, S. G. (18 de Marzo de 2025). *La guerra en la sombra de Rusia contra Occidente*. Obtenido de Centro de Estudios Estratégicos e Internacionales: https://www.csis.org/analysis/russias-shadow-war-against-west

Joscelyn, T. (28 de Julio de 2016). *Análisis: El Frente Al Nusra se renombra como Jabhat Fath Al Sham*. Obtenido de FDD's Long War Journal: https://web.archive.org/web/20190324200647/https://www.longwarjournal.org/archives/2016/07/analysis-al-nusrah-front-rebrands-itself-as-jabhat-fath-al-sham.php

Kabawat, N. (3 de Marzo de 2025). *Aumentan las esperanzas de justicia y rendición de cuentas en Siria*. Obtenido de ICTJ - Justicia, Verdad y Dignidda: https://www.ictj.org/es/%C3%BAltimas-noticias/aumentan-las-esperanzas-de-justicia-yrendici%C3%B3n-de-cuentas-en-siria

Kaduri, E. (6 de March de 2023). *The Campaign between the Wars in Syria: What Was, What Is, and What Lies Ahead.* Obtenido de The Institute for National Security Studies: https://www.inss.org.il/publication/war-between-the-wars-syria/

Kajjo, S. (8 de Dic. de 2024). *Con la caída de Assad, se intensifican los combates en una ciudad del norte de Siria .* Obtenido de VOA News: https://www-voanews-com.translate.goog/a/as-assad-falls-fighting-intensifying-over-northern-syria-town-/7891689.html?_x_tr_sl=en&_x_tr_tl=es&_x_tr_hl=es&_x_tr_pto=tc

Karadeniz, T., & McDowall, A. (17 de February de 2017). *Turkey says almost taken Syria's Bab, war monitor cites heavy toll.* Obtenido de Reuters: https://www.reuters.com/article/us-mideast-crisis-syria-turkey-idUSKBN15W0PQ/

Karam, Z., & Sewell, A. (8 de Diciembre de 2024). *La caída de Bashar Assad después de 13 años de guerra en Siria pone fin a una dinastía de décadas.* Obtenido de The Associated Press: https://apnews-com.translate.goog/article/syria-bashar-assad-war-1468a97ff95bb782f5933856d99c9a8d?_x_tr_sl=en&_x_tr_tl=es&_x_tr_hl=es&_x_tr_pto=tc

Khalaji, M. (2023). *The Regent of Allah: Ali Khamenei's Political Evolution en Iran.* London and Washington.: The Washington Institute for Near East Policy / Rowman & Littlefield.

Khamenei, A. (7 de July de 2025). *Khamenei marks public return with push for Iranian nationalist messaging.* Obtenido de Amwaj.media: https://amwaj.media/en/media-monitor/khamenei-marks-public-return-with-push-for-iranian-islamic-identity

Kharief, A. (14 de Junio de 2019). *La Guardia Revolucionaria todavía toma las decisiones: Los dos ejércitos de Irán.* Obtenido de LE MONDE Diplomatique:

https://mondediplo.com/2019/06/03iran#:~:text=When%20Iraq%20invaded%20Iran%2C%20the,ideology%20of%20the%20Islamic%20Republic.

Khatinoglu, D. (4 de March de 2025). *Khamenei, IRGC boost share of Iran's oil revenues and state assets.* Obtenido de Volant Media: https://v1.iranintl.com/en/202504039881?

konsuk. (15 de Diciembre de 2024). *Situacion en el Norte y Este de Siria (13 y 14 de diciembre de 2024).* Obtenido de Rojava Azadi: Colectivo por la revolución social de Rojava, Kurdistán paz y libertad: https://rojavaazadimadrid.org/situacion-en-el-norte-y-este-de-siria-13-y-14-de-diciembre-de-2024/

Krever, M. (8 de December de 2024). *Watching with trepidation and glee, Netanyahu orders military to seize Syria buffer zone.* Obtenido de CNN World: https://edition.cnn.com/2024/12/08

/middleeast/israel-syria-security-implications-golan-intl/index.html

Kristensen, H. M., Korda, M., Johns, E., & Knight-Boyle, M. (12 de Marzo de 2025). *Armas nucleares chinas, 2025.* Obtenido de Bulletin of the Atomic Scientists: https://thebulletin.org/premium/2025-03/chinese-nuclear-weapons-2025/

Kunz Saponaro, J. L. (6 de Marzo de 2025). *IEEE. Neo-eurasianismo en el Kremlin: influencia de la teoría de Dugin en la política exterior de Rusia (2014-febrero 2022).* Obtenido de Ministerio de Defensa de España: https://www.defensa.gob.es/ceseden/-/ieee/neo_eurasianismo_en_el_kremlin

Kunz Saponaro, J. L. (4 de Julio de 2025). *Neo-otomanismo en la política exterior de Turquía: un análisis de la influencia turca en Siria (2016–2024).* Obtenido de Ministerio de Defensa de España: https://www.defensa.gob.es/ceseden/-/ieee/neo_otomanismo_en_la_politica

_exterior_de_turquia_un_analisis_de_la_influencia_turca_en_siria

Kurkov, A. (31 de enero de 2014). *Ucrania: nuestra guerra de diez años*. Obtenido de El Grand Continent: https://legrandcontinent.eu/es/2024/02/24/ucrania-nuestra-guerra-de-diez-anos/#:~:text=En%20realidad%2C%20esta%20guerra%20comenz%C3%B3%20el%2020,alguna%20raz%C3%B3n%2C%20ni%20siquiera%20los%20periodistas%20ucranianos

Mccardle, G. D. (3 de January de 2025). *SOF Pic of the Day: Turkish Special Forces, OOK*. Obtenido de SOFREP: https://sofrep.com/news/sof-pic-of-the-day-turkish-special-forces-ook/#:~:text=Estructura%20y%20organizaci%C3%B3n&text=A%20diferencia%20de%20otras%20unidades,preparado%20para%20afrontar%20cualquier%20desaf%C3%ADo.

McCarthy, S. (8 de Diciembre de 2024). *Quién es Bashar al-Assad, el líder sirio cuya familia gobernó con puño de hierro durante más de 50 años.*

Obtenido de CNN Mundo: https://cnnespanol.cnn.com/2024/12/08/mundo/bashar-al-assad-lider-sirio-familia-goberno-puno-hierro-durante-mas-50-anos-trax

McKernan, B., Borger, J., & Sabbagh, D. (9 de Octuber de 2019). *Turkey unleashes airstrikes against Kurds in north-east Syria.* Obtenido de The Guardian: https://www.theguardian.com/world/2019/oct/09/turkey-launches-military-operation-in-northern-syria-erdogan

Malamud, C., Milosevich-Juaristi, M., & Núñez Castellano, R. (15 de Febrero de 2022). *América Latina en la crisis de Ucrania: un convidado de piedra dentro de la estrategia de la Rusia de Putin.* Obtenido de Real Instituto elcano - Royal Institute: https://www.realinstitutoelcano.org/analisis/america-latina-en-la-crisis-de-ucrania-un-convidado-de-piedra-dentro-de-la-estrategia-de-la-rusia-de-putin/

Malik, A. (26 de Julio de 2016). *El arma secreta de la democracia turca.* Obtenido de Project Syndicate / The world's opinion page:

https://www.project-syndicate.org/commentary/turkey-failed-coup-secret-weapon-by-adeel-malik-2016-07/spanish#:~:text=integraci%C3%B3n%20econ%C3%B3mica%20regional%20basado%20en%20la%20pol%C3%ADtica,todos%20sus%20vecinos%20inmediatos%20en%20Medio%20Oriente.

MAEFR. (17 de Febrero de 2022). *Entrega de la contestación escrita a la respuesta de la parte estadounidense sobre garantías de seguridad.* Obtenido de Ministerio de Asuntos Exteriores de la Federación de Rusia: https://www.mid.ru/es/maps/us/1799157/

Marcus, J. (7 de October de 2019). *Trump makes way for Turkey operation against Kurds in Syria.* Obtenido de BBC : https://www.bbc.com/news/world-middle-east-49956698?intlink_from_url=https://www.bbc.com/news/topics/cp7r8vgl

2y7t/kurds&link_location=live-reporting-story

Martín, C. (1 de Noviembre de 2023). *¿Por qué Estados Unidos, China, Rusia o Israel no aceptan a la Corte Penal Internacional?* Obtenido de EOM - El orden Mundial: https://elordenmundial.com/corte-penal-internacional-estados-unidos-china-rusia-israel/

Massicard, É. (17 de May de 2021). *Populism in Turkey: Towards the Demise of Democracy?* Obtenido de Cogito: Research Magazine: https://www.sciencespo.fr/research/cogito/home/populism-in-turkey-towards-the-demise-of-democracy/?lang=en#:~:text=Recep%20Tayyip%20Erdo%C4%9Fan%2C%20originario%20del,en%20nombre%20de%20la%20democracia.

Massicot, D. (8 de Octuber de 2025). *How Russia Recovered: What the Kremlin Is Learning From the War in Ukraine.* Obtenido de The Council on Foreign Relations, Inc.: https://www.foreignaffairs.com/russia/how-russia-recovered#

Maurenza, A. (20 de Noviembre de 2022). *Turquía bombardea el norte de Siria e Irak en respuesta al atentado de Estambul.* Obtenido de El País - Internacional: https://elpais.com/internacional/2022-11-20/turquia-bombardea-el-norte-de-siria-e-irak-en-respuesta-al-atentado-de-estambul.html

Mayadeen, A. (4 de June de 2025). *US to withdraw from Syria bases, retain one in al-Hasakah.* Obtenido de Al Mayadeen : https://english.almayadeen.net/news/politics/us-to-withdraw-from-syria-bases--retain-one-in-al-hasakah

Melkozerova, V. (21 de May de 2025). *Trump: Putin is 'destroying' Russia .* Obtenido de Politico: https://www.politico.eu/article/donald-trump-vladimir-putin-russia-ukraine-war-destroying/

Melkozerova, V., & Politico. (13 de Octubre de 2025). *Rusia desangra tropas para obtener ganancias microscópicas en el frente.* Obtenido de Politico.EU: https://www.politico.eu/article/russ

ia-lost-more-soldiers-ukraine-2025-alone/

Mehmet, O. (2020). The Ottoman Legacy and Neo-Ottomanism: A Review Article. *Insight Turkey, 22*(4), 253-261 (9 pages).

Menéndez, C. (10 de Diciembre de 2019). *Acuerdo entre Putin y Zelenski para retomar el proceso de paz en el este de Ucrania.* Obtenido de Euro News: https://es.euronews.com/2019/12/10/acuerdo-entre-putin-y-zelenski-para-retomar-el-proceso-de-paz-en-el-este-de-ucrania

Mengqi, W., Jing, C., Haiyu, X., & Wanying, T. (2 de June de 2025). *Center for China & Globalization.* Obtenido de The Ukraine Crisis Isn't the End of Globalization: http://en.ccg.org.cn/archives/76760#:~:text=La%20crisis%20y%20las%20severas,en%20Estados%20Unidos%20y%20Europa.

Merino, Á. (23 de Junio de 2025). *El organigrama del poder en Irán.* Obtenido de EOM - El orden Mundial: https://elordenmundial.com/mapas-y-graficos/poder-iran-entramado-regimen/

MFAU. (24 de Agosto de 2021). *Declaración conjunta de los participantes de la Plataforma internacional de Crimea.* Obtenido de Ministry of Foreign Affairs of Ukraine: https://mexico.mfa.gov.ua/es/news/declaracion-conjunta-de-los-participantes-de-la-plataforma-internacional-de-crimea#:~:text=Participantes%20de%20la%20Plataforma%20Internacional%20de%20Crimea%2C,y%20los%20objetivos%20y%20principios%20del%20derecho

Michael, M. (1 de Julio de 2025). *Denunciaron que fuerzas del nuevo gobierno sirio masacraron a 1.500 alauitas con órdenes desde Damasco.* Obtenido de Infobae: https://www.infobae.com/america/mundo/2025/07/01/denunciaron-que-fuerzas-del-nuevo-gobierno-sirio-masacraron-a-1500-alauitas-con-ordenes-desde-damasco/#:~:text=Mundo-,Denunciaron%20que%20fuerzas%2

0del%20nuevo%20gobierno%20sirio%20masacraron,alauitas%20con

Milosevich-Juaristi, M. (23 de Marzo de 2017). *Ucrania, piedra de toque para Occidente*. Obtenido de Real Instituto elcano - Royal Institute: https://www.realinstitutoelcano.org/analisis/ucrania-piedra-de-toque-para-occidente/

Milosevich-Juaristi, M. (7 de Mayo de 2021). *La nueva estrategia de la UE para Rusia*. Obtenido de Real Instituto elcano - Royal Institute: https://www.realinstitutoelcano.org/analisis/la-nueva-estrategia-de-la-ue-para-rusia-un-equilibrio-de-debilidad/

Milosevich-Juaristi, M. (9 de Abril de 2021). *Tropas rusas en la frontera ucraniana: ¿intimidación táctica o inminente ofensiva militar?* Obtenido de Real Instituto elcano - Royal Institute: https://www.realinstitutoelcano.org/analisis/tropas-rusas-en-la-frontera-ucraniana-intimidacion-tactica-o-inminente-ofensiva-militar/

Milosevich-Juaristi, M. (25 de Febrero de 2025). *La guerra en Ucrania: Cronología de hitos y análisis de los* acontecimientos más importantes en Ucrania y las consecuencias de la guerra. Obtenido de Real Instituto elcano - Royal Institute: https://www.realinstitutoelcano.org/especiales/especial-ucrania/

Milosevich-Juaristi, M. (13 de Noviembre de 2025). *¿Qué revelan los presupuestos de Rusia 2026-2028?* Obtenido de Real Instituto elcano - Royal Institute: https://www.realinstitutoelcano.org/analisis/que-revelan-los-presupuestos-de-rusia-2026-2028/

Monter, J. (31 de Diciembre de 2024). *Suscríbete EOM explica Geopolítica Oriente Próximo y Magreb ¿Qué son las Fuerzas Democráticas Sirias (FDS)?* Obtenido de EOM - El Orden Mundial: https://elordenmundial.com/que-son-fuerzas-democraticas-sirias-fds/?utm_medium=email&_hsenc=p2ANqtz-_7YtRO8oBZSMtVYVxC-Xc2rRB7ZHtK2PEjZnoLJy9c3_UfI_xwVidFMvJAObodk12uE1XUD1jp3OFyvqRRBIVseKFd2Q&_hsmi=341119240

&utm_content=341119240&utm_source=hs_email

Moreno Mena, M. (19 de Noviembre de 2025). *El "Schengen militar" de Bruselas: así es el plan de movilidad de Europa que busca que los equipos de defensa puedan trasladarse "sin barreras".* Obtenido de Infobae: https://www.infobae.com/espana/2025/11/19/el-schengen-militar-de-bruselas-asi-es-el-plan-de-movilidad-de-europa-que-busca-que-los-equipos-de-defensa-puedan-trasladarse-sin-barreras/#:~:text=La%20Comisi%C3%B3n%20Europea%20ha%20explicado,en%2017.000%20millo

Moreno, B. (21 de Noviembre de 2024). *La Corte Penal Internacional emite una orden de arresto de Netanyahu. ¿Qué implica eso?* Obtenido de EOM - El Orden Mundial: https://elordenmundial.com/corte-penal-internacional-detener-netanyahu-israel-gaza/

Mourenza, A. (29 de Agosto de 2014). *Davutoglu, el Kissinger turco.* Obtenido de Proceso: https://www.proceso.com.mx/intern

acional/2014/8/29/davutoglu-el-kissinger-turco-136630.html

Mourenza, A. (20 de Enero de 2018). *La localidad de Afrin está defendida por milicias aliadas de Estados Unidos en la lucha contra el ISIS.* Obtenido de El País - Internacional: https://web.archive.org/web/20180120172245/https://elpais.com/internacional/2018/01/20/actualidad/1516458816_520710.html

Murphy, F. (12 de June de 2025). *IAEA board declares Iran in breach of non-proliferation obligations.* Obtenido de Reuters: https://www.reuters.com/world/china/iaea-board-declares-iran-breach-non-proliferation-duties-diplomats-say-2025-06-12/

Murphy, F. (18 de June de 2025). *Israel-Iran war: how close is Tehran to having nuclear weapons?* Obtenido de Reuters: https://www.reuters.com/world/china/how-close-is-iran-having-nuclear-weapons-2025-06-18/

NLB/NA. (22 de Octuber de 2024). *Türkiye: Temporary Protection Regulation 2014*. Obtenido de UNHCR - Refworld / Global Law & Policy Database: https://www.refworld.org/legal/decreees/natlegbod/2014/en/108062

NA. (10 de Octuber de 2019). *Turkey begins ground offensive in northeastern Syria*. Obtenido de Aljazeera: https://www.aljazeera.com/news/2019/10/10/turkey-begins-ground-offensive-in-northeastern-syria/

National-Archives. (28 de Noviembre de 2025). *Chamberlain y Hitler 1938*. Obtenido de The Natinal Archives: https://www.nationalarchives.gov.uk/education/resources/chamberlain-and-hitler/#:~:text='Chamberlain's%20appeasement%20policy%20made%20war,'

Neplii, A. (9 de September de 2024). *The Minsk Agreements and Moscow's False Ceasefire Promises Behind Russia's Full-Scale Invasion of Ukraine*. Obtenido de United 24 Media: https://united24media.com/war-in-ukraine/the-minsk-agreements-and-moscows-false-ceasefire-promisesbehind-russias-full-scale-invasion-of-ukraine-2195

NHK. (10 de Diciembre de 2025). *El FMI eleva al 5% la previsión de crecimiento de China para 2025.* Obtenido de NHK World Japan: https://www3.nhk.or.jp/nhkworld/en/news/20251210_23/#:~:text=1%20min%20ago,overreliance%20on%20exports%20and%20investment.

NI. (18 de Mayo de 2025). *AI pide al Gobierno sirio un proceso de justicia tras 14 años de crímenes "generalizados".* Obtenido de Infobae - Newsroom : https://www.infobae.com/america/agencias/2025/05/16/ai-pide-al-gobierno-sirio-un-proceso-de-justicia-tras-14-anos-de-crimenes-generalizados/#:~:text=Amnist%C3%ADa%20Internacional%20insta%20al%20nuevo%20Gobierno%20sirio,de%20derechos%20humanos%20documentad cumentad

NI. (20 de Febrero de 2025). *Amnistía Internacional pide un futuro para Siria basado en la justicia en lugar de la venganza.* Obtenido de Infobae -

Newsroom: https://www.infobae.com/america/agencias/2024/12/08/amnistia-internacional-pide-un-futuro-para-siria-basado-en-la-justicia-en-lugar-de-la-venganza/#:~:text=Amnist%C3%ADa%20Internacional%20destaca%20la%20importancia%20de%20garantizar,a%20documentar%20y%20p

Nuland, V. (11 de December de 2012). *Terrorist Designations of the al-Nusrah Front as an Alias for al-Qa'ida in Iraq.* Obtenido de U.S. Departament of State: https://web.archive.org/web/20170130213913/https://2009-2017.state.gov/r/pa/prs/ps/2012/12/201759.htm

NU. (5 de Noviembre de 2025). *Cronología histórica sobre la cuestión de Palestina.* Obtenido de Naciones Unidas - La cuestión Palestina.: https://www.un.org/unispal/es/cronologia-historica-sobre-la-cuestion-de-palestina/#:~:text=1967:%20Guerra%20de%20los%20Seis,242%20(Tierra%20por%20paz).

NU. (14 de Marzo de 2025). *Siria: Un clima de desconfianza y temor pondría en peligro toda la transición.* Obtenido de Naciones Unidas: https://news.un.org/es/story/2025/03/1537266

NU, N. U. (17 de Julio de 2025). *Las acciones de Israel desestabilizan a Siria en un momento muy delicado.* Obtenido de Noticias - Naciones Unidas: https://news.un.org/es/story/2025/07/1540191#:~:text="Además%20de%20violar%20la%20soberanía,el%20subsecretario%20general%20de%20la

NW, N. W. (26 de Oct. de 2023). *Erdogan challenges Ataturk's secular legacy as Turkish republic turns 100.* Obtenido de France 24: https://www.france24.com/en/live-news/20231026-erdogan-challenges-ataturk-s-legacy-on-turkey-s-centenary

Ochoa, N. (4 de Julio de 2024). *¿Qué es la Guardia Revolucionaria Islámica de Irán?* Obtenido de EOM - El Orden Mundial:

https://elordenmundial.com/que-es-guardia-revolucionaria-islamica-iran/

ONU. (24 de Febrero de 1949). *Acuerdo General De Armisticio Egipcio-Israelí.* Obtenido de United Nations: UN

ONU. (5 de Nov. de 2025). *Establecimiento de UNEF.* Obtenido de Peace Keeping - UN: https://peacekeeping-un-org.translate.goog/fr/mission/past/unef1backgr2.html?_x_tr_sl=en&_x_tr_tl=es&_x_tr_hl=es&_x_tr_pto=tc

OPC. (23 de Junio de 2025). *China promoverá desarrollo militar bajo nuevo modelo de "Pensamiento estratégico".* Obtenido de Observatorio Poleitica China: https://www.politica-china.org/china-promovera-desarrollo-militar-bajo-nuevo-modelo-de-pensamiento-estrategico/

Ortega, A. (8 de Febrero de 2022). *China ante Ucrania: evitar que la OTAN se inmiscuya en el Indo-Pacífico.* Obtenido de Real Instituto elcano - Royal Institute: https://www.realinstitutoelcano.org/comentarios/china-ante-ucrania-evitar-que-la-otan-se-inmiscuya-en-el-indo-pacifico/

OTH, O. o. (31 de Mayo de 1974). *Acuerdo de Separación de las Fuerzas Sirias-Israelíes*. Obtenido de Office of the historian: https://history-state-gov.translate.goog/historicaldocuments/frus1969-76v26/d88?_x_tr_sl=en&_x_tr_tl=es&_x_tr_hl=es&_x_tr_pto=sge#:~:text=Geneva%2C%20May%2031%2C%201974.&text=A.,338%20dated%20October%2022%2C%201973.

Palomino, C. (20 de Octubre de 2019). *Quién gana y quién pierde con el abandono de Estados Unidos a los kurdos*. Obtenido de EOM - El Orden Mundial: https://elordenmundial.com/quien-gana-y-quien-pierde-con-el-abandono-de-estados-unidos-a-los-kurdos/

País, E. (2 de Marzo de 2025). *Guerra de Rusia y Ucrania - 2 de marzo de 2025 | Von der Leyen, tras la cita en Londres: "Necesitamos urgentemente rearmar a Ucrania y Europa"*. Obtenido de El País: https://elpais.com/internacional/2025-03-02/ultima-hora-de-la-guerra-de-rusia-y-ucrania-en-directo.html#?rel=mas

Parlamento-Europeo. (1 de Marzo de 2022). *Resolución del Parlamento Europeo, de 1 de marzo de 2022, sobre la agresión rusa contra Ucrania.* Obtenido de Parlamento Europeo: https://www.europarl.europa.eu/doceo/document/TA-9-2022-0052_ES.html

Paredes, N. (28 de Octubre de 2023). *Quién fue Atatürk, el controvertido padre de la Turquía moderna, y por qué su legado puede estar en peligro.* Obtenido de BBC News Mundo: https://www.bbc.com/mundo/articles/czv955v29rdo

PE. (20 de Noviembre de 2025). *Escudo Espacial Europeo: plan de acción .* Obtenido de Parlamento Europeo: https://www.europarl.europa.eu/legislative-train/theme-a-new-era-for-european-defence-and-security/file-european-space-shield-%E2%80%93-action-plan#:~:text=According%20to%20the%20European%20Defence,an%20increasingly%20hostile%20threat%20environment.

PE. (7 de Abril de 2025). *Plan "Rearmar Europa" / Preparación 2030.* Obtenido de Parlamento Europeo: https://www.europarl.europa.eu/RegData/etudes/BRIE/2025/769566/EPRS_BRI(2025)769566_EN.pdf#:~:text=El%20Plan%20ReArm%20Europe/Readiness%202030%20de%20la,y%20una%20ampliaci%C3%B3n%20de%20la%20Inversi%C3%B3n%20Europea

PE. (3 de julio de 2025). *PROPUESTA DE RESOLUCIÓN sobre la necesidad de apoyo de la Unión para una reconstrucción y transición justa en Siria.* Obtenido de Parlamento Europeo: https://www.europarl.europa.eu/doceo/document/B-10-2025-0162_ES.html

PE, P. E. (27 de Marzo de 2025). *Defensa: cómo la UE refuerza su seguridad.* Obtenido de Parlamento Europeo: https://www.europarl.europa.eu/topics/en/article/20190612STO54310/defence-how-the-eu-is-boosting-its-security#:~:text=EU%20support%20 for%20investments%20in,defence%20capabilities%20across%20member%20states.

Pérez Bocanegra, C. (15 de Abril de 2016). *Ucrania, Rusia y las sanciones: «el bueno, el malo y el feo»*. Obtenido de Real Instituto elcano Royal institute: https://www.realinstitutoelcano.org/comentarios/ucrania-rusia-y-las-sanciones/

Pérez Fernández, D. (26 de Octubre de 2025). *El largo camino hacia la democracia en Turquía*. Obtenido de Dialnet: Dialnet-ElLargoCaminoHaciaLaDemocraciaEnTurquia-2676383.pdf

Pérez Gil, L. V. (1 de Octubre de 2025). *La política exterior rusa hacia los BRICS en el contexto de la guerra en Ucrania.* Obtenido de Ministerio de Defensa de España - IEEE: https://www.defensa.gob.es/ceseden/-/ieee/la_politica_exterior_rusa_hacia_los_brics_en_el_contexto_de_la_guerra_en_ucrania

Phillips, C. (2020). *The Battle for Syria: International Rivalry in the New*

Middle East. New Haven: Yale University Press.

Pifer, S. (21 de Diciembre de 2021). *¿Los borradores de acuerdo de Rusia con la OTAN y Estados Unidos están destinados al rechazo?* Obtenido de Brookings: https://www.brookings.edu/articles/russias-draft-agreements-with-nato-and-the-united-states-intended-for-rejection/#:~:text=El%20proyecto%20de%20tratado%20tambi%C3%A9n,seguridad%20del%20Documento%20de%20Viena%20.

Pizzi, M. (28 de Mayo de 2015). *Líder de Al-Qaeda en Siria: Nuestra misión es derrotar al régimen, no atacar a Occidente*. Obtenido de Aljazeera America: https://web.archive.org/web/20150601000033/http://america.aljazeera.com/articles/2015/5/28/syria-al-qaeda-leader-our-mission-is-to-defeat-regime.html

PMM. (30 de Oct. de 2025). *Temporary Protection*. Obtenido de Presidency of Migration Management:

https://en.goc.gov.tr/temporary-protection27

Polityuk, P., Robinson, M., & Reuters. (22 de Febrero de 2014). *RESUMEN-El Parlamento de Ucrania destituye a Yanukovich, quien huye de Kiev*. Obtenido de Reuters: https://www.reuters.com/article/world/resumen-el-parlamento-de-ucrania-destituye-a-yanukovich-quien-huye-de-kiev-idUSSIEA1L02G/#:~:text=El%20Parlamento%20de%20Ucrania%20vot%C3%B3%20el%20s%C3%A1bado,que%20describi%C3%B3%20como%20un%20golpe%20de%20Estado.

Priego, A. (21 de Febrero de 2014). *Ucrania: la Revolución Naranja se tiñe de rojo*. Obtenido de Real Instituto elcano - Royal Institute: https://www.realinstitutoelcano.org/comentarios/ucrania-la-revolucion-naranja-se-tine-de-rojo/

PWC. (6 de Julio de 2025). *Los expertos y empresarios piden a la UE más integración económica y política, y no prevén que la guerra arancelaria impacte de lleno en el crecimiento*. Obtenido de PWC:

https://www.pwc.es/es/sala-prensa/notas-prensa/2025/consenso-economico-empresarial-segundo-trimestre-2025.html#:~:text=Madrid%2C%206%20de%20julio%20de,una%20cesi%C3%B3n%20inaceptable%20de%20soberan%C3%ADa.

PWC. (7 de July de 2025). *Accounting for 2025 US tax reform*. Obtenido de https://viewpoint.pwc.com/us/en/pwc/in-depth/id202503.html#glance: PWC

Racovsky, M. (19 de Junio de 2025). *El nuevo Medio Oriente: el colapso del Eje de Resistencia iraní marca el fin de una era*. Obtenido de Infobae: https://www.infobae.com/america/mundo/2025/06/19/el-nuevo-medio-oriente-el-colapso-del-eje-de-resistencia-irani-marca-el-fin-de-una-era/

Raya, A. (11 de Febrero de 2022). *11 de febrero de 1979: el ayatolá Jomeini proclama la República Islámica de Irán*. Obtenido de EOM - El Orden Mundial:

https://elordenmundial.com/hoy-en-la-historia/11-febrero/11-de-febrero-de-1979-jomeini-proclama-la-republica-islamica-de-iran/

Raya, A. (12 de Agosto de 2022). *¿Qué es la hegemonía?* Obtenido de EOM - El Orden Mundial : https://elordenmundial.com/que-es-hegemonia/#:~:text=La%20hegemon%C3%ADa%20es%20la%20capacidad,en%20el%20nuevo%20hegem%C3%B3n%20mundial.

Redacción. (29 de Noviembre de 2024). *En 2025 el ejército turco recibirá el Altay, uno de los tanques más avanzados del mundo.* Obtenido de Galaxia Militar: Información de Defensa y Actualidad Militar.: https://galaxiamilitar.es/en-2025-el-ejercito-turco-recibira-el-altay-uno-de-los-tanques-mas-avanzados-del-mundo/

Redacción. (4 de Febrero de 2025). *China anuncia aranceles a productos de EE.UU. en respuesta a las medidas de Trump y agrava el enfrentamiento comercial entre las dos mayores economías del mundo.* Obtenido de BBC News Mundo:

https://www.bbc.com/mundo/articles/c1lv76p1gl7o

Reuters. (15 de Noviembre de 2021). *La OTAN advierte a Rusia sobre su aumento de tropas en la frontera con Ucrania.* Obtenido de Euro News: https://es.euronews.com/2021/11/15/ucrania-crisis-otan-rusia

Reuters. (10 de Diciembre de 2025). *China califica de "injerencia" la nueva estrategia de seguridad de EU respecto a Taiwan.* Obtenido de La Jornada: https://www.jornada.com.mx/noticia/2025/12/08/mundo/china-reafirma-su-soberania-sobre-taiwan-y-pide-prudencia-a-eu

Reuters. (7 de Octubre de 2025). *El Banco Mundial eleva la previsión del PIB chino para 2025 al 4,8% ante una ralentización en 2026.* Obtenido de GBM: https://gbm.com/media/noticia/el-banco-mundial-eleva-la-prevision-del-pib-chino-para-2025-al-48-ante-una-ralentizacion-en-2026/#:~:text=El%20Banco%20Mundial%20eleva%20la,ralentizaci%C3%

B3n%20en%202026%20%E2%80%94%20GBM%20Media

Reuters. (31 de January de 2025). *Syria's new rebel leader pledges to form an inclusive government*. Obtenido de NBC News: https://www.nbcnews.com/news/world/syrias-new-rebel-leader-pledges-form-inclusive-government-rcna190127

Reuters. (3 de June de 2025). *US to scale down its military bases in Syria, envoy says*. Obtenido de Reuters: https://www.reuters.com/world/middle-east/us-scale-down-its-military-bases-syria-envoy-says-2025-06-03/

Reutersa, & Haaretz. (13 de Octuber de 2019). *Kurdish Politician Among Nine Civilians Executed by Turkish-backed Fighters in Syria*. Obtenido de Haaretz: https://www.haaretz.com/middle-east-news/syria/2019-10-13/ty-article/kurdish-politician-executed-by-turkish-backed-fighters-in-syria/0000017f-db56-d856-a37f-ffd6410a0000

Riehle, K. (30 de Enero de 2024). Ignorancia, indiferencia o incompetencia: ¿por qué se desenmascaran tan fácilmente las acciones encubiertas rusas? *Inteligencia y Seguridad Nacional, 39*(5), 864–878. Obtenido de Inteligencia y Seguridad Nacional.

Rios, X. (5 de Diciembre de 2025). *Áreas críticas in albis: reconfiguración militar y diplomática en China.* Obtenido de Descifrando la guerra: https://www.descifrandolaguerra.es/reconfiguracion-militar-diplomatica-china/

Riva, G. (17 de Marzo de 2025). *EE.UU.: aranceles 2025 y sus posibles repercusiones.* Obtenido de EY Shape the future with confidence: https://www.ey.com/es_pe/insights/revista-execution/central/eeuu-aranceles-posibles-repercusiones

Rivas, J. (30 de Julio de 2025). *Europa necesita sus propias armas nucleares.* Obtenido de El Orden Mundial - EOM: https://elordenmundial.com/europa-necesita-sus-propias-armas-nucleares/

Rivas, J. (27 de Noviembre de 2025). *Rusia ya está en conflicto con Europa. No *estamos preparados*. Obtenido de El Orden Mundial - EOM: https://elordenmundial.com/rusia-guerra-hibrida-europa-ucrania-geopolitica/

Rojo, Á. (23 de Octubre de 2025). *European Sky Shield Initiative (ESSI): arquitectura multicapa para la defensa aérea de Europa*. Obtenido de Pucará Defensa: https://www.pucara.org/post/european-sky-shield-initiative-essi-arquitectura-multicapa-para-la-defensa-a%C3%A9rea-de-europa

Rosen, D. H., Wright, L., Smith, J., Mingey, M., & Quinn, R. (31 de Diciembre de 2025). *Después de la caída: la economía china en 2025.* Obtenido de Rhodium Group: https://rhg.com/research/after-the-fall-chinas-economy-in-2025/

RTVE. (21 de Marzo de 2014). *Putin firma la ley que completa la anexión de Crimea por Rusia*. Obtenido de RTVE: https://www.rtve.es/noticias/20140321/senado-ruso-aprueba-anexion-crimea-ya-solo-necesita-firma-putin/901427.shtml

RTVE. (26 de Mayo de 2014). *Rusia reconoce al nuevo presidente de Ucrania y abre la puerta al diálogo*. Obtenido de RTVE: https://www.rtve.es/noticias/20140526/rusia-reconoce-resultados-elecciones-ucranianas/943199.shtml#:~:text=Rusia%20reconoce%20al%20nuevo%20presidente%20de%20Ucrania%20l%20RTVE

Rulac. (31 de Octubre de 2025). *Conflictos armados internacionales en Siria*. Obtenido de Geneva Academy: https://www-rulac-org.translate.goog/browse/conflicts/international-armed-conflict-in-syria?_x_tr_sl=en&_x_tr_tl=es&_x_tr_hl=es&_x_tr_pto=sge

RusiaMatters. (8 de Enero de 2025). *Russia Matters 2025*. Obtenido de Informe de la guerra entre Rusia y Ucrania, 8 de enero de 2025: https://www.russiamatters.org/news/russia-ukraine-war-report-card/russia-ukraine-war-report-card-jan-8-2025

RussiaMatters. (11 de Junio de 2025).
Informe de la guerra entre Rusia y Ucrania, 11 de junio de 2025 .
Obtenido de Russia Matters:
https://www.russiamatters.org/news/russia-ukraine-war-report-card/russia-ukraine-war-report-card-june-11-2025

RussiaMatters. (12 de Febrero de 2025).
Informe de la guerra entre Rusia y Ucrania, 12 de febrero de 2025.
Obtenido de Russia Matters:
https://www.russiamatters.org/news/russia-ukraine-war-report-card/russia-ukraine-war-report-card-feb-12-2025

RussiaMatters. (12 de Marzo de 2025).
Informe de la guerra entre Rusia y Ucrania, 12 de marzo de 2025.
Obtenido de Russia Matters:
https://www.russiamatters.org/news/russia-ukraine-war-report-card/russia-ukraine-war-report-card-march-12-2025

RussiaMatters. (13 de Agosto de 2025).
Informe de la guerra entre Rusia y Ucrania, 13 de agosto de 2025.
Obtenido de Russia Matters:
https://www.russiamatters.org/new

s/russia-ukraine-war-report-card/russia-ukraine-war-report-card-aug-13-2025

RussiaMatters. (14 de Mayo de 2025). *Informe de la guerra entre Rusia y Ucrania, 14 de mayo de 2025.* Obtenido de Russia Matters: https://www.russiamatters.org/news/russia-ukraine-war-report-card/russia-ukraine-war-report-card-may-14-2025

RussiaMatters. (15 de Enero de 2025). *Informe de la guerra entre Rusia y Ucrania, 15 de enero de 20.* Obtenido de Russia Matters: https://www.russiamatters.org/news/russia-ukraine-war-report-card/russia-ukraine-war-report-card-jan-15-2025

RussiaMatters. (18 de Junio de 2025). *Informe de la guerra entre Rusia y Ucrania, 18 de junio de 2025.* Obtenido de Russia Matters: https://www.russiamatters.org/news/russia-ukraine-war-report-card/russia-ukraine-war-report-card-june-18-2025

RussiaMatters. (2 de Abril de 2025). *Informe de la guerra entre Rusia y Ucrania, 2 de abril de 2025.* Obtenido de Russia Matters: https://www.russiamatters.org/news/russia-ukraine-war-report-card/russia-ukraine-war-report-card-april-2-2025

RussiaMatters. (2 de Julio de 2025). *Informe de la guerra entre Rusia y Ucrania, 2 de julio de 2025 .* Obtenido de Russia Matters: https://www.russiamatters.org/news/russia-ukraine-war-report-card/russia-ukraine-war-report-card-july-2-2025

RussiaMatters. (22 de Octubre de 2025). *Informe de la guerra entre Rusia y Ucrania, 22 de octubre de 2025.* Obtenido de Russia Matters: https://www.russiamatters.org/news/russia-ukraine-war-report-card/russia-ukraine-war-report-card-oct-22-2025

RussiaMatters. (23 de Abril de 2025). *Informe de la guerra entre Rusia y Ucrania, 23 de abril de 2025.* Obtenido de Ruussia Matters: https://www.russiamatters.org/new

s/russia-ukraine-war-report-card/russia-ukraine-war-report-card-april-23-2025

RussiaMatters. (24 de Septiembre de 2025). *Informe de la guerra entre Rusia y Ucrania, 24 de septiembre de 2025*. Obtenido de Russia Matters: https://www.russiamatters.org/news/russia-ukraine-war-report-card/russia-ukraine-war-report-card-sept-24-2025

RussiaMatters. (26 de Marzo de 2025). *Informe de la guerra entre Rusia y Ucrania, 26 de marzo de 2025*. Obtenido de Russia Matters: https://www.russiamatters.org/news/russia-ukraine-war-report-card/russia-ukraine-war-report-card-march-26-2025

RussiaMatters. (5 de Marzo de 2025). *Informe de la guerra entre Rusia y Ucrania, 5 de marzo de 2025*. Obtenido de Russia Matters: https://www.russiamatters.org/news/russia-ukraine-war-report-card/russia-ukraine-war-report-card-march-5-2025

RussiaMatters. (6 de Agosto de 2025). *Informe de la guerra entre Rusia y Ucrania, 6 de agosto de 2025.* Obtenido de Russia Matters: https://www.russiamatters.org/news/russia-ukraine-war-report-card/russia-ukraine-war-report-card-aug-6-2025

RussiaMatters. (9 de Abril de 2025). *Informe de la guerra entre Rusia y Ucrania, 9 de abril de 2025.* Obtenido de Russia Matters: https://www.russiamatters.org/news/russia-ukraine-war-report-card/russia-ukraine-war-report-card-april-9-2025

RussiaMatters. (9 de Julio de 2025). *Informe de la guerra entre Rusia y Ucrania, 9 de julio de 2025* . Obtenido de Russia Matters: https://www.russiamatters.org/news/russia-ukraine-war-report-card/russia-ukraine-war-report-card-july-9-2025

RussiaMatters. (19 de Febrero de 2025). *Informe de la guerra entre Rusia y Ucrania, 19 de febrero de 2025.* Obtenido de Russia Matters: https://www.russiamatters.org/new

s/russia-ukraine-war-report-card/russia-ukraine-war-report-card-feb-19-2025

RussiaMatters. (26 de Febrero de 2025). *Informe de la guerra entre Rusia y Ucrania, 26 de febrero de 2025.* Obtenido de Russia Matters: https://www.russiamatters.org/news/russia-ukraine-war-report-card/russia-ukraine-war-report-card-feb-26-2025

Schmitt, E., & Bergman, R. (22 de June de 2025). *Iran's Fordo Site Said to Look Severely Damaged, Not Destroyed.* Obtenido de The New York Times: https://www.nytimes.com/2025/06/22/world/middleeast/iran-fordo-nuclear-damaged-not-destroyed.html?utm_source=elDiario.es&utm_campaign=4c77cb973b-EMAIL_CAMPAIGN_2025_06_22_09_48&utm_medium=email&utm_term=0_-4c77cb973b-70929492&mc_cid=4c77cb973b&mc_eid=1a9f

Schnessel, S. (9 de Diciembre de 2021). *La campaña 'guerra entre guerras' de*

Israel en Siria es la operación más precisa. Obtenido de Enlace Judío: https://www.enlacejudio.com/2021/12/09/la-campana-guerra-entre-guerras-de-israel-en-siria-es-la-operacion-mas-precisa/#:~:text=Miles%20de%20ataques%20han%20tenido%20como%20objetivo,Irak%20contra%20la%20infraestructura%20iraní%20y%20chiíta.

Sáez, A. (30 de Oct. de 2022). *Kurdish Refugees struggle to adapt to hard consitions in the camps in Suru.* Obtenido de Libération: https://web.archive.org/web/20150312005943/http://syrianrefugees.eu/?page_id=80

Sánchez Millán, M. (17 de Mayo de 2024). *La crisis de los refugiados sirios en Turquía.* Obtenido de IEEE.ES: https://www.defensa.gob.es/documents/2073105/2077230/La+crisis+de+los+refugiados+sirios+en+Turquía.pdf/7a3d31f4-fa51-1472-2eb4-520ea4be893f?t=1716969822661

Salamanca, A. (18 de Agosto de 2019). *1979, el año que cambió Oriente Próximo.* Obtenido de EOM - El orden Mundial:

https://elordenmundial.com/1979-cambio-oriente-proximo/

Salinas Urquieta, C. (15 de Septiembre de 2025). *1945-2025: El pasado y el futuro del poder chino.* Obtenido de Tarpán: https://tarpan.cl/articulos/1945-2025-el-pasado-y-el-futuro-del-poder-chino/#:~:text=Fuerza%20Aeroespacial,-Bandera%20de%20la&text=En%20l%C3%ADnea%20con%20el%20desarrollo,salvaguarda%20de%20la%20paz%20espacial%E2%80%9D.

Sahuquillo, M. R. (25 de Noviembre de 2025). *Mark Rutte: "Rusia seguirá siendo una amenaza para Europa aunque haya acuerdo de paz en Ucrania".* Obtenido de El País - Internacional: https://elpais.com/internacional/2025-11-26/mark-rutte-rusia-seguira-siendo-una-amenaza-para-europa-aunque-haya-acuerdo-de-paz-en-ucrania.html

Sansal, B. (30 de Oct. de 2025). *Las reformas de Atatürk*. Obtenido de All About Turkey: https://www.allaboutturkey.com/ataturk-reforms.html

Santana, A. (21 de Noviembre de 2022). *El ultimátum de Erdogan a Siria: ¿lanzará Turquía una operación terrestre en suelo sirio?* Obtenido de France 24: https://www.france24.com/es/medio-oriente/20221121-el-ultimátum-de-erdogan-a-siria-lanzará-turquía-una-operación-terrestre-en-suelo-sirio

Santos, Á., & Wilson, C. (30 de Octubre de 2025). *Una agenda común para un futuro económico más fuerte.*. Obtenido de Foro México-E.U. 2025: https://usmex.ucsd.edu/_files/usmex-forum-2025_report_trade-es.pdf

Sanz, J. C. (17 de Noviembre de 2009). *"¿Nuestra política? 'Cero problemas' con los vecinos"*. Obtenido de El País: https://elpais.com/diario/2009/11/17/internacional/1258412403_850215.html

Seligman, L., & Ward, A. (16 de December de 2024). *U.S. Fears Military Buildup by*

Turkey Signals Preparations for Incursion Into Syria. Obtenido de The Wall Street Journal: https://www.wsj.com/world/middle-east/u-s-fears-military-buildup-by-turkey-signals-preparations-for-incursion-into-syria-1c2e88e9

Sebban, Y. (21 de Noviembre de 2025). *China: El proximo Impulso*. Obtenido de GAM Investments: https://www.gam.com/es/our-thinking/investment-opinions/china-the-next-leg-up#:~:text=China%20contin%C3%BAa%20mostrando%20un%20s%C3%B3lido%20crecimiento%20econ%C3%B3mico%2C,de%20los%20avances%20en%20inteligencia%20artificial%20(IA)

Seijas, N. (13 de Junio de 2025). *¿Por qué criticar a Israel no es antisemita?* Obtenido de EOM - El Orden Mundial: https://elordenmundial.com/por-que-criticar-israel-no-antisemita/?utm_medium=email&_hsenc=p2ANqtz--VcCSAl9oK9w6v8AbGHsDOO6OmUR-

Oke49S6YAG5KDidmVaSZhvE-uuYyp-P70abQoAUtE8RKM5naHfdfwd-8OqPmHg&_hsmi=366765909&utm_content=366765909&utm_source=hs_email

Seijas, N. (20 de Junio de 2025). *¿Tiene Irán la bomba atómica?* Obtenido de EOM - El Orden Mundial: https://elordenmundial.com/tiene-iran-bomba-atomica/

Seijas, N. (25 de Junio de 2025). *Por qué el ataque de Estados Unidos no acabó con el programa nuclear iraní.* Obtenido de EOM - El Orden Mundial: https://elordenmundial.com/ataque-estados-unidos-programa-nuclear-iran/

Shamim, S. (30 de Dec. de 2024). *Why has Russia rejected Trump's Ukraine truce plan?* Obtenido de Aljazeera: https://www.aljazeera.com/news/2024/12/30/why-has-russia-rejected-trumps-ukraine-truce-plan

Sharp, A. (5 de Marzo de 2025). *China ordena un importante aumento del gasto en defensa.* Obtenido de FP Soluciones: https://foreignpolicy.com/2025/03/05/china-defense-spending-militarybudget-us-trump-taiwan/#:~:text=China%20aumenta%20su%20gasto%20en%20defensa%20un%207%2C2%25%20para%202025

Simsek, D. (2020). Integration Processes of Syrians Refugees in Trukey: Class-based Integration. *Journal of Refugee Studies, Vol 33.*, 537-554.

Sorroza, A. (15 de Abril de 2014). *La UE y la tormenta perfecta ucraniana.* Obtenido de Real Instituto elcano - Royal Institute: https://www.realinstitutoelcano.org/comentarios/la-ue-y-la-tormenta-perfecta-ucraniana/

Soylu, R. (1 de April de 2025). *Turkey moves to take control of Syria's strategic T4 air base: Sources.* Obtenido de Middle East Eye: https://www.middleeasteye.net/news/turkey-moves-take-control-syrias-strategic-t4-air-base-sources

Sparrow, A. (2 de Junio de 2025). *Los planes de revisión de la defensa harán que el ejército sea "diez veces más letal", dice John Healey – en directo.* Obtenido de

El Guardián: https://www.theguardian.com/politics/live/2025/jun/02/defence-spending-review-army-navy-air-force-keir-starmer-latest-live-politics-news#:~:text=12.16%20EDT-,Healey%20says%20strategic%20defence%20review%20plans%20will%20make%20army%20'10,metal%20of%20tank

Stein, A. (2 de Abril de 2025). *Fuente de inteligencia: Turquía tiene como objetivo activar la base aérea siria T4.* Obtenido de The Jerusalem Post: https://www.jpost.com/spanish/noticias-del-medio-oriente/article-848489

SWI. (17 de Diciembre de 2024). *Líder sirio habla de contrato social entre Estado y religiones para buscar justicia social.* Obtenido de Swissinfo: https://www.swissinfo.ch/spa/l%C3%ADder-sirio-habla-de-contrato-social-entre-estado-y-religiones-para-buscar-justicia-social/88601455#:~:text=Damasco%2C%2016%20dic%20(EFE).%2D%20El%20nuevo%20l%C3%ADder,las

%20religiones%20para%20%C2%ABgarantizar%20la%20jus

SWI. (5 de Diciembre de 2025). *China promete más esfuerzos en 2025 para estabilizar su sector inmobiliario.* Obtenido de SWI : https://www.swissinfo.ch/spa/china-promete-m%C3%A1s-esfuerzos-en-2025-para-estabilizar-su-sector-inmobiliario/88642261

SWI. (24 de Septiembre de 2025). *China recorta los intereses y las tasas de reserva de los bancos para estimular la economía.* Obtenido de SWI Info: https://www.swissinfo.ch/spa/china-recorta-los-intereses-y-las-tasas-de-reserva-de-los-bancos-para-estimular-la-econom%C3%ADa/87607097

SWI. (3 de Febrero de 2025). *Transición, inclusividad y seguridad: los desafíos del nuevo líder sirio.* Obtenido de Swiss info: https://www.swissinfo.ch/spa/transici%C3%B3n,-inclusividad-y-seguridad:-los-desaf%C3%ADos-del-nuevo-l%C3%ADder-sirio/88819093#:~:text=Este%20co ntenido%20fue%20publicado%20en %2003%20febrero,al%20frente%20 de%20una%20fr%C3%A1gil%20tra nsici%C3%B3n%20llena

SWI. (25 de Agosto de 2025). *Turquía controla el 65 % del mercado global de exportación de drones, según Baykar.* Obtenido de Swissinfo.ch: https://www.swissinfo.ch/spa/turqu %C3%ADa-controla-el-65-%25-del-mercado-global-de-exportaci%C3%B3n-de-drones%2C-seg%C3%BAn-baykar/89891159

Swissinfo. (28 de Noviembre de 2025). *Rusia derriba 136 drones ucranianos sobre ocho de sus regiones y la anexionada Crimea.* Obtenido de Swissinfo: https://www.swissinfo.ch/spa/rusia-derriba-136-drones-ucranianos-sobre-ocho-de-sus-regiones-y-la-anexionada-crimea/90540824#:~:text=Mosc%C3 %BA%2C%2028%20nov%20(EFE), Ministerio%20de%20Defensa%20de %20Rusia.

Tabor, N. (26 de Oct. de 2025). *USS Liberty incident.* Obtenido de Britannica:

https://www.britannica.com/event/USS-Liberty-incident

Tabriz, A. M. (6 de August de 2025). *Iran Reforms Defense Structure with New Council.* Obtenido de Iran Wire: https://iranwire.com/en/features/143794-iran-reforms-defense-structure-with-new-council/

Tamames, J. (23 de Junio de 2025). *Ceder ante Trump en la OTAN no garantizará la defensa de Europa.* Obtenido de El Orden Mundial - EOM: https://elordenmundial.com/gasto-defensa-europa-otan-trump-geopolitica/

Tang, K. T. (21 de Abril de 2025). *Menos política, más militar: Perspectivas para las incursiones militares de China en el espacio aéreo y las aguas de Taiwán en 2025.* Obtenido de Journal of Indo-Pacific Affairs.: https://www.airuniversity.af.edu/JIPA/Display/Article/4176900/less-politics-more-military-the-outlook-for-chinas-2025-military-incursions-int/#:~:text=Total%20de%20salidas%20de%20aeronaves&text=Aunque

%20tanto%20en%202024%20como, presi%C3%B3n%20militar%20so

TAP. (26 de Noviembre de 2022). *Los kurdos sirios afirman haber detenido las operaciones contra el Estado Islámico*. Obtenido de The Associated Press: https://apnews-com.translate.goog/article/islamic-state-group-middle-east-syria-europe-istanbul-9272b1dc1e6c1b4f1300ccf02d927bce?_x_tr_sl=en&_x_tr_tl=es&_x_tr_hl=es&_x_tr_pto=tc

TAW, T. A. (8 de Junio de 2025). *Erdogan dirige a Turquía hacia el fin del secularismo con un nuevo proyecto de constitución*. Obtenido de The Arab Weekly: https://thearabweekly.com/erdogan-steers-turkey-toward-end-secularism-new-constitution-draft#:~:text=Erdogan%20steers%20Turkey%20toward%20end,of%20the%201980%20military%20coup.

TE. (6 de Marzo de 2025). *La economía de Siria, aún estrangulada por las sanciones, está de rodillas*. Obtenido de The Economist: https://www.economist.com/briefin

g/2025/03/06/syrias-economy-still-strangled-by-sanctions-is-on-its-knees

TENL. (12 de Nov. de 2025). *La incertidumbre global ha llegado para quedarse, dice la directora del FMI.* Obtenido de The Economist Newspaper Limited : https://www.economist.com/the-world-ahead/2025/11/12/global-uncertainty-is-here-to-stay-says-the-head-of-the-imf

Thomas, N., Tsering, L., Wang, S., & Qian, J. (18 de Octubre de 2025). *El nuevo Plan Quinquenal de Xi Jinping: ¿qué esperar del Cuarto Pleno?* Obtenido de El Gran Continent: https://legrandcontinent.eu/es/2025/10/18/el-nuevo-plan-quinquenal-de-xi-jinping-que-esperar-del-cuarto-pleno/#:~:text=Su%20m%C3%A1xima%20prioridad%20es%20impulsar,preserv%C3%B3%20su%20%C2%ABsue%C3%B1o%20chino%C2%BB.

TIBT. (27 de Mayo de 2022). *Un relato de primera mano de la Batalla del Monte del Templo de 1967.* Obtenido de The

Israel Bible: https://theisraelbible.com/es/un-relato-de-primera-mano-de-la-batalla-del-monte-del-templo-de-1967/#/

TNAS, T. N. (8 de December de 2024). *Israel's Netanyahu declares end of Syria border agreement, orders military to seize buffer zone.* Obtenido de The New Arab: https://www.newarab.com/news/israels-netanyahu-declares-end-syria-border-agreement

Toksabay, E., & Spicer, J. (9 de Diciembre de 2024). *Según una fuente, los rebeldes arrebataron una ciudad siria al grupo respaldado por Estados Unidos tras el acuerdo entre EE. UU. y Turquía.* Obtenido de Reuters: https://www-reuters-com.translate.goog/world/middle-east/rebels-take-north-syria-town-us-backed-group-turkish-source-says-2024-12-09/?_x_tr_sl=en&_x_tr_tl=es&_x_tr_hl=es&_x_tr_pto=tc

TradePractitioner. (1 de November de 2024). *US Outbound Investment Regulations to Take Effect on January*

2, 2025.* Obtenido de Squire Patton Boggs: https://www.tradepractitioner.com/2024/11/u-s-outbound-investment-regulations-to-take-effect-on-january-2-2025/#:~:text=entrar%C3%A1n%20en%20vigor%20el%202%20de%20enero%20de%202025,-Por%20Trade%20Practitioner&text=El%2028%20de%20octubre%20de,por%20el%20nu

Triana, J. (24 de Agosto de 2016). *Turquía y sus aliados toman la ciudad de la siria Jarabulus.* Obtenido de El Periódico de Catalunya: https://www.elperiodico.com/es/internacional/20160824/turquia-entra-en-siria-para-limpiar-al-estado-islamico-de-su-frontera-5340714

Tsurkov, E. (16 de Noviembre de 2011). *Hayat Tahrir Al-Saham (Siria).* Obtenido de Europea Council of Foreign Relations: https://ecfr.eu/special/mena-armed-groups/hayat-tahrir-al-sham-syria/#:~:text=Hayat%20Tahrir%20 al%2DSham%20(HTS,dominar%20el%20noroeste%20de%20Siria.

Ullah, M., Sohag, K., Khan, S., & Sohail, H. M. (3 de Octuber de 2025). *Impact of Russia–Ukraine conflict on Russian financial market: Evidence from TVP-VAR and quantile-VAR analysis.* Obtenido de Russian Journal of Economics: https://rujec.org/article/105833/element/8/191961//

UA. (16 de Marzo de 2021). *La Plataforma de Crimea se convertirá en un instrumento de Política Exterior de la estrategia de desocupación.* Obtenido de Ukraine Analytica: https://ukraine-analytica.org/the-crimean-platform-will-become-a-foreign-policy-instrument-of-the-de-occupation-strategy/

UBS. (23 de Oct. de 2025). *Our 2025 Outlook for China's Economy: We share five key insights for the year ahead, including GDP forecasts, intensifying policy support, tariff hikes, key risks and more.* Obtenido de UBS - Investment Bank: https://www.ubs.com/global/en/investment-bank/insights-anddata/2024/outlook-for-china-economy.html

UNHCR. (9 de March de 2024). *Integration programmes.* Obtenido de UNHCR - The UN Refugee Agency: https://www.unhcr.org/handbooks/ih/getting-started/integration-programmes

Uzgel, I. (6 de November de 2020). *Turkey and the mediterranean imbroglio: The history of an aspiring regional power.* Obtenido de FES - Friedrich Ebert Stiftung: https://library.fes.de/pdf-files/id/ipa/17263.pdf

Valer'evna Pronina, V., Rashitovich Kadyrov, R., & Imbelevna Kamaletdinova, E. (26 de Oct. de 2021). *Ozalism: Successes and Contradictions of Turkish Neoliberalism.* Obtenido de Dialnet: https://dialnet.unirioja.es/servlet/articulo?codigo=8111729#:~:text=Esa%20ambivalencia%20o%20dualismo%20de%20puntos%20de,liberalismo%20econ%C3%B3mico%20para%20lograr%20el%20pluralismo%20pol%C3%ADtico.

WarpowerChina. (1 de Sept. de 2025). *Fuerza Aérea del Ejército Popular de Liberación*. Obtenido de Warpower China: https://www.warpowerchina.com/airpower.php

WarpowerChina. (1 de Sept. de 2025). *Fuerza Terrestre del Ejército Popular de Liberación Vehículos de combate | Apoyo*. Obtenido de Warpower China: https://www.warpowerchina.com/landpower.php

WarpowerChina. (1 de Sept. de 2025). *Poder bélico: China Revisión de la Defensa Regional 2025*. Obtenido de Warpower China: https://www.warpowerchina.com/

WarpowerRussia. (1 de Sept. de 2025). *Armada rusa*. Obtenido de Warpower Russia: https://www.warpowerrussia.com/navalpower.php

WarpowerRussia. (1 de Sept. de 2025). *Fuerza de drones rusa*. Obtenido de Warpower Russia: https://www.warpowerrussia.com/droneforce.php

WarpowerRussia. (8 de Nov. de 2025). *Fuerza militar de Rusia en 2025*.

Obtenido de Global Fire Power: https://www.globalfirepower.com/country-military-strength-detail.php?country_id=russia

WarpowerRussia. (1 de Sept. de 2025). *Fuerzas Armadas Rusas (Personal)*. Obtenido de Warpower Russia: https://www.warpowerrussia.com/manpower.php

WarpowerRussia. (1 de Set. de 2025). *Fuerzas terrestres rusas*. Obtenido de Warpower Russia: https://www.warpowerrussia.com/landpower.php

WarpowerRussia. (1 de Sept. de 2025). *Poder aéreo ruso*. Obtenido de Warpower Russia: https://www.warpowerrussia.com/airpower.php

WarpowerRussia. (1 de Sept. de 2025). *Rangos militares rusos*. Obtenido de Warpower Russia: https://www.warpowerrussia.com/russian-military-ranks.php

WarpowerUS. (8 de Nov. de 2025). *Armada de los Estados Unidos*. Obtenido de Warpower US:

https://www.warpowerus.com/navalpower.php
WarpowerUS. (8 de Nov. de 2025). *Fuerza Aérea de los Estados Unidos*. Obtenido de Warpower: US Regional Defense Review: https://www.warpowerus.com/airpower.php
WarpowerUS. (8 de Nov. de 2025). *Fuerza de Drones de Estados Unidos*. Obtenido de Warpower US: https://www.warpowerus.com/droneforce.php
WarpowerUS. (8 de Nov. de 2025). *Fuerzas Terrestres de los Estados Unidos*. Obtenido de Warpower: US Regional Defence Review: https://www.warpowerus.com/landpower.php
WarpowerUS. (8 de Nov. de 2025). *Poder bélico: Estados Unidos Revisión de la Defensa Regional 2025*. Obtenido de WarpowerÑ US Regional Defense Review: https://www.warpowerus.com/
WarpowerUS. (8 de Nov. de 2025). *Rangos militares de los Estados Unidos*. Obtenido de Warpower US:

https://www.warpowerus.com/us-military-ranks.php

Wastnidge, E. (19 de January de 2019). *Imperial Grandeur and Selective Memory: Re-assessing Neo-Ottomanism in Turkish Foreign and Domestic Politics.* Obtenido de Taylor & Francis Online: https://www.tandfonline.com/doi/full/10.1080/19436149.2018.1549232

WH. (July de 2025). *Estrategia de Seguridad Nacional 2025: Winning the Race AMERICA'S AI ACTION PLAN.* Obtenido de White House: https://www.whitehouse.gov/wp-content/uploads/2025/07/Americas-AI-Action-Plan.pdf

White, I. L. (30 de Julio de 2025). *El PIB de EE. UU. rebota en el 2T 2025 por la reversión de la anticipación a los aranceles.* Obtenido de Caixa Bank: https://www.caixabankresearch.com/es/publicaciones/notas-breves-actualidad-economica-y-financiera/internacional/pib-ee-uu-rebota-2t-2025#:~:text=PIB%20de%20EE.-

,UU.,contribuci%C3%B3n%20al%20crecimiento%20del%20PIB.

Wilding, T. (4 de Diciembre de 2025). *Cómo los aranceles y la tecnología transformaron la economía estadounidense en 2025 (y qué viene después)*. Obtenido de PIMCO - Advisor Forum: https://www.pimco.com/us/en/insights/how-tariffs-and-technology-reshaped-the-us-economy-in-2025-and-what-comes-next

Wolf, M. (30 de September de 2025). *United States Economic Forecast*. Obtenido de Deloitte: https://www.deloitte.com/us/en/insights/topics/economy/us-economic-forecast/united-states-outlook-analysis.html

WorldBank. (20 de Agosto de 2025). *Russian Federation*. Obtenido de World Bank: https://thedocs.worldbank.org/en/doc/d5f32ef28464d01f195827b7e020a3e8-0500022021/related/mpo-rus.pdf

WPI. (5 de Sept. de 2021). *Fuerzas Armadas Israelíes (Personal)*. Obtenido de Warpowe Israel:

https://www.warpowerisrael.com/manpower.php

WPI. (1 de Sept. de 2021). *Rangos militares israelíes.* Obtenido de Warpower Israel: https://www.warpowerisrael.com/israeli-military-ranks.php

WPI. (10 de Sept. de 2025). *Comparación entre Israel e Irán.* Obtenido de Warpower Israel: https://www.warpowerisrael.com/comparison.php

WPI. (1 de Sept. de 2025). *Armada israelí, Buques de combate de superficie.* Obtenido de Warpower Israel: https://www.warpowerisrael.com/navalpower.php#google_vignette

WPI. (1 de Sept. de 2025). *Fuerza aérea israelí.* Obtenido de Warpower Israel: https://www.warpowerisrael.com/airpower.php

WPI. (1 de Sept. de 2025). *Fuerza de drones israelí.* Obtenido de Warpower Israel: https://www.warpowerisrael.com/droneforce.php

WPI. (4 de Sept. de 2025). *Fuerzas Terrestres Israelíes.* Obtenido de Warpower

Israel: https://www.warpowerisrael.com/landpower.php

WPI. (1 de Sept. de 2025). *Poder bélico: Israel.* Obtenido de Warpower Israel: warpowerisrael.com

WPian. (5 de Sept. de 2025). *Fuerza de drones iraní.* Obtenido de Warpower Iran: https://www.warpoweriran.com/droneforce.php

WPiran. (5 de Sept. de 2025). *Armada iraní.* Obtenido de Warpower Iran: warpoweriran.com/navalpower.php

WPiran. (5 de Sept. de 2025). *Fuerza aérea iraní.* Obtenido de Warpower Iran: https://www.warpoweriran.com/airpower.php

WPiran. (5 de Sept. de 2025). *Fuerzas terrestres de combate.* Obtenido de Warpowe Iran: https://www.warpoweriran.com/manpower.php

WPiran. (5 de Sept. de 2025). *Fuerzas Terrestres Iraníes.* Obtenido de Warpower Iran: https://www.warpoweriran.com/landpower.php

WPiran. (1 de Sept. de 2025). *Poder bélico: Irán Revisión de la Defensa Regional 2025.* Obtenido de Warpower Iran: https://www.warpoweriran.com/

WPiran. (5 de Sept. de 2025). *Rangos militares iraníes.* Obtenido de Warpower Iran: https://www.warpoweriran.com/iran-military-ranks.php

WPturkey. (10 de Nov. de 2025). *Armada turca.* Obtenido de Warpower Turkey: https://www.warpowerturkey.com/navalpower.php

WPturkey. (10 de Nov. de 2025). *Ejército turco.* Obtenido de Warpower Turkey: https://www.warpowerturkey.com/manpower.php

WPturkey. (10 de Nov. de 2025). *Fuerza aérea turca.* Obtenido de Warpower Turkey: https://www.warpowerturkey.com/airpower.php

WPturkey. (10 de Nov. de 2025). *Fuerza de drones turca.* Obtenido de Warpower Turkey:

https://www.warpowerturkey.com/droneforce.php

WPturkey. (10 de Nov. de 2025). *Fuerzas Terrestres Turcas.* Obtenido de Warpower Turkey: https://www.warpowerturkey.com/landpower.php

WPturkey. (10 de Nov. de 2025). *Poder bélico: Turquía Revisión de la Defensa Regional 2025.* Obtenido de Warpower Turkey: https://www.warpowerturkey.com/

WPturkey. (10 de Nov. de 2025). *Rangos militares turcos.* Obtenido de Warpower Turkey: https://www.warpowerturkey.com/turkish-military-ranks.php

Xinhua. (10 de Diciembre de 2025). *China seguirá abriendo su megamercado al mundo, dice primer ministro .* Obtenido de People's Daily Online: https://en.people.cn/n3/2025/1210/c90000-20400233.html#:~:text=China%20will%20insist%20on%20expanding,universally%20beneficial%2C%20inclusive%20economic%20globalization.

Yanikdag, Y. (2014). *Healing the Nation: Prisoners of War, Medicine and*

Nationalism in Turkey, 1914-1939. Kindle.

Yavuz, H. M. (2020). *Nostalgia for the empire: the politics of neo-Ottomanism.* UK: Oxford University Press.

Yaylali, C. D. (3 de January de 2025). *Turkish navy starts construction of three new warships.* Obtenido de Defense News: https://www.defensenews.com/global/europe/2025/01/03/turkish-navy-starts-construction-of-three-new-warships/#:~:text=Seg%C3%BAn%20informaci%C3%B3n%20de%20la%20Armada,una%20cubierta%20inclinada%20para%20aterrizajes.&text=Cem%20Devrim%20Yaylali%20es%20corre

Yaycioglu, A. (2016). *Socios del Imperio: La crisis del orden otomano en la era de las revoluciones.* CA: Stanford University Press.

Yilmaz, I. (14 de Feb. de 2021). *Erdogan's Political Journey: From Victimised Muslim Democrat to Authoritarian, Islamist Populist.* Obtenido de ECPS Leader Profiles. European Center for

Populism Studies (ECPS).: https://www.populismstudies.org/erdogans-political-journey-from-victimised-muslim-democrat-to-authoritarian-islamist-populist/#:~:text=Erdogan%20se%20estableci%C3%B3%20como%20la,en%20una%20%22verdadera%20democracia%22.

York, E. (3 de Marzo de 2025). *Aranceles de Trump: Seguimiento del impacto económico de la guerra comercial de Trump.* Obtenido de WITA – Asociación de Miembros de Comercio Internacional: https://www.wita.org/atp-research/tracking-impact-trump-tariffs/#:~:text=Las%20%C3%B3rdenes%20eliminan%20todas%20las,autoridad%20para%20imponer%20estos%20aranceles.

York, E., & Durante, A. (1 de Diciembre de 2025). *Aranceles de Trump: Seguimiento del impacto económico de la guerra comercial de Trump.* Obtenido de Tax Foundation.: https://taxfoundation.org/research/all/federal/trump-tariffs-trade-war/

Zahra, Q.-A., & Karam, Z. (4 de Noviembre de 2013). *El escurridizo líder de Al Qaeda en Siria permanece en las sombras.* Obtenido de The Times of Israel : https://web.archive.org/web/20181224195240/http://www.timesofisrael.com/elusive-al-qaeda-leader-in-syria-stays-in-shadows/

Made in the USA
Coppell, TX
30 December 2025

67536124R00312